中等职业学校电子商务专业教材

电子商务会计

曾永铭　主编

中国劳动社会保障出版社

简介

本教材为中等职业学校电子商务专业教材。

本教材根据中等职业学校电子商务专业的教学实际，系统讲解了电子商务企业会计的基本知识，主要内容包括电子商务企业会计基础、电子商务企业资金筹集的账务处理、电子商务企业运营业务的账务处理、电子商务企业运营收入的账务处理、电子商务企业商品流通费用和税金的账务处理、电子商务企业利润的账务处理、电子商务企业财务报表等。

本教材由曾永铭任主编，李丽任副主编，张巧梅、漆之炜、谭晓宇参加编写。万邦山任主审。

图书在版编目（CIP）数据

电子商务会计 / 曾永铭主编. -- 北京：中国劳动社会保障出版社，2024. --（中等职业学校电子商务专业教材）. -- ISBN 978-7-5167-6526-5

Ⅰ. F715.51

中国国家版本馆 CIP 数据核字第 20249ZL988 号

中国劳动社会保障出版社出版发行

（北京市惠新东街 1 号　邮政编码：100029）

*

保定市中画美凯印刷有限公司印刷装订　　新华书店经销

787 毫米 ×1092 毫米　16 开本　15.5 印张　294 千字

2024 年 8 月第 1 版　　2024 年 8 月第 1 次印刷

定价：35.00 元

营销中心电话：400-606-6496

出版社网址：http://www.class.com.cn

http://jg.class.com.cn

前言

目前，电子商务已成为国家产业结构优化升级、转变区域经济发展方式的战略重点，企业对电子商务专业人才的需求日益旺盛。为了培养更加符合电子商务技术领域和职业岗位（群）任职要求的中等技术应用型人才，我们组建了一支由多所中等职业学校电子商务专业带头人、专职教师及企业专家组成的编写团队，开发了这套电子商务专业教材。教材主要具有以下几点特色。

第一，满足中等职业学校教学所需。结合国家职业标准、企业需求及教学实际，构建了一个涵盖电子商务、跨境电子商务、移动商务、网络营销与直播电商的完整教材体系，包括《电子商务基础》《电子商务法律法规》等专业基础课教材，《电子商务网页设计》《电子商务数据采集与处理》《短视频制作》等技术与服务类专业核心课教材，《网店运营实务》《跨境电子商务运营实务》《电商直播》《网店推广》等运营与推广类专业核心课教材，《电子商务会计》《电子商务物流》《电子商务文案写作》等专业拓展课教材及配套习题册等，体系完整，覆盖面广，能够满足中等职业学校教学所需。

第二，契合企业岗位任职要求。中职电子商务专业毕业生主要面向网商、跨境电商和服务电商企业，使用计算机、网络、通

信等现代信息技术从事商务活动。因此，教材紧跟企业岗位任职要求，以从零起点培养学生的职业能力为原则，根据国家职业标准中的技能要求和相关知识要求设计教材内容，突出企业需求，彰显中职电子商务教材特色。

第三，符合学生认知规律。教材以中等职业学校教学模式为指引，采用“项目—学习任务”式编写形式，通过丰富的案例分析、知识拓展和课堂思考，激发学生的学习兴趣，让学生在实践中学习，在任务中成长。另外，教材的设计也充分考虑了学生的认知规律，尽可能多地以图表代替大段冗长的文字叙述，降低学习难度；采用双色或四色印刷，以提高教材的表现力。

第四，教学资源配套丰富。我们遵循有效性原则，根据教材内容和教学实际，开发相对应的微课、视频、图片资源库等数字化配套产品，以便于教师拓展教学和学生自主学习。电子课件及习题册答案可登录技工教育网（http://jg.class.com.cn）查询下载，数字化配套产品扫描书中二维码即可在线观看或收听。

本套教材的编写工作得到了有关学校的大力支持，教材的编审人员做了大量的工作，在此，我们表示衷心的感谢！同时，恳切希望广大读者对教材提出宝贵的意见和建议。

人力资源社会保障部教材办公室

目录

模块一 电子商务企业会计基础

学习单元一 电子商务企业与会计 / 001
学习单元二 会计要素 / 007
学习单元三 会计科目 / 012
学习单元四 账户设置 / 018
学习单元五 记账方法 / 020
学习单元六 会计凭证 / 028

模块二 电子商务企业资金筹集的账务处理

学习单元一 投资者投入资本的账务处理 / 038
学习单元二 借入资金的账务处理 / 041
学习单元三 政府扶持资金的账务处理 / 053

模块三　电子商务企业运营业务的账务处理

学习单元一　电子商务企业流动资产的账务处理 / 062
学习单元二　电子商务企业固定资产和无形资产的账务处理 / 089
学习单元三　电子商务企业职工薪酬的账务处理 / 114

模块四　电子商务企业运营收入的账务处理

学习单元一　电子商务企业销售收入的账务处理 / 123
学习单元二　电子商务企业其他业务收入的账务处理 / 145

模块五　电子商务企业商品流通费用和税金的账务处理

学习单元一　电子商务企业商品流通费用的账务处理 / 155
学习单元二　电子商务企业商品流通税金的账务处理 / 170

模块六　电子商务企业利润的账务处理

学习单元一　电子商务企业利润及利润形成 / 186
学习单元二　电子商务企业利润分配的账务处理 / 193

模块七　电子商务企业财务报表

学习单元一　认识电子商务企业财务报表 / 206
学习单元二　资产负债表 / 210
学习单元三　利润表 / 223
学习单元四　现金流量表 / 231

模块一
电子商务企业会计基础

能力目标

◇ 能够简述电子商务企业的概念及特征
◇ 能够掌握会计职能、会计要素，了解企业常用会计科目
◇ 能够设置会计账户，并简单记账
◇ 能够掌握会计凭证的填制方法

学习单元一　电子商务企业与会计

电子商务会计是对电子商务活动完整的会计反映，包括会计确认、计量、记录和报告。它是以货币为主要计量单位，反映和监督电子商务企业经营活动的一种经济管理工作。

一、电子商务的概念及特征

1. 电子商务的概念

电子商务是指在全球广泛的商业贸易活动中，在互联网开放的网络环境中，基于浏览器 / 服务器应用方式，帮助买卖双方不谋面地进行各种商贸活动，实现消费者的网上购物、企业之间的网上交易和在线电子支付，以及完成各种商务活动、交易活动、金融活动和相关综合服务活动的一种新型商业运营模式。

2. 电子商务的特征

（1）普遍性

电子商务作为一种新型交易方式，将生产企业、流通企业以及消费者和管理部门

带入了一个网络经济、数字化生存的新天地。

（2）便捷性

在电子商务环境中，人们不再受地域的限制，使用者能以非常便捷的方式完成过去较为繁杂的商业活动。

（3）安全性

在电子商务活动中，交易双方要求网络提供端到端的安全解决方案。

（4）整体性

电子商务能规范事务处理的流程，将人工操作和电子信息处理集成为一个整体。

（5）协调性

商业活动本身是一个协调过程，它需要消费者与企业内部、生产商、批发商、零售商等进行协调。在电子商务环境中的商业活动更加需要金融部门、配送中心、通信部门、技术部门等多个机构的通力合作。

二、电子商务企业

1. 电子商务企业的概念

电子商务企业是指通过网络形式进行生产、销售和流通活动的企业。可见，电子商务企业所进行的活动不仅包括基于网络的交易活动，还包括利用网络信息技术来解决问题、降低成本、增加价值和创造商业机会的非交易活动，如商品采购，库存商品查询，商品展示、销售、储运，电子支付等。

2. 电子商务企业的特征

电子商务企业具有商业企业的共有特征。

（1）组织商品流通，实现商品的使用价值和价值

通常情况下，商业企业的主要职能是组织商品流通，实现商品的使用价值和价值，对经营的商品基本上不进行加工或只进行浅度加工，商品的使用价值和外部形态不发生变化。浅度加工往往是商业企业为了增加花色品种、扩大货源、满足市场需要而进行的，目的是使商品更方便、更快捷地流通。

（2）以商品的购进、储存、销售、运输为基本业务

商业企业主要通过对商品的购进和销售以及相应的运输和储存，完成商品由生产领域到消费领域的转移。商业企业的基本职能是合理组织这四个环节，一方面是实现商品流通的基本要求，另一方面是提高商品流通经济效益的重要途径。

（3）实现商品使用价值的运动和价值形态的变化

商业企业通过购进、储存、销售、运输等流通活动，将商品由生产企业转移到消

费者或用户手中，完成商品的空间位移和价值形态变化。商品的使用价值和价值在商品流通（购进和销售）中保持不变，但在这一过程中，商业企业需要投入一定的物化劳动（生产资料，包括劳动资料和劳动对象）和活劳动（劳动力），从而会发生一定的流通费用。

（4）利润主要来自生产企业的让渡

商业企业的利润由让渡利润、级差利润、转移利润和管理利润构成。让渡利润是利润的基本形式和最主要的组成部分。由于商业企业主要为生产企业从事推销商品的业务，为生产企业节约了大量商品流通费用，加速了资金的周转，因此，生产企业就必须把一部分利润让渡给商业企业作为其商业利润。让渡利润是通过商品的价格差额来实现的。

（5）经济活动的中心内容是频繁发生的商品购进和销售

商业企业的经济活动主要包括购进和销售两个阶段，一般没有生产过程。商品存货在商业企业的全部资产中占有较大的比重，这也是企业资产核算和管理的重点。商业企业资金运动的轨迹为“货币—商品—货币”，即表现为货币与商品间的相互转换。与制造业“货币—原材料—产品—货币”的资金运动轨迹相比，商业企业的经营周期明显短得多，资金周转自然也要快得多。

（6）商业企业是社会扩大再生产过程中的交换环节

商业企业比生产企业更接近市场，在引导生产、拉动消费、稳定物价、吸纳就业等方面的作用特别突出。商业企业作为国民经济中的一个重要部门，是连接工业与农业、城市与乡村、生产与消费的桥梁和纽带。商业企业的基本任务就是将社会产品通过货币交换的形式，从生产领域转移到消费领域，满足人们生活和其他各方面的需要。

三、会计

1. 会计的概念

会计是以货币为主要计量单位，以凭证为依据，采用专门的方法和程序，对一个单位的经济活动进行完整、连续、系统的核算和监督，旨在为单位提供经济信息和提高经济效益的一项管理活动，是经济管理活动的重要组成部分。

2. 会计的特点

（1）以货币作为主要计量单位

任何一项经济业务，在进行记录时，都要应用一定的计量单位。计量单位可分为实物量、劳动量、货币量（价值量）三种。实物量的计量单位有个、只、辆、吨等，劳动量的计量单位有工作年、月、日、时等。这些计量单位的衡量基础各不相同，它

们只能表示个别的数据，而不能进行综合和比较，而会计要求进行的是全面、综合的核算。在商品货币制度下，货币有其特殊作用，因为它是衡量其他一切有价物价值的共同尺度，是交换的媒介物和价值的储藏物（金属货币），以及清算债权和债务的支付手段。

因此，以货币作为主要的、统一的计量单位来进行核算，就成为会计的特点之一。当然，实物量和劳动量两种计量单位在会计核算中也会被应用，但以货币量为计量单位是最主要的。

（2）以凭证为依据，记录经济活动过程，并明确经济活动的责任

企业等单位在经济活动过程中，每发生一项经济业务，都必须取得或填制合法的书面凭证。这些凭证不仅记录着经济业务的过程，而且明确了经济活动的责任。会计必须根据合法的凭证，才能进行记账、算账。如果没有合法的凭证，会计就不得进行任何正式的记录。这是会计的又一个特点，它说明会计的记录都是有凭有据的，能如实地反映经济活动的真实情况。

（3）对经济活动所做的反映是连续的、系统的、全面的、综合的

为了准确地反映企业等单位的经济活动，会计应按照经济业务发生的顺序进行连续、系统、全面、综合的记录和计算，为企业等单位经营管理提供必要的经济信息。所谓连续是指按照经济业务发生（确认）的顺序来反映，自始至终不可间断；所谓系统是指会计运用一套专门的方法对各种经济活动进行科学的、有规律的归类、整理和记录，最后提供系统化的信息；所谓全面是指会计对决策有用的信息均应做出详尽的反映，以便决策者选用，反映不得带有某种偏向性，不能任意取舍，更不得遗漏；所谓综合是指会计运用货币计量来综合反映经济活动的情况，以便对不同种类、不同名称、不同度量的物质消耗，以及各种错综复杂的经济活动进行综合反映，以提供总括的价值指标。当然必要时也可采用实物量和劳动量来做辅助反映。

（4）所运用的核算方法相互联系紧密

会计运用一系列科学的、专门的核算方法，且这些核算方法是相互联系、相互配合、各有所用的，构成一套完整的核算经济活动过程和经营成果的方法体系，从而有效地发挥会计应有的作用。

3. 会计的职能

会计职能是指会计在经济管理中所具有的功能，即人们在经济管理中用会计做什么。现代会计一般包括会计核算和会计监督两项基本职能。

（1）会计核算

会计的核算职能贯穿于经济活动的全过程，它是会计最基本的职能，也称反映职

能。会计核算是指会计以货币为主要计量单位，通过对特定主体的经济活动进行确认、计量、报告，如实反映特定主体的财务状况、经营成果（或运营绩效）和现金流量等信息。

从时间上看，会计核算既包括事后的核算，也包括事前、事中的核算；从内容上看，会计核算既包括记账、算账、报账，也包括预测、分析和考核。

会计核算就像一面镜子，如实地反映企业等单位的经济活动情况，因此应做到真实准确、不隐瞒、不谎报。会计的反映主要是借助于会计凭证、账簿、成本核算和会计报表等资料，综合、连续、系统地反映企业等单位的经济活动情况，为经济管理提供信息和数据。会计对经济活动的反映不是机械的反映，而是一种能动的反映，必须按照经济管理的要求，以货币为主要计量单位，记录、计算生产经营过程中的各种耗费以及利润的实现情况。相关人员利用反映出来的有关资料进行总结分析，发现经济管理中存在的问题，提出合理化建议并采取措施，以改善经营管理，提高经济效益。

会计核算包括以下四个环节。

一是确认。确认是指通过一定的标准或方法来确定所发生的经济活动是否应该或能够进行会计处理。

二是计量。计量是指以货币为主要计量单位，对已确定可以进行会计处理的经济活动确定其应记录的金额。

三是记录。记录是指通过一定的会计专门方法，按照上述环节确定的金额，将发生的经济活动在会计特有的载体上进行登记。

四是报告。报告是指通过编制财务报表的形式，向有关方面和人员提供会计信息。

例如，某电子商务公司在一定时间内购进多种商品，经包装或委托加工，在网络平台成功销售了一部分，经营管理者如果想知道公司是否盈利，就需要了解在采购、销售过程中发生了多少费用，商品在平台的销售收入等信息，这需要采用一定的方法，把这些情况记录下来并计算清楚，最终以一定的形式表达出来，才能满足经营管理者的需要。这种确认、计量、记录和报告的过程就是会计核算。

（2）会计监督

会计的监督职能是指会计人员在进行会计核算的同时，对特定主体经济活动的合法性、合理性进行审查。任何经济活动都要有既定的目标，都应该依照一定的规则进行。会计监督是通过预测、决策、控制、分析和考核等具体方法，促使经济活动按照既定的要求运行，以达到预期的目的。

会计监督就是把关。会计人员通过会计工作，在反映经济活动的同时，对经济活动的本身进行检查监督。会计监督的核心是干预经济活动，以评价经济活动是否真实、合理，是否符合国家有关法律法规。

例如，企业利用产品成本指标，对材料、动力、工资以及各项费用的定额消耗与实际支出进行分析比较，查明是节约还是超支，把握节约或超支的内在原因，向企业管理者反馈信息，从而采取措施，达到降低成本、提高经济效益的目的，这体现了合理性监督。

再如，某公司销售人员从外地出差回来报销有关费用，在经过本部门经理签字审核后，还需要经过财务部门的审核。公司管理中财务审核这一环节，体现了真实性监督。

四、会计核算的一般流程

会计核算的一般流程如图 1-1-1 所示。

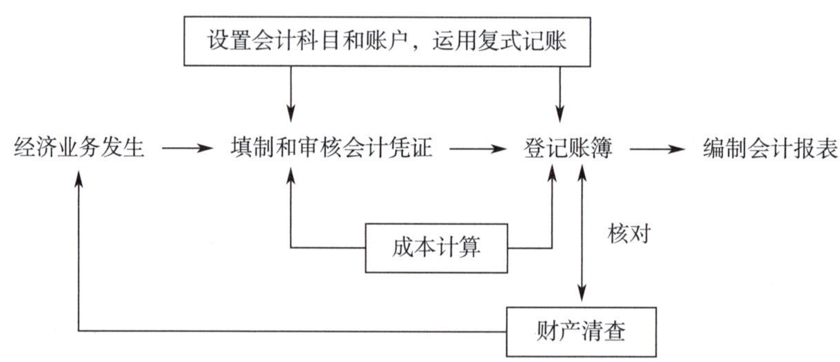

图 1-1-1　会计核算的一般流程

1. 设置会计科目和账户

会计科目和账户是对会计内容的分类，也是登记经济业务的工具。通过设置会计科目和账户，可以有序、系统、分类地对会计对象的各项经济业务进行登记核算。

2. 填制和审核会计凭证

会计凭证是记录经济业务、明确经济责任的书面证明，是登记账簿的依据，要对取得与填制的原始凭证进行审核，并根据审核无误的原始凭证编制记账凭证。

3. 复式记账

复式记账是现代会计采用的一种记账方法，是相对于单式记账而言的。采用复式记账时，处理任何一项经济业务都要在两个或者两个以上相互联系的账户中同时登记，有利于反映经济业务与查账。

4. 登记账簿

账簿是由具有专门格式的账页所组成的簿籍。登记账簿必须以会计凭证为依据，按照借贷记账法，将经济业务登记入账，并且定期进行对账和结账。

5. 成本计算

成本计算是指按照一定的成本计算方法，将生产费用直接计入或分别计入相关成本对象，借以确定该对象总成本和单位成本的一种专门做法。

6. 财产清查

财产清查是指通过一定方法对企业货币资金、实物资产和债权债务进行核对，以确定账实是否相符的一种专门做法。如有不符，则须查明原因，据此对账簿记录进行调整。

7. 编制会计报表

会计报表是反映企业等单位财务状况和经营成果的报告文件，它根据账簿记录，将一定时期的会计信息予以汇总，满足有关各方对会计信息的需求。

单元练习

1. 什么是电子商务？
2. 电子商务企业有哪些特征？
3. 会计的特点有哪些？
4. 会计的主要职能是什么？
5. 会计核算的一般流程是什么？

学习单元二　会计要素

会计要素是对会计对象的基本分类。企业会计要素按照其性质分为资产、负债、所有者权益、收入、费用和利润。其中，资产、负债和所有者权益要素侧重反映企业的财务状况，称为静态会计要素；收入、费用和利润要素侧重反映企业的经营成果，称为动态会计要素。

一、资产

资产是指企业过去的交易或者事项形成的、由企业拥有或者控制的、预期会给企业带来经济利益的资源。企业的资产按照是否具有流动性，可分为流动资产和非流动资产。流动资产是指预计在 1 年内（含 1 年），或超过 1 年的一个正常营业周期内变现、出售或耗用的资产，包括货币资金、短期投资、应收及预付款项、存货等。非流动资产是指流动资产以外的资产，包括长期债券投资、长期股权投资、固定资产、生产性生物资产、无形资产、长期待摊费用等。

将一项资源确认为资产，不仅需要符合资产的定义，还需要同时满足以下两个条件：一是与该资源有关的经济利益很可能流入企业，二是该资源的成本或价值能够可靠地计量。资产要素的内容如图 1-2-1 所示。

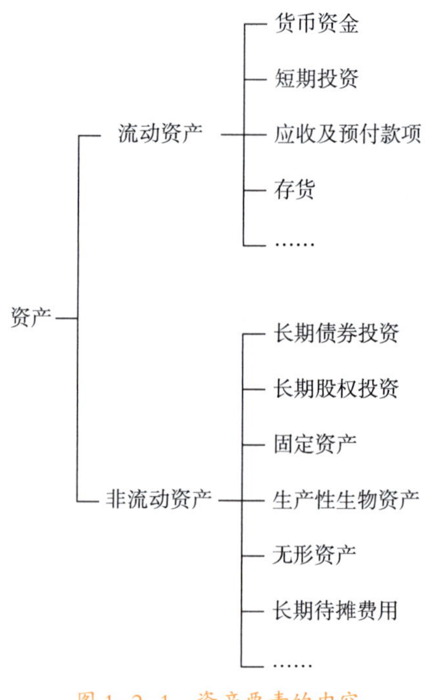

图 1-2-1　资产要素的内容

二、负债

负债是指企业过去的交易或者事项形成的，预期会导致经济利益流出企业的现时义务。企业的负债按照是否具有流动性，可分为流动负债和非流动负债。流动负债是指预计在 1 年内或者超过 1 年的一个正常营业周期内清偿的债务，包括短期借款、应付及预收款项（包括应付账款、应付票据和预收账款）、应付职工薪酬、应交税费、应付利息、应付利润和其他应付款等。非流动负债是指流动负债以外的负债，即偿还期在 1 年或者超过 1 年的一个正常营业周期以上的各种负债，包括递延收益、长期借款、长期应付款等。

将一项现时义务确认为负债，不仅需要符合负债的定义，还需要同时满足以下两个条件：一是与该义务有关的经济利益很可能流出企业，二是未来流出的经济利益的金额能够可靠地计量。负债要素的内容如图 1–2–2 所示。

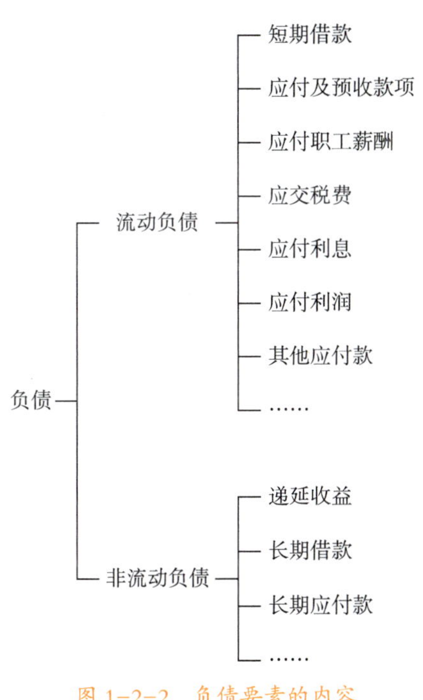

图 1–2–2　负债要素的内容

三、所有者权益

所有者权益是指企业资产扣除负债后由所有者享有的剩余权益。所有者权益包括实收资本（或股本）、资本公积、盈余公积和未分配利润等。

所有者权益反映的是企业所有者对企业资产的索取权，其确认、计量主要取决于资产、负债、收入、费用等其他会计要素的确认和计量。所有者权益即为企业的净资产，是企业资产总额中扣除债权人权益后的净额，反映所有者（股东）财富的净增加额。通常，企业收入增加时，会导致资产的增加，相应地会增加所有者权益；企业发生费用时，会导致负债增加，相应地会减少所有者权益。因此，企业日常经营的好坏和资产负债的质量直接决定着企业所有者权益的增减变化和资本的保值增值或减值。所有者权益不能单独计价，其确认主要依赖于其他会计要素，尤其是资产和负债的确认。所有者权益的确认主要取决于资产和负债的计量。所有者权益要素的内容如图 1–2–3 所示。

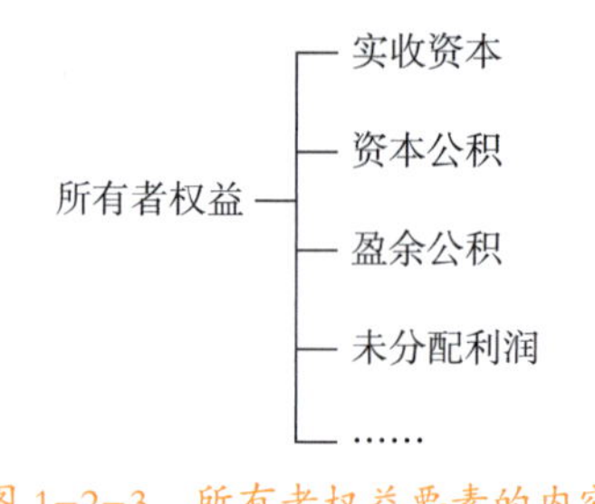

图 1-2-3 所有者权益要素的内容

四、收入

收入是指企业在日常生产经营活动中形成的、会导致所有者权益增加、与所有者投入资本无关的经济利益的总流入。收入包括主营业务收入和其他业务收入。

企业收入的来源渠道多种多样，不同收入来源的特征有所不同，其收入确认条件也往往存在一些差别，如销售商品、提供劳务、让渡资产使用权等。一般而言，收入只有在经济利益很可能流入，从而导致企业资产增加或者负债减少，且经济利益的流入额能够可靠计量时才能予以确认。当企业与客户之间的合同同时满足下列条件时，企业应当在客户取得相关商品控制权时确认收入。

1. 合同各方已批准该合同并承诺将履行各自义务。

2. 该合同明确了合同各方与所转让商品或提供劳务（以下简称“转让商品”）相关的权利和义务。

3. 该合同有明确的与所转让商品相关的支付条款。

4. 该合同具有商业实质，即履行该合同将改变企业未来现金流量的风险、时间分布或金额。

5. 企业因向客户转让商品而有权取得的对价很可能收回。

收入要素的内容如图 1-2-4 所示。

图 1-2-4 收入要素的内容

五、费用

费用是指企业在日常活动中发生的、会导致所有者权益减少、与向所有者分配利润无关的经济利益的总流出。费用包括营业成本和期间费用等。

费用产生于过去的交易或事项，它可表现为资产的减少或负债的增加。费用的确认除了应当符合费用的定义外，还应同时满足以下条件：一是与费用相关的经济利益

很可能流出企业，二是经济利益流出企业的结果会导致资产的减少或者负债的增加，三是经济利益的流出额能够可靠计量。费用要素的内容如图 1–2–5 所示。

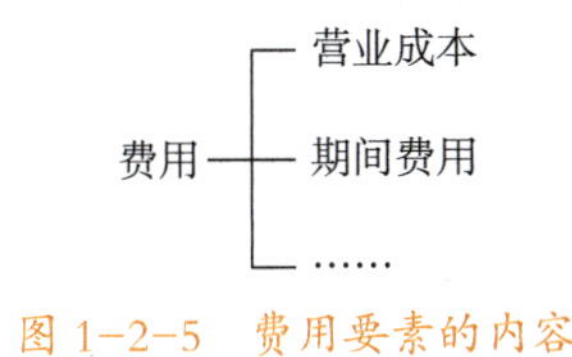

图 1–2–5　费用要素的内容

六、利润

利润是指企业在一定会计期间的经营成果，表现为收入减去费用后的净额，直接计入当期利润的利得和损失等，包括营业利润、利润总额和净利润。其中，营业利润是指营业收入减去营业成本、税金及附加、销售费用、管理费用、财务费用，加上投资收益（或减去投资损失）后的金额。利润总额是指营业利润加上营业外收入，减去营业外支出后的金额。净利润是指利润总额减去所得税费用后的净额。通常情况下，如果企业实现了利润，表明企业的所有者权益将增加，业绩提升；反之，如果企业发生了亏损（即利润为负数），表明企业的所有者权益将减少，业绩下降。利润是评价企业管理层业绩的指标之一，也是投资者等财务报告使用者进行决策时的重要参考。利润反映收入减去费用、利得减去损失后的净额。利润的确认主要依赖于收入和费用以及利得和损失金额的确认，其金额的确定也主要取决于收入、费用、利得、损失金额的计量。利润要素的内容如图 1–2–6 所示。

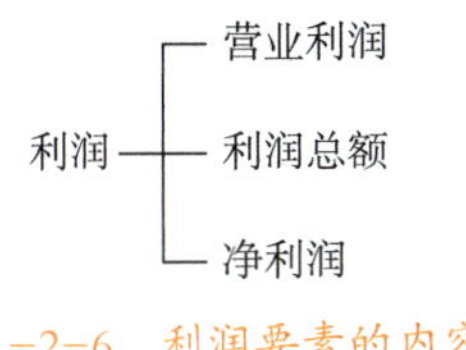

图 1–2–6　利润要素的内容

单元练习

1. 什么是会计要素?
2. 资产是如何分类的?
3. 企业收入包括哪些?

学习单元三　会计科目

会计科目是对会计对象的具体内容即会计要素进行分类核算的项目。企业设置会计科目是设置账户、进行账务处理的前提，也是正确组织会计核算的一个重要条件。从某种意义上说，会计是一种分类技术。企业为了全面、系统、分类地核算和监督各项经济业务的发生情况，以及由此引起的各类会计要素增减变动的过程和结果，就必须按照会计要素的不同特点，根据经济管理的要求，通过设置会计科目进行分类别、分项目的核算。

一、会计科目的作用

会计科目的设置既是复式记账的基础，也是编制记账凭证的基础。它不仅为成本计算和财产清查提供了前提条件，也为编制会计报表提供了方便。

1. 会计科目是复式记账的基础

复式记账要求每一笔经济业务必须以相等的金额同时在两个或两个以上相互联系的账户中进行登记，以系统地反映资金运动的变化结果。

2. 会计科目是编制记账凭证的基础

记账凭证是确定所发生的经济业务应记入何种会计科目并分门别类登记账簿的凭据。

3. 会计科目为成本计算和财产清查提供了前提条件

会计科目的设置，有助于成本核算，使各种成本计算成为可能；账面记录与实际结存的核对，又为财产清查、保证账实相符提供了必备的条件。

4. 会计科目为编制会计报表提供了方便

会计报表是提供会计信息的主要手段，会计报表中的许多项目与会计科目一致，应根据会计科目的发生额或余额填写。

二、会计科目的设置原则

设置会计科目一般应遵循以下几项原则。

1. 合法性原则

合法性原则是指所设置的会计科目应符合国家统一的会计制度或会计准则的规定。

2. 相关性原则

相关性原则是指所设置的会计科目应为提供有关各方所需要的会计信息服务，满足对外报告与对内管理的要求。

3. 实用性原则

实用性原则是指所设置的会计科目应符合企业自身特点，满足企业实际需要。

4. 统一性原则

统一性原则就是要求企业设置会计科目时，应根据提供会计信息的要求，保证主要会计科目的设置及核算内容与《企业会计准则》的规定相一致。

5. 稳定性原则

稳定性原则是指企业在经营管理中需要会计提供核算指标，并且该指标能够与前期指标进行对比，这就要求会计科目应保持相对稳定，尤其是在年度中间一般不得变更会计科目。

三、会计科目的种类

会计科目按照不同分类方式可划分为不同种类。

1. 按经济内容分类

会计科目按其反映的经济内容不同，可分为资产、负债、所有者权益、成本、损益等大类。

2. 按其所提供会计信息的详细程度分类

会计科目按其所提供会计信息的详细程度不同，可分为总分类科目和明细分类科目。

总分类科目又称一级会计科目，是对会计要素具体内容进行总括分类，提供总括信息的会计科目。

具体会计科目设置一般应从会计要素出发，按照核算的经济内容将会计科目分为资产类、负债类、所有者权益类、成本类、损益类等。电子商务企业的主要会计科目示例见表 1-3-1。

表 1-3-1　电子商务企业主要会计科目表

级次	科目编码	科目名称	科目类型	余额方向
1	1001	库存现金	资产	借方
1	1002	银行存款	资产	借方

续表

级次	科目编码	科目名称	科目类型	余额方向
2	100201	工行	资产	借方
2	100202	建行	资产	借方
1	1010	数字货币	资产	借方
2	101001	人民币	资产	借方
1	1012	其他货币资金	资产	借方
2	101201	银行汇票存款	资产	借方
2	101202	信用证保证金	资产	借方
2	101203	支付宝	资产	借方
1	1122	应收账款	资产	借方
1	1123	预付账款	资产	借方
1	1132	应收利息	资产	借方
1	1221	其他应收款	资产	借方
2	122101	员工	资产	借方
2	122102	存出保证金	资产	借方
1	1405	库存商品	资产	借方
1	1406	发出商品	资产	借方
1	1407	商品进销差价	资产	贷方
1	1411	周转材料	资产	借方
2	141101	包装物	资产	借方
2	141102	低值易耗品	资产	借方
1	1601	固定资产	资产	借方
1	1602	累计折旧	资产	贷方
1	1604	在建工程	资产	借方
2	160401	在建工程	资产	借方
1	1606	固定资产清理	资产	借方
1	1701	无形资产	资产	借方
2	170101	非专利技术	资产	借方
2	170102	商标权	资产	借方
2	170103	土地使用权	资产	借方
2	170104	专利权	资产	借方
1	1702	累计摊销	资产	贷方

续表

级次	科目编码	科目名称	科目类型	余额方向
1	1811	递延所得税资产	资产	借方
1	1901	待处理财产损溢	资产	借方
2	190101	待处理流动资产损溢	资产	借方
2	190102	待处理非流动资产损溢	资产	借方
1	2001	短期借款	负债	贷方
1	2202	应付账款	负债	贷方
1	2203	预收账款	负债	贷方
1	2211	应付职工薪酬	负债	贷方
2	221101	应付职工工资	负债	贷方
2	221103	应付福利费	负债	贷方
2	221104	应付社会保险费	负债	贷方
2	221105	应付住房公积金	负债	贷方
2	221106	应付工会经费	负债	贷方
2	221107	应付教育经费	负债	贷方
2	221109	辞退福利	负债	贷方
1	2221	应交税费	负债	贷方
2	222101	应交增值税	负债	贷方
3	22210101	进项税额	负债	贷方
3	22210105	减免税款	负债	贷方
3	22210106	销项税额	负债	贷方
2	222111	应交消费税	负债	贷方
2	222113	应交企业所得税	负债	贷方
2	222115	应交城市维护建设税	负债	贷方
2	222118	应交车船使用税	负债	贷方
2	222119	应交个人所得税	负债	贷方
2	222120	应交教育费附加	负债	贷方
1	2231	应付利息	负债	贷方
1	2232	应付股利	负债	贷方
1	2401	递延收益	负债	贷方
1	2501	长期借款	负债	贷方
2	250101	本金	负债	贷方
1	2701	长期应付款	负债	贷方

续表

级次	科目编码	科目名称	科目类型	余额方向
2	270101	应付股东长期款	负债	贷方
2	270102	融资租入固定资产租赁费	负债	贷方
1	2901	递延所得税负债	负债	贷方
1	4001	实收资本	权益	贷方
2	400101	股本	权益	贷方
1	4101	盈余公积	权益	贷方
2	410101	法定盈余公积	权益	贷方
2	410102	任意盈余公积	权益	贷方
1	4103	本年利润	权益	贷方
1	4104	利润分配	权益	贷方
2	410401	提取法定盈余公积	权益	贷方
2	410402	提取任意盈余公积	权益	贷方
2	410403	盈余公积补亏	权益	贷方
2	410404	支付股利	权益	贷方
2	410405	未分配利润	权益	贷方
1	5301	研发支出	成本	借方
2	530101	资本化支出	成本	借方
1	6001	主营业务收入	损益	贷方
1	6051	其他业务收入	损益	贷方
2	605101	免税收入	损益	贷方
2	605102	固定资产出租取得的收入	损益	贷方
2	605103	无形资产出租取得的收入	损益	贷方
2	605104	包装物	损益	贷方
1	6301	营业外收入	损益	贷方
2	630101	非流动资产处置利得	损益	贷方
2	630104	盘盈利得	损益	贷方
2	630199	其他营业外收入	损益	贷方
1	6401	主营业务成本	损益	借方
1	6402	其他业务成本	损益	借方
2	640201	出租固定资产折旧额	损益	借方
2	640202	出租无形资产摊销额	损益	借方

续表

级次	科目编码	科目名称	科目类型	余额方向
2	640203	出租包装物成本	损益	借方
1	6403	税金及附加	损益	借方
1	6601	销售费用	损益	借方
2	660103	运输费	损益	借方
2	660105	包装费	损益	借方
2	660107	广告费	损益	借方
2	660112	客服人员职工薪酬	损益	借方
2	660113	销售人员职工薪酬	损益	借方
1	6602	管理费用	损益	借方
2	660201	管理人员职工薪酬	损益	借方
2	660202	办公费	损益	借方
2	660203	业务招待费	损益	借方
2	660207	差旅费	损益	借方
2	660209	固定资产折旧费	损益	借方
2	660210	无形资产摊销费	损益	借方
2	660218	培训费	损益	借方
2	660219	车船使用税	损益	借方
2	660299	其他管理费用	损益	借方
1	6603	财务费用	损益	借方
2	660301	利息支出	损益	借方
2	660302	利息收入	损益	贷方
2	660303	汇兑损失	损益	借方
2	660304	汇兑收益	损益	贷方
2	660305	银行手续费	损益	借方
1	6711	营业外支出	损益	借方
2	671101	非流动资产处置损失	损益	借方
2	671102	盘亏损失	损益	借方
1	6801	所得税费用	损益	借方
1	6901	以前年度损益调整	损益	借方

四、会计科目设置的注意事项

根据《企业会计准则——应用指南》的规定，企业在不违反企业会计准则的确认、计量规定的前提下，可结合自身会计对象的特点设置和运用会计科目。

1. 会计科目和主要账务处理依据企业会计准则中确认和计量的规定制定，涵盖了各类企业的交易和事项。企业在不违反企业会计准则的确认、计量和报告规定的前提下，可以根据本企业的实际情况自行增设、分拆、合并会计科目。对于企业不存在的交易或者事项，可不设置相关会计科目。对于明细科目，企业可以比照会计准则中的规定自行设置。

2. 企业会计准则统一规定会计科目的编号，以便企业填制会计凭证、登记会计账簿、查阅会计账目、采用会计核算软件系统，企业可结合本企业的实际情况自行确定其他会计科目的编号，但企业不得随意打乱重编。

3. 企业在编制会计凭证、登记会计账簿时，应当填列会计科目的名称，或者同时填列会计科目的名称和编号，不得只填列科目编号，不填列科目名称。

单元练习

1. 简述会计科目的作用。
2. 会计科目设置应遵循哪些原则?
3. 简述会计科目的分类方式和种类划分。

学习单元四　账户设置

账户设置是对会计对象的具体内容进行分类核算和监督的一种专门方法。会计对象的内容是复杂多样的，要对它们进行系统核算和全面监督，就必须进行科学的分类，以便取得各种不同性质的核算指标。每个会计账户只能反映一定的经济内容，将会计对象的具体内容划分为若干个项目，即设置若干个会计账户，就可以使所设置的账户既有分工又有联系地反映整个会计对象的内容，从而提高工作效率。

一、账户的概念

账户是根据会计科目设置的、具有一定的格式和结构、便于分类反映会计要素增减变动过程及其结果的载体。

二、账户与会计科目的关系

1. 联系

会计科目是开设会计账户的依据，账户的名称就是会计科目；账户是会计科目的具体运用，会计科目所反映的经济内容，就是账户所要登记的内容。

2. 区别

会计科目侧重对会计对象的分类，不反映核算内容的增减变动，不具有核算和监督会计要素的职能；账户侧重反映核算内容的变动情况，能够提供会计要素的动态和静态指标，具有核算和监督的职能。会计科目不具有结构，账户则具有一定的结构。

三、账户的分类

按会计要素的不同，可将账户分为资产类账户、负债类账户、所有者权益类账户、成本类账户、损益类账户等大类。

按所提供会计信息详细程度的不同，可将账户分为总分类账户和明细分类账户。总分类账户是根据总分类科目设置的，简称总账账户或总账。明细分类账户是根据明细分类科目设置的，简称明细账户或明细账。总账账户为一级账户，总账以下的账户为明细账户。

四、账户的结构

账户是用来记录经济业务的，必须具有一定的结构。由于经济业务所引起的各项会计要素的变动，从数量上看不外乎增加和减少，所以账户结构也相应地分为两个基本部分，用于分别记录各会计要素的增加金额和减少金额。

账户的基本结构通常划分为左、右两方，一方登记增加金额，另一方登记减少金额。登记本期增加的金额，称为本期增加发生额；登记本期减少的金额，称为本期减少发生额；增减相抵后的差额，称为余额；余额按表示时间的不同，分为期初余额和期末余额，其基本关系如下：

期末余额 = 期初余额 + 本期增加发生额 − 本期减少发生额

账户的基本结构具体包括账户名称（会计科目）、经济业务发生的时间、所依据记账凭证的编号、经济业务摘要、增减金额、余额等。

五、账户的格式

账户根据实际工作的需要分为简单格式和标准格式两种。

1. 简单格式

简单格式又称为 T 型账户或丁字账户，如图 1-4-1 所示。使用该格式能够方便记录会计要素所发生的增减变动情况，并进行汇总、求和、轧差。

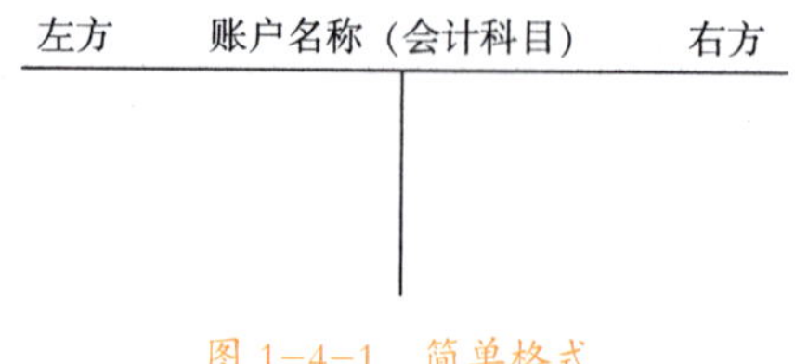

图 1-4-1　简单格式

2. 标准格式

标准格式是账户的正规书面格式。在实际工作中，为了保证会计信息的真实与完整，企业必须依法设置并使用会计账簿，其账户标准格式如图 1-4-2 所示。

____级科目　编号及名称____

年		凭证编号	摘要	借方	贷方	借或贷	余额
月	日						

图 1-4-2　标准格式

单元练习

1. 什么是账户?
2. 账户和会计科目有哪些联系和区别?
3. 账户有哪些类型?

学习单元五　记账方法

记账方法就是根据一定的原理、记账符号，采用一定的计量单位，利用文字和数字，将发生经济业务所引起的各会计要素的增减变动在有关账户中进行记录的方法。

一、单式记账法

单式记账法是指对发生的交易或事项，只在一个账户中进行记录的记账方法。

例如，用银行存款 10 000 元购买商品。该经济业务发生后，只在“银行存款”账户中记录一笔银行存款减少了 10 000 元，而不在“库存商品”账户中记录库存商品增加了 10 000 元。单式记账法重点考虑的是库存现金、银行存款以及债权、债务等方面发生的交易或事项。由此可见，它是一种比较简单但不完整的记账方法，且不能全面、完整、系统地反映交易或事项的来龙去脉，也不便于检查、核对账户记录的正确性。

二、复式记账法

复式记账法是以资产与权益的平衡关系为基础，对每项经济业务都要以相等的金额同时在两个或两个以上相互联系的账户中进行登记，以便系统地反映资金运动变化结果的一种记账方法。下面以某公司的一笔经济业务来说明复式记账的基本原理。

例如，该公司采购西服，以银行存款 100 000 元支付货款。这项经济业务的发生，一方面使企业的库存商品增加了 100 000 元，另一方面使企业的银行存款减少了 100 000 元。因此，这项经济业务涉及“库存商品”和“银行存款”两个账户。根据复式记账法的记账原理，这项经济业务应以相等的金额同时在“库存商品”和“银行存款”两个账户中相互联系地同时进行登记。这是一笔引起资产要素中两个不同项目一增一减的经济业务。库存商品的增加是资产的增加，应在“库存商品”账户中登记增加 100 000 元；银行存款的减少是资产的减少，应在“银行存款”账户中登记减少 100 000 元。

采用复式记账法，对发生的每项经济业务都应以相等的金额同时在相互联系的两个或两个以上账户中做对应记录，这不仅可以了解每项经济业务的来龙去脉，还可完整、系统地反映经济活动的过程和结果。同时，由于对每项经济业务都以相等的金额在对应账户中进行记录，因此可以使用试算平衡的方法来检查账户记录是否正确。

三、借贷记账法

我国会计准则规定，企业、行政事业单位一律采用借贷记账法。

1. 借贷记账法的含义

借贷记账法是指以“借”“贷”为记账符号的一种复式记账法。它是以会计平衡等式为依据，对每项经济业务都以相等的金额同时在两个或两个以上相互联系的账户中进行登记的一种记账方法。“借”“贷”只是作为一种记账符号，被分别标注在账户的左方和右方，所表示的增加或减少含义并不固定，主要取决于账户的经济性质及其结构。

例如，某单位办公室小李用现金 100 元购买办公用品。记账时，既要在“库存现金”账户中登记减少 100 元，也要在“管理费用”账户中登记增加 100 元，这样相互联系地反映出库存现金减少，而减少的原因是发生了费用。再如，某企业购入商品 10 000 元，尚未支付货款。记账时，既要在“库存商品”账户中登记增加 10 000 元，也要在“应付账款”账户中登记增加 10 000 元，这样相互联系地反映企业购入商品且货款暂欠这一经济业务。

2. 借贷记账法下的账户结构

在借贷记账法下，当经济业务发生后，应以相同金额同时在两个或两个以上相互联系的账户中进行登记，登记在借方的数额称为“借方发生额”，登记在贷方的数额称为“贷方发生额”，两方相减后的数额为“期末余额”。如果借方数额大于贷方数额，其余额为“借方余额”；如果贷方数额大于借方数额，其余额为“贷方余额”。账户中本期的期末余额，即为下期的期初余额。

资产、负债及所有者权益、成本、损益类账户的基本结构如下。

（1）资产类账户的基本结构

资产类账户的借方登记资产的增加数，贷方登记资产的减少数。期初及期末余额一般在借方。

（2）负债及所有者权益类账户的基本结构

负债及所有者权益类账户的借方登记负债及所有者权益的减少数，贷方登记负债及所有者权益的增加数。期初及期末余额一般在贷方。

（3）成本类账户的基本结构

成本类账户的借方登记增加额，贷方登记减少额。期末账户若有余额一般在借方。

（4）损益类账户的基本结构

损益类账户包括收入类账户和费用、支出类账户两大类。

1）收入类账户的基本结构。收入类账户的结构与负债及所有者权益类账户的结构基本相同，即借方登记收入的减少数以及期末转入“本年利润”账户的数额，贷方登记收入的增加数。期末结转后该类账户一般无余额。

2）费用、支出类账户的基本结构。费用、支出类账户的结构与资产类账户的结构基本相同，即借方登记费用的增加数，贷方登记费用的减少数以及期末转入“本年利润”账户的数额。期末结转后该类账户一般无余额。

3. 借贷记账法的记账规则

借贷记账法的记账规则为“有借必有贷，借贷必相等”，即对于每一笔经济业务都

要同时在两个或两个以上相互联系的账户中以借方和贷方相等的金额进行登记。在借贷记账法下，对发生的每一笔经济业务，都必须记入一个账户的借方，同时记入另一个或几个账户的贷方；或者记入一个账户的贷方，同时记入另一个或几个账户的借方；或者记入几个账户的借方，同时记入另几个账户的贷方，并且记入借方的金额和记入贷方的金额必须相等。

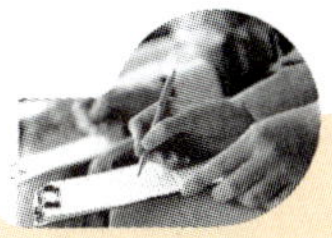

【例 1-5-1】1 日，A 公司获得银行短期贷款 200 000 元，立即存入银行账户。

这项经济业务的发生，使得该公司资产中的银行存款增加，应记入“银行存款”账户的借方；同时，使得该公司负债中的短期借款增加，应记入“短期借款”账户的贷方。记入借方和贷方的金额均为 200 000 元。该项经济业务在 T 型账户中的登记如图 1-5-1 所示。

借	短期借款 贷
	(1)200 000

借	银行存款 贷
(1)200 000	

图 1-5-1　记账结果

【例 1-5-2】5 日，A 公司决定缩减产品的生产规模，经股东大会批准减少投资，以银行存款 100 000 元和库存现金 30 000 元，退还部分投资人。

这项经济业务的发生，使得该公司资产中的银行存款和库存现金减少，应记入“银行存款”和“库存现金”账户的贷方；同时，使得所有者权益中的实收资本减少，应记入“实收资本”账户的借方。记入借方和贷方的金额均为 130 000 元。该项经济业务在 T 型账户中的登记如图 1-5-2 所示。

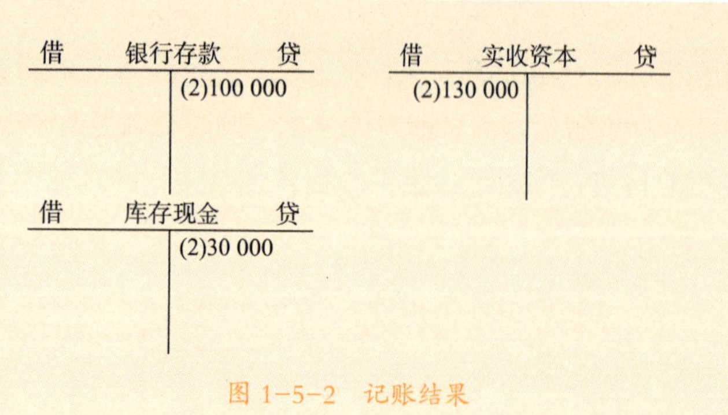

图 1-5-2 记账结果

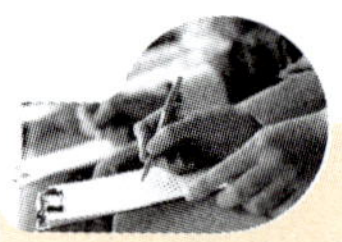

【例 1-5-3】10 日，A 公司用银行存款采购商品，价值 150 000 元。这项经济业务的发生，使得该公司资产中的库存商品增加，应记入“库存商品”账户的借方；同时，使得资产中的银行存款减少，应记入“银行存款”账户的贷方。记入借方和贷方的金额均为 150 000 元。该项经济业务在 T 型账户中的登记如图 1-5-3 所示。

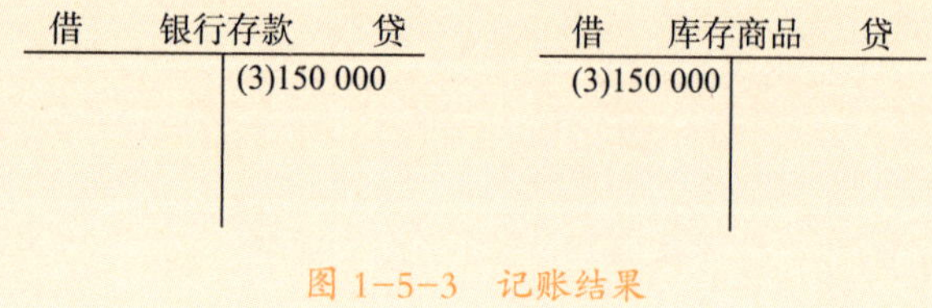

图 1-5-3 记账结果

4. 借贷记账法的试算平衡

试算平衡是指根据资产、负债、所有者权益之间的恒等关系以及借贷记账法的记账规则，检查所有账户记录是否正确的验证方法。试算平衡的方法具体包括发生额试算平衡法和余额试算平衡法两种。

（1）发生额试算平衡法

它是根据本期所有账户借方发生额合计与贷方发生额合计的恒等关系，来检验本期发生额记录是否正确的一种方法。公式如下：

全部账户本期借方发生额合计 = 全部账户本期贷方发生额合计

发生额试算平衡法的理论依据是“有借必有贷，借贷必相等”这一借贷记账法的记账规则。在借贷记账法下，每一笔经济业务都要以相等的金额同时记入两个或两个以上相关账户的借方和贷方，借贷双方的发生额必然相等。推而广之，将一定时期内的经济业务全部记入有关账户之后，所有账户的借方发生额合计与贷方发生额合计也必然相等。发生额试算平衡表的格式如图 1–5–4 所示。

××××年××月　　　　单位：元

会计科目	借方发生额	贷方发生额
……	……	……
合计		

图 1–5–4　发生额试算平衡表格式

（2）余额试算平衡法

余额试算平衡法是根据本期所有账户借方余额合计与贷方余额合计的恒等关系，来检验本期账户记录是否正确的一种方法。

根据余额时间的不同，余额试算平衡又分为期初余额试算平衡与期末余额试算平衡两类。期初余额试算平衡是所有账户期初借方余额合计与贷方余额合计相等，期末余额试算平衡是所有账户期末借方余额合计与贷方余额合计相等，这是由“资产 = 负债 + 所有者权益”的恒等关系决定的。公式如下：

全部账户的期初（期末）借方余额合计 = 全部账户的期初（期末）贷方余额合计

在实际工作中，余额试算平衡是通过编制余额试算平衡表的方式进行的。余额试算平衡表的格式如图 1–5–5 所示。

在编制余额试算平衡表时，还应注意以下几点。

第一，要将所有账户的余额记入试算平衡表，因为缺少任何一个账户的余额，都会造成期初或期末借方与贷方余额合计不相等。

第二，如果余额试算平衡表借贷不相等，说明账户记录一定有错误，应认真查找，直到试算平衡为止。

第三，余额试算平衡表的平衡关系并不能说明账户记录绝对正确。因为漏记、重记某项经济业务，借贷方向颠倒，或记错有关账户等错误，可能并不会影响借贷双方的平衡关系。

××××年××月 单位：元

会计科目	期初余额		本期发生额		期末余额	
	借方	贷方	借方	贷方	借方	贷方
库存现金	1 000		120 000		121 000	
银行存款	240 000		120 000	200 000	160 000	
应收账款	94 000				94 000	
周转材料	49 000				49 000	
固定资产	186 000				186 000	
无形资产	112 000				112 000	
短期借款		148 000	140 000	20 000		28 000
应付账款		96 000	90 000			6 000
应付股利				36 000		36 000
长期借款		50 000		140 000		190 000
实收资本		280 000		190 000		470 000
资本公积		8 000				8 000
盈余公积		100 000	90 000	10 000		20 000
利润分配			36 000		36 000	
合计	682 000	682 000	596 000	596 000	758 000	758 000

图 1-5-5　余额试算平衡表格式

四、会计分录

1. 会计分录的概念

会计分录是指对每项经济业务事项标明其应借应贷账户名称及其金额的记录，简称分录。会计分录是由应借应贷方向、对应账户名称（科目）及应记金额三个要素构成的。在实际工作中，会计分录往往通过编制记账凭证进行。

2. 会计分录的分类

按照所涉及账户的多少，会计分录分为简单会计分录和复合会计分录。

（1）简单会计分录

简单会计分录是指只涉及一个会计科目借方和另一个会计科目贷方的会计分录，即一借一贷的会计分录。

【例 1-5-4】以下是 B 公司某月的三笔业务。

（1）收到股东甲投入的价值 300 000 元的一套设备。

（2）将现金 20 000 元存入银行账户。

（3）购入 5 000 元的西服，货款未支付，西服已入库。

这三笔业务应分别编制会计分录如下：

（1）借：固定资产　　300 000
　　　贷：实收资本　　300 000

（2）借：银行存款　　20 000
　　　贷：库存现金　　20 000

（3）借：库存商品　　5 000
　　　贷：应付账款　　5 000

（2）复合会计分录

复合会计分录是指由两个以上（不含两个）对应会计科目所组成的会计分录，即一借多贷、一贷多借或多借多贷的会计分录。一般不允许将不同的经济业务合并编制多借多贷会计分录。一般来讲，复合会计分录可以分解为若干个简单会计分录。

【例 1-5-5】B 公司某月的经济业务如下。

（1）行政部门领用劳保用品 4 000 元，客服部门领用劳保用品 30 000 元。

（2）购入价值 100 000 元的商品，通过银行转账支付了 80 000 元，其余款项暂欠，商品已验收入库。

这两笔业务应分别编制会计分录如下：

（1）借：销售费用　　30 000
　　　　管理费用　　4 000
　　　贷：应付职工薪酬——福利　　34 000

（2）借：库存商品　　100 000
　　贷：银行存款　　80 000
　　　　应付账款　　20 000

1. 什么是单式记账法?
2. 什么是复式记账法?
3. 借贷记账法的记账规则有哪些?
4. 什么是会计分录?

学习单元六　会计凭证

会计凭证是记录经济业务、明确经济责任的书面证明，是登记账簿的重要依据。填制和审核会计凭证是为了审查经济业务是否合理合法，保证账簿记录正确完整而采用的一种专门方法。对于已经发生或已经完成的经济业务，都要由经办人员或有关单位填制会计凭证，并签名盖章。所有的会计凭证在记录前都要由会计部门或有关部门按照相关财经法规、制度、计划、预算等规定，进行严格认真的审核。只有经过审核、确认无误的凭证，才能作为记账的依据。

一、会计凭证的种类

各类型电子商务企业的经济活动复杂多样，因此用来反映经济活动的会计凭证也多种多样，按其填制程序和用途的不同，会计凭证可分为原始凭证和记账凭证两种。

1. 原始凭证

原始凭证又称单据，是指在经济业务发生或完成时取得或填制的，用于记录或证明经济业务的发生或完成情况的书面文字凭据。电子商务企业进行每项经济活动或财务收支时，都应取得或填制原始凭证。原始凭证是在经济业务发生的过程中直接产生的，是经济业务的最初证明，如购货发票、入库单等。

2. 记账凭证

记账凭证又称记账凭单，是指会计人员根据审核无误的原始凭证编制的，用来记载经济业务的简要内容，确定会计分录并作为登记账簿的依据。

原始凭证和记账凭证既有联系又有区别：二者都是会计凭证，记账凭证是根据原始凭证编制的，没有原始凭证一般不能编制记账凭证。

二、原始凭证的填制和审核

1. 原始凭证的基本要素

原始凭证作为最初取得或填制的书面证明，其完整性、合法性很重要。企业发生的经济业务纷繁复杂，其所取得或填制的票据样式也多种多样，但总结其共性，原始凭证应具备以下要素：原始凭证名称、填制原始凭证的日期、接受原始凭证的单位名称、经济业务内容（含数量、单价、金额等）、填制单位签章、有关人员签章、凭证附件等。

图 1-6-1 所示为增值税专用发票样例，其中标注的各项要素一般不得缺少，否则就不能成为具有法律效力的书面证明。

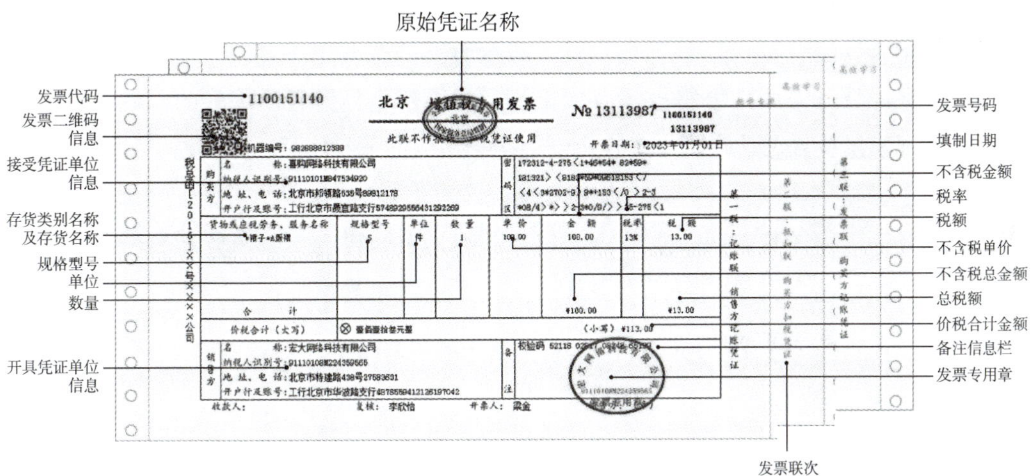

图 1-6-1 增值税专用发票样例

2. 原始凭证的填制要求

（1）记录要真实

原始凭证要求所填列经济业务的内容和数字必须真实可靠，符合实际情况，不得弄虚作假。

（2）内容要完整

原始凭证要求所填列的项目必须逐项填列齐全，不得遗漏和省略。

（3）手续要完备

单位自制的原始凭证，必须有经办单位领导人或者其他指定人员的签名或盖章；对外开出的原始凭证，必须加盖本单位的公章；从外部取得的原始凭证，必须盖有填制单位的公章或业务专用章；从个人处取得的原始凭证，必须有填制人员的签名或盖章。

（4）书写要清楚、规范

不得使用不规范的简化字。大小写金额必须相符且填写规范，如果大小写金额不一致，则此凭证无效。

小写金额前要填写人民币符号“￥”，人民币符号“￥”与阿拉伯数字之间不得留有空白。金额数字一律填写到角、分，无角、分的，写“00”或符号“–”；有角无分的，分位用“0”，不得用符号“–”。

大写金额前未印有“人民币”字样的，应加写“人民币”三个字，“人民币”字样和大写金额之间不得留有空白。大写金额到元或角为止的，后面要写“整”或“正”字。例如，小写金额为￥1 008.00，大写金额应写成“壹仟零捌元整”。

（5）编号要连续

各种原始凭证必须连续编号，以便查证。如果是已预先印定编号的原始凭证，如发票、支票等重要凭证，在写坏作废时，加盖“作废”戳记，不得撕毁。

（6）不得随意涂改、刮擦、挖补

原始凭证不得随意涂改、刮擦、挖补，否则为无效凭证。原始凭证有金额以外的其他错误的，应由出具单位重开或更正，更正处应加盖其单位印章。原始凭证金额有错误的，应由出具单位重开，不得在原始凭证上更正。

（7）填制要及时

每项经济业务发生或完成以后，应由经办人员及时取得或填制原始凭证，并按规定程序和手续及时送交财会部门，不得拖延、积压，以便财会部门审核后及时据以编制记账凭证。

3. 原始凭证的审核

对原始凭证进行审核，是对会计信息质量实行源头控制的重要环节，是保证会计资料真实、准确、完整的重要措施。会计机构和会计人员在编制记账凭证之前，必须对原始凭证进行认真审核。

（1）审核的内容

1）真实性、合法性、合理性审核。主要包括是否为真实发生的经济业务；是否符合有关政策、制度、计划、预算和合同等的规定；是否符合审批权限和手续；费用

开支是否合理，是否符合规定标准。

2）完整性、准确性、及时性审核。主要包括经济业务内容的文字是否正确，数据计算是否准确，大小写金额是否相符，原始凭证的要素是否齐全，手续是否完备，填制是否及时。

（2）审核结果的处理

1）对于完全符合要求的原始凭证，应及时据以编制记账凭证。

2）对于真实、合法、合理但内容不够完整、填写有错误的原始凭证，应退回给经办人员，由其负责将有关凭证补充完整、更正错误或重开。

3）对于不真实、不合法、不合理的原始凭证，会计人员有权不予受理，并向单位负责人报告。

4. 原始凭证的样例

（1）现金支票（见图 1–6–2）

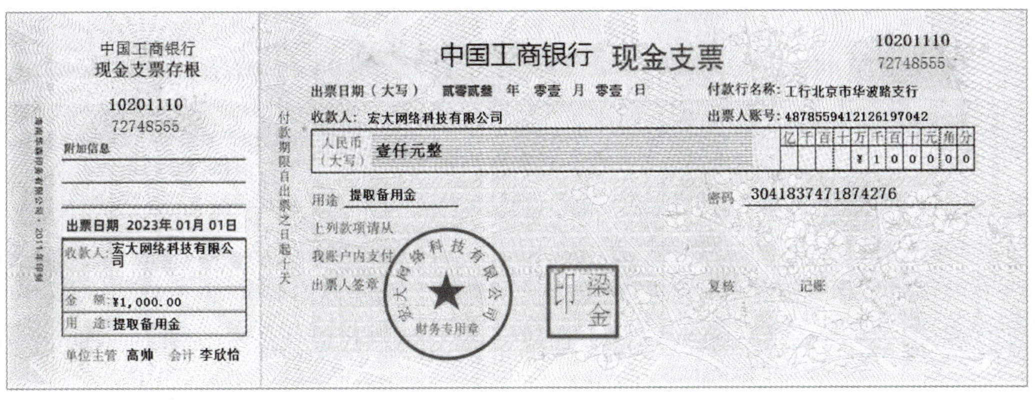

中国工商银行
现金支票存根
10201110
72748555
附加信息
出票日期 2023年01月01日
收款人：宏大网络科技有限公司
金 额：¥1,000.00
用 途：提取备用金
单位主管 高帅 会计 李欣怡

付款期限自出票之日起十天

中国工商银行 现金支票
10201110
72748555
出票日期（大写） 贰零贰叁 年 零壹 月 零壹 日 付款行名称：工行北京市华波路支行
收款人：宏大网络科技有限公司 出票人账号：4878559412126197042
人民币（大写） 壹仟元整 亿千百十万千百十元角分 ¥100000
用途 提取备用金 密码 3041837471874276
上列款项请从
我账户内支付
出票人签章 宏大网络科技有限公司 财务专用章 梁金印 复核 记账

图 1–6–2 现金支票

（2）工资计算汇总表（见表 1–6–1）

表 1–6–1 工资计算汇总表（简表） 单位：元

部门人员		应付职工薪酬	扣款						实发金额
			医疗保险	养老保险	失业保险	住房公积金	个人所得税	小计	
客服部	客服人员	250 000	5 000	20 000	2 500	25 000		52 500	197 500
	管理人员	90 000	1 800	7 200	900	9 000	320	19 220	70 780
美工部	美工人员	300 000	6 000	3 000	3 000	30 000		42 000	258 000
	管理人员	100 000	2 000	8 000	1 000	10 000	400	21 400	78 600

续表

部门人员	应付职工薪酬	扣款						实发金额
		医疗保险	养老保险	失业保险	住房公积金	个人所得税	小计	
管理部门	152 000	3 040	12 160	1 520	15 200	1 560	33 480	118 520
合计	892 000	17 840	50 360	8 920	89 200	2 280	168 600	723 400

编制： 审核：

（3）银行现金缴款单（见图 1–6–3）

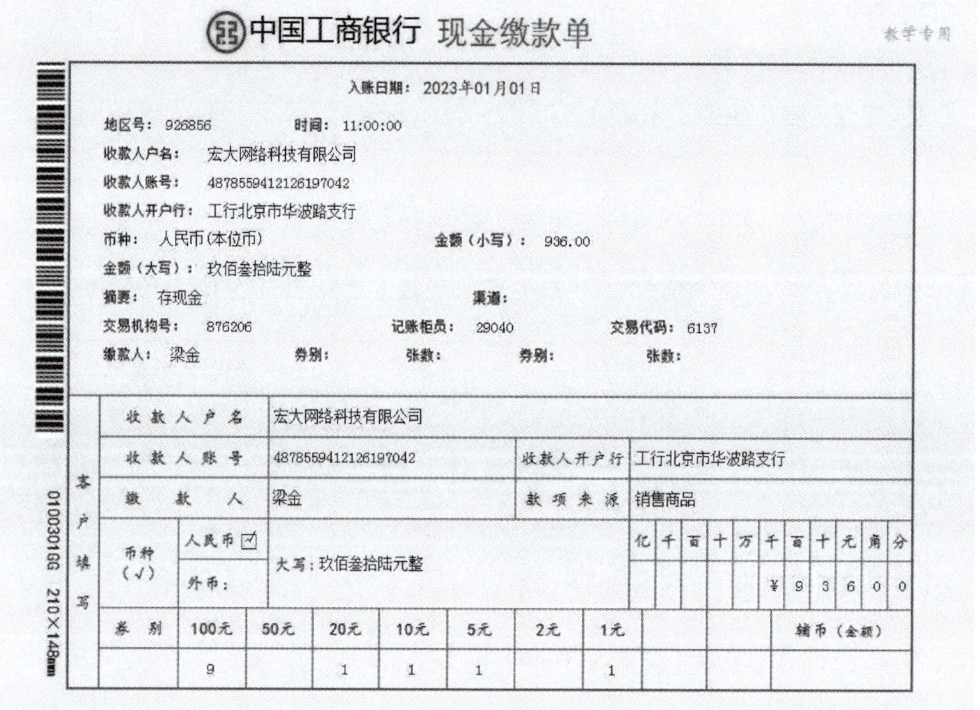

中国工商银行 现金缴款单 教学专用

入账日期：2023年01月01日

地区号：926856 时间：11:00:00
收款人户名：宏大网络科技有限公司
收款人账号：4878559412126197042
收款人开户行：工行北京市华波路支行
币种：人民币(本位币) 金额（小写）：936.00
金额（大写）：玖佰叁拾陆元整
摘要：存现金 渠道：
交易机构号：876206 记账柜员：29040 交易代码：6137
缴款人：梁金 券别： 张数： 券别： 张数：

客户填写											
收款人户名	宏大网络科技有限公司										
收款人账号	4878559412126197042				收款人开户行	工行北京市华波路支行					
缴款人	梁金				款项来源	销售商品					
币种（√）	人民币 ☑ / 外币：	大写：玖佰叁拾陆元整				亿 千 百 十 万 千 百 十 元 角 分：¥ 9 3 6 0 0					
券别	100元	50元	20元	10元	5元	2元	1元			辅币（金额）	
	9		1	1	1		1				

010030166 210×148mm

图 1–6–3 银行现金缴款单

（4）借款单（见图 1–6–4）

三、记账凭证的填制和审核

1. 记账凭证的基本要素

记账凭证是账簿登记的依据，根据审核无误的原始凭证，通过归类整理而填制。由于企业所发生的经济业务不同，对记账的要求不同，因此所采用的记账凭证的格式也会有所差异。但不论是哪一类记账凭证，都必须满足记账的要求，各种格式的记账

凭证都应具备：记账凭证的名称，填制记账凭证的日期，记账凭证的编号，经济业务事项的内容摘要，经济业务事项所涉及的会计科目及其记账方向，经济业务事项的金额，记账标记，所附原始凭证张数，记账人、审核人、出纳、制单人等有关人员签章，如图 1-6-5 所示。

教学专用

借　款　单

2023 年 01 月 01 日

资金性质：定金

部门	采购部		
借款理由	预付采购商品定金		
借款金额	人民币(大写) 壹万元整		¥ 10,000.00
领导批示 同意 梁金		财务主管 同意 高帅	

部门主管：李欣怡　　出纳：梁金　　领款人：刘娜

图 1-6-4　借款单

记账凭证

制单日期：2023年2月17日
本位币：人民币
第 4108 号-1/1

核算单位Unit宏大网络科技有限公司

摘要 Summary	会计科目 Account	原币/数量 Local Currency/Quantity	汇率/单价 Exc.Rat/Unit	借方 Debit	贷方 Credit
销售A商品	100201 银行存款-工行			2,034.00	
销售A商品	6001 主营业务收入 A食品				1,800.00
销售A商品	22210106 应交税费-应交增值税-销项税额				234.00
合计Total	贰仟零叁拾肆元整			2,034.00	2,034.00

附单据数 0 张

记账人 Recorded by 陈江北　　复核人 Checked by 曾永铭　　制单人 Produced by 潘晓琴
会计主管 Account director　　出纳 Cashier 刘金金　　经办人 Transactor

图 1-6-5　记账凭证

2. 记账凭证的填制方法

（1）收款凭证（见图 1–6–6）

收款凭证是根据货币资金收款业务的原始凭证填制的，其具体方法如下。

1）收款凭证上填列的“借方科目”为“库存现金”或“银行存款”。

2）按填制凭证的日期填写“年月日”。

3）按记账凭证的填制顺序连续编号。

4）以简要文字填写摘要。

5）在“贷方科目”填写会计分录中相对应的会计科目。

6）在金额栏内填列金额。

7）在合计栏内计算填写总金额。

8）填写所附原始凭证的张数。

9）将金额栏中的空白画线注销。

10）相关人员签名或盖章。

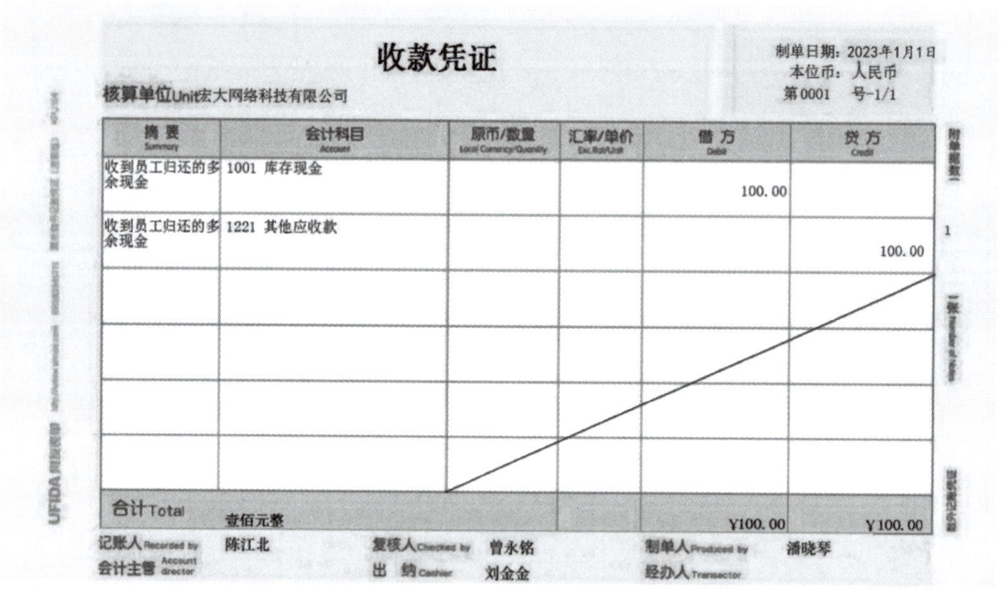

收款凭证

核算单位Unit宏大网络科技有限公司

制单日期：2023年1月1日
本位币：人民币
第0001 号-1/1

摘要 Summary	会计科目 Account	原币/数量 Local Currency/Quantity	汇率/单价 Exc.Rat/Unit	借方 Debit	贷方 Credit
收到员工归还的多余现金	1001 库存现金			100.00	
收到员工归还的多余现金	1221 其他应收款				100.00
合计Total	壹佰元整			¥100.00	¥100.00

附单据数 1 张

记账人 Recorded by 陈江北　复核人 Checked by 曾永铭　制单人 Produced by 潘晓琴
会计主管 Account drecter　出纳 Cashier 刘金金　经办人 Transactor

UFIDA用友软件

图 1–6–6　收款凭证

（2）付款凭证（见图 1–6–7）

付款凭证的填制方法与收款凭证基本相同，主要区别在于两者的“借方科目”和“贷方科目”要对调。对于库存现金和银行存款之间的存取（相互划转）业务，为避免重复记账，应统一按减少方填制付款凭证，而不填制收款凭证。

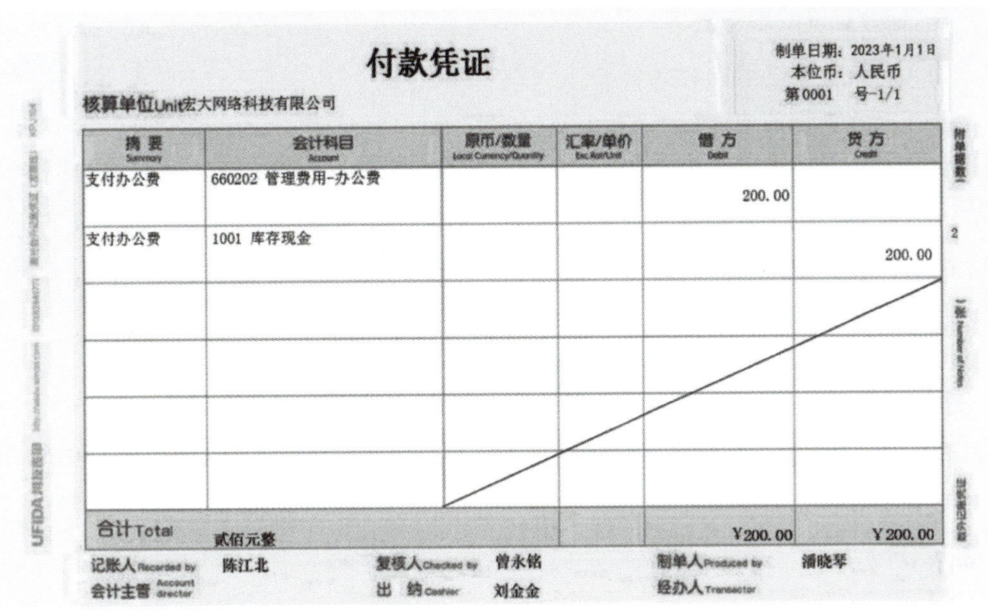

付款凭证

核算单位Unit宏大网络科技有限公司

制单日期：2023年1月1日
本位币：人民币
第0001 号-1/1

摘要 Summary	会计科目 Account	原币/数量 Local Currency/Quantity	汇率/单价 Exc.Rat/Unit	借方 Debit	贷方 Credit
支付办公费	660202 管理费用-办公费			200.00	
支付办公费	1001 库存现金				200.00
合计Total	贰佰元整			¥200.00	¥200.00

附单据数 2 张

记账人 Recorded by 陈江北　复核人 Checked by 曾永铭　制单人 Produced by 涌晓琴
会计主管 Account director　出纳 Cashier 刘金金　经办人 Transactor

图 1-6-7　付款凭证

（3）转账凭证（见图 1-6-8）

转账凭证将经济业务事项中所涉及的全部会计科目，按照先借后贷的顺序记入“会计科目”栏中的“一级科目”和“二级明细科目”或直接记入“会计科目”栏中，并按应借、应贷方向分别记入“借方金额”或“贷方金额”栏。借、贷金额合计数应该相等。

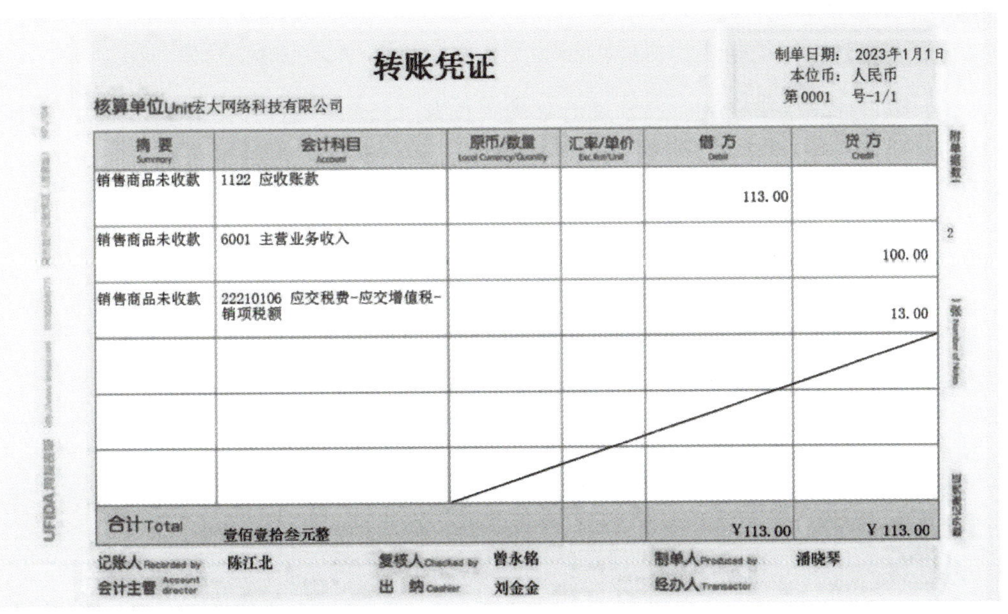

转账凭证

核算单位Unit宏大网络科技有限公司

制单日期：2023年1月1日
本位币：人民币
第0001 号-1/1

摘要 Summary	会计科目 Account	原币/数量 Local Currency/Quantity	汇率/单价 Exc.Rat/Unit	借方 Debit	贷方 Credit
销售商品未收款	1122 应收账款			113.00	
销售商品未收款	6001 主营业务收入				100.00
销售商品未收款	22210106 应交税费-应交增值税-销项税额				13.00
合计Total	壹佰壹拾叁元整			¥113.00	¥113.00

附单据数 2 张

记账人 Recorded by 陈江北　复核人 Checked by 曾永铭　制单人 Produced by 涌晓琴
会计主管 Account director　出纳 Cashier 刘金金　经办人 Transactor

图 1-6-8　转账凭证

3. 记账凭证的填制要求

（1）记账凭证各项内容必须完整。

（2）记账凭证应连续编号。

（3）记账凭证的书写应清楚、规范。相关要求同原始凭证。

（4）记账凭证可以根据每一张原始凭证填制，或根据若干张同类原始凭证汇总填制，也可以根据原始凭证汇总表填制，但不得将不同内容和类别的原始凭证汇总填制在一张记账凭证上。

（5）除结账和更正错误的记账凭证可以不附原始凭证外，其他记账凭证必须附有原始凭证。

（6）填制记账凭证时如发生错误，应当重新填制。已登记入账的记账凭证在当年内发现填写错误时，可以用红字填写一张与原内容相同的记账凭证，在摘要栏注明“注销某月某日某号凭证”字样，同时再用蓝字重新填制一张正确的记账凭证，注明“订正某月某日某号凭证”字样。如果会计科目没有错误，只是金额错误，也可以将正确数字与错误数字之间的差额另编一张调整的记账凭证，调增金额用蓝字，调减金额用红字。发现以前年度记账凭证有错误的，应用蓝字填制一张更正的记账凭证。

（7）填制完经济业务事项后，如记账凭证仍有空行，应自金额栏最后一笔金额数字下的空行处至合计数上的空行处画线注销。

4. 记账凭证的审核

（1）审核的内容

1）内容真实性审核。记账凭证的内容与所附原始凭证的内容是否一致。

2）项目齐全性审核。记账凭证的要素是否填写完整。

3）科目正确性审核。记账凭证的应借、应贷科目是否正确，是否有明确的对应关系。

4）金额正确性审核。计算是否正确，与所附原始凭证的金额是否一致。

5）书写规范性审核。记账凭证中的记录是否字迹工整、数字清晰，错误是否按规定进行更正。

6）签章齐全性审核。有关人员的签章是否齐全。

（2）审核结果的处理

审核后，如发现记账凭证有错误，应查明原因，按规定的办法及时更正和处理。只有经过审核无误的记账凭证，才能作为登记账簿的依据。

单元练习

1. 会计凭证有哪些类型?
2. 简述原始凭证的填制要求。
3. 审核记账凭证时应该注意什么?

模块二 电子商务企业资金筹集的账务处理

能力目标

◇ 能够简述电子商务企业资金筹集的方式
◇ 能够理解并掌握投资者投入资本的账户设置及账务处理
◇ 能够理解并掌握借入资金的账户设置及账务处理
◇ 能够理解并掌握政府扶持资金的账户设置及账务处理

学习单元一　投资者投入资本的账务处理

在市场经济体制下，企业的筹资渠道逐渐增多，投资者投入是其中一种主要的筹资方式。投资者投入的资本按其投资主体的不同，可分为国家投入、企业投入、个人投入和外商投入的资本；按其投资方式的不同，可分为货币投资、实物投资、证券投资和无形资产投资等。

一、账户设置

电子商务企业应当设置以下账户总括反映和监督投资者投入资金及其变动情况。

1．“库存现金”或“数字货币——人民币”账户

核算内容为企业的库存现金或数字货币，该账户属于资产类账户，其借方登记库存现金或数字货币的收入数，贷方登记库存现金或数字货币的支出数，期末借方余额反映企业实际持有的库存现金数或数字货币数。

2.“银行存款”账户

核算内容为企业存入银行或其他金融机构的款项，该账户属于资产类账户，其借方登记存款的存入数，贷方登记存款的支取数，期末借方余额反映企业存放在银行的存款实有数。该账户按开户银行和其他金融机构及存款种类进行明细账核算，有外币存款的企业，按币种进行明细账核算。

3.“固定资产”账户

核算内容为企业固定资产的原始价值，该账户属于资产类账户，其借方登记企业固定资产增加的账面原价，贷方登记因出售、报废和毁损而减少的固定资产的账面原价，期末借方余额反映企业期末固定资产的账面原价。该账户的明细账核算，企业应设置“固定资产登记簿”和“固定资产卡片”，按每项固定资产的类别、使用部门等进行明细分类核算。

4.“无形资产”账户

核算内容为企业为生产商品、提供劳务、出租给他人或为管理目的而持有的、没有实物形态的非货币性长期资产，包括专利权、非专利技术、商标权、著作权和土地使用权等，该账户属于资产类账户，其借方登记企业外购等方式取得的无形资产原值，贷方登记对外转让的无形资产原值，期末借方余额反映企业期末无形资产的原值。该账户按无形资产类别进行明细账核算。

5.“实收资本”或“股本”账户

核算内容为企业按照合同、章程的规定收到投资者或股东投入的资本，该账户属于所有者权益类账户，其贷方登记收到投入资本的实际数额或按股票面值计算的股本金，借方登记按规定程序减少的注册资本或股本数额，期末贷方余额反映企业现有的实收资本或股本。该账户按投资者或股东名册进行明细账核算。

6.“资本公积”账户

核算内容为企业资本公积的增减变动及结余情况，该账户属于所有者权益类账户，其贷方登记企业因资本溢价等原因而增加的资本公积数额，借方登记用于按法定程序转增注册资本等原因而减少的资本公积数额，期末贷方余额反映企业实有的资本公积数额。该账户按资本公积形成的类别进行明细账核算。

二、账务处理

1. 接受现金资产投资

电子商务企业接受现金资产投资时，应以实际收到的金额或存入企业开户银行的

金额，借记“银行存款”等科目。按合同或协议约定的投资者在电子商务企业注册资本中所占份额的部分，贷记“实收资本”或“股本”科目；超过投资者在企业注册资本中所占份额的部分，贷记“资本公积——资本（或股本）溢价”科目。

2. 接受非现金资产投资

电子商务企业接受非现金资产投资时，如接受固定资产、无形资产投资，应以投资合同或协议约定的价值（不公允的除外），作为固定资产或无形资产的入账价值。按合同或协议约定的投资者在电子商务企业注册资本中所占份额的部分，贷记“实收资本”或“股本”科目；超过投资者在企业注册资本中所占份额的部分，贷记“资本公积——资本（或股本）溢价”科目。

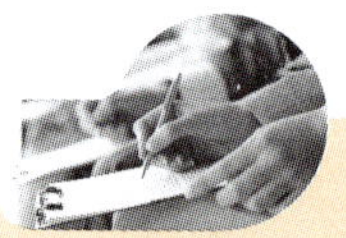

【例 2-1-1】某电子商务企业成立之初，投资者甲投入资金 300 000 元，投资者乙投入商品一批，价值 200 000 元，投资者丙投入货物传输设备一台，价值 150 000 元。上述款项已存入银行，商品已入库，设备已到位可使用。按实际发生业务借记“银行存款”“库存商品”“固定资产”科目，贷记“实收资本”科目，如图 2-1-1 所示。

新增 保存 删除 放弃 弃审 流量 联查 设置 打印 更多

已分配 已审

记账凭证

*凭证类别 记账凭证 *凭证编号 2101 *制单日期 2023-03-01 附单据数

明细 汇总

序号	*摘要	*科目名称	辅助项	借方（亿千百十万千百十元角分）	贷方（亿千百十万千百十元角分）
1	投资者投入	银行存款-建行	转账	30000000	
2	投资者投入	库存商品		20000000	
3	投资者投入	固定资产		15000000	
4	投资者投入	实收资本			65000000
5					
合计 大写合计		陆拾伍万元整		65000000	65000000

记账人 陈江北 审核人 曾永铭 出纳 刘金金 *制单人 潘晓琴

图 2-1-1 投资者投入资本

简述投资者投入资本的不同类型。

单元练习

学习单元二　借入资金的账务处理

借入资金是指电子商务企业依法筹集的、依约使用并按期偿还的资金。银行借款是借入资金的主体，电子商务企业的借入资金主要包括：从国家银行取得的借款，如流动资金借款、基本建设借款、结算借款等，这些借款应按规定用途使用，到期必须归还，并需支付利息；在结算过程中尚未支付和预收的款项，如未交税金、应付货款、应付工资和预收货款等，这些款项只能供电子商务企业暂时使用，不是经常性的，其数额也是经常变动的。

一、短期借款

1. 短期借款的含义

短期借款是指电子商务企业为维持正常生产经营所需的资金或为抵偿某项债务而向银行或其他金融机构借入的、还款期限在 1 年以内（含 1 年）的各种借款。电子商务企业由于发放工资、购买材料、购置车辆设备、开发软件等形成的临时性资金需求，在正常的资金流转无法满足时，可以向有关机构申请短期借款。

2. 短期借款的种类

短期借款的种类很多，按偿还方式可分为一次性偿还借款和分期偿还借款，按有无担保可分为抵押借款和信用借款，按利息支付方式可分为收款法借款、贴现法借款和加息法借款。目前我国的短期借款主要按目的和用途进行分类，可分为生产周转借款、临时借款和结算借款。

3. 短期借款的账户设置

电子商务企业应设置“短期借款”账户来总括反映和监督短期借款取得和归还情况。该账户属于负债类账户，其贷方登记取得的借款数额，借方登记归还的借款数额，贷方余额表示尚未归还的借款数额。该账户应按债权人设置明细账户进行明细分类账

务处理。

由于短期借款利息属于筹资费用，所以应设置“财务费用”科目，该科目的借方登记利息费用的发生，贷方登记期末结转至“本年利润”科目的金额。

4. 短期借款的账务处理

短期借款的账务处理内容包括短期借款的借入、利息的发生、本金和利息的偿还等。

（1）借入短期借款的账务处理

电子商务企业从银行或其他金融机构取得短期借款时，借记“银行存款”科目，贷记“短期借款”科目。

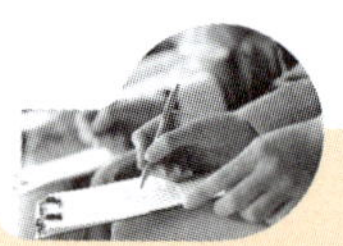

【例 2-2-1】某电子商务企业由于业务需要向银行申请短期贷款，获得批准并于 2023 年 3 月 1 日从银行取得借款 1 600 000 元，款项已存入银行。该笔借款期限为 4 个月，年利率为 6%，利息于每季度末支付，本金到期偿还。应按照实际借入的金额，借记“银行存款”科目，贷记“短期借款”科目，如图 2-2-1 所示。

新增 保存 删除 放弃 弃审 流量 联查 设置 打印 更多

已分配 已审

记账凭证

*凭证类别 记账凭证　*凭证编号 2201　*制单日期 2023-03-01　附单据数

明细　汇总

序号	*摘要	*科目名称	辅助项	借方（亿千百十万千百十元角分）	贷方（亿千百十万千百十元角分）
1	取得短期借款（4个月期限）	银行存款-工行	转账	160000000	
2	取得短期借款（4个月期限）	短期借款			160000000
3					
4					
5					
合计 大写合计		壹佰陆拾万元整		160000000	160000000

记账人 陈江北　审核人 曾永铭　出纳 刘金金　*制单人 潘晓琴

图 2-2-1　取得短期借款

（2）短期借款利息的账务处理

在实际工作中，银行一般于每季度末收取当季发生的短期借款利息。为此，电子商务企业短期借款利息通常采用每季度前两个月的月末预提，季末支付当季全部短期借款利息（包括已经预提和每季末当月发生的利息）的方式进行账务处理。

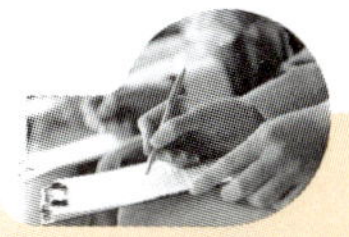

【例 2-2-2】续上例，该企业应于 3 月末支付第一季度短期借款利息，按照支付当月发生的利息费用，借记“财务费用”科目，按照实际支付的短期借款利息，贷记“银行存款”科目。

当月利息 =1 600 000×6%÷12=8 000（元）

（1）到 3 月末支付利息 8 000 元，填制付款凭证，借记“财务费用”科目，贷记“银行存款”科目，如图 2-2-2 所示。借款剩余月份的月末预提利息时，按照上述短期借款数额和适用的利率计算当月短期借款利息费用也各为 8 000 元，借记“财务费用”科目，贷记“应付利息”科目。

新增　保存　删除　放弃　弃审　流量　联查　设置　打印　更多

已分配　已审

记账凭证

*凭证类别 记账凭证　*凭证编号 2202　*制单日期 2023-03-31　附单据数

明细　汇总

序号	*摘要	*科目名称	辅助项	借方 亿千百十万千百十元角分	贷方 亿千百十万千百十元角分
1	季末支付短期借款利息	财务费用-利息费用		800000	
2	季末支付短期借款利息	银行存款-工行	转账		800000
3					
4					
5					
合计 大写合计		捌仟元整		800000	800000

记账人 陈江北　审核人 曾永铭　出纳 刘金金　*制单人 潘晓琴

图 2-2-2　季末支付短期借款利息

（2）4 月、5 月末预提当月利息 8 000 元，填制转账凭证，借记“财务费用”科目，贷记“应付利息”科目，如图 2-2-3 所示。

新增 保存 删除 放弃 弃审 流量 联查 设置 打印 更多

已审

记账凭证

*凭证类别 记账凭证　*凭证编号 2203　*制单日期 2023-04-30　附单据数

明细　汇总

序号	*摘要	*科目名称	借方（亿千百十万千百十元角分）	贷方（亿千百十万千百十元角分）
1	预提短期借款利息	财务费用-利息费用	800000	
2	预提短期借款利息	应付利息		800000
3				
4				
5				
合计 大写合计		捌仟元整	800000	800000

记账人 陈江北　审核人 曾永铭　出纳　*制单人 潘晓琴

图 2-2-3　预提短期借款利息

（3）短期借款偿还的账务处理

短期借款到期偿还本金时，借记“短期借款”科目，贷记“银行存款”科目。季末支付利息时，按照已经预提的短期借款利息费用，借记“应付利息”科目，按照支付当月发生的利息费用，借记“财务费用”科目，按照实际支付的短期借款利息，贷记“银行存款”科目。

【例 2-2-3】上例中该企业于 6 月末支付利息（当月利息 8 000 元及上两个月预提利息 16 000 元），并偿还本金 1 600 000 元，填制付款凭证，借记“短期借款”“财务费用”“应付利息”科目，贷记“银行存款”科目，如图 2-2-4 所示。

新增　保存　删除　放弃　弃审　流量　联查　设置　打印　更多

已分配　已审

记账凭证

*凭证类别 记账凭证　*凭证编号 2204　*制单日期 2023-06-30　附单据数

明细　汇总

序号	*摘要	*科目名称	辅助项	借方（亿千百十万千百十元角分）	贷方（亿千百十万千百十元角分）
1	归还短期借款本金	短期借款		160000000	
2	支付本月借款利息	财务费用-利息费用		800000	
3	支付前期计提短期借款利息	应付利息		1600000	
4	归还短期借款本金及相关利息	银行存款-工行	转账		162400000
5					
合计 大写合计		壹佰陆拾贰万肆仟元整		162400000	162400000

记账人 陈江北　审核人 曾永铭　出纳 刘金金　*制单人 潘晓琴

图 2-2-4　归还短期借款本金及相关利息

二、长期借款

1. 长期借款的含义

长期借款是指电子商务企业向银行或其他金融机构借入的期限在 1 年以上（不含 1 年）或超过 1 年的一个营业周期以上的各项借款。电子商务企业取得土地使用权、购置车辆、增添或更新设备、开发管理软件、建造堆场或仓库、受让股权所需要的大量资金可通过长期借款实现。

长期借款是电子商务企业长期负债的重要组成部分，加强长期借款的管理和账务处理，提高长期借款的使用效率，是电子商务企业为实现长期可持续发展而进行的重要工作。

2. 长期借款的种类

长期借款的种类很多，按用途可分为固定资产投资借款、更新改造借款、科技开发和新产品试制借款等，按提供贷款的机构可分为政策性银行贷款、商业银行贷款等，按偿还方式可分为定期偿还借款和分期偿还借款，按有无担保可分为信用贷款和抵押贷款等。

3. 长期借款的账户设置

为了反映电子商务企业的各种长期借款，应设置“长期借款”账户，用来处理各种长期借款的借入、应计利息、归还和结欠情况。该账户属于负债类账户，其贷方登记借入的款项及预计的应付利息；借方登记还本付息的数额；期末余额在贷方，表示尚未偿还的长期借款本息数额。该账户应按贷款单位设置明细账，并按贷款种类进行明细账务处理。长期借款费用应根据长期借款的用途和期间分别记入“在建工程”“固定资产”“长期待摊费用”“财务费用”等账户。

与短期借款相比，长期借款除借款期限较长外，其不同点还体现在对借款利息费用的处理上。《企业会计准则》规定，长期借款的利息费用，应按照权责发生制原则的要求，按期预提计入购建资产的资本（即予以资本化）或直接计入当期财务费用。

电子商务企业应设置“长期借款”科目，并按“本金”“利息调整”进行明细账务处理。若长期借款期末贷方有余额，反映电子商务企业存在尚未偿还的长期贷款。

4. 长期借款的账务处理

（1）长期借款取得的账务处理

电子商务企业取得长期借款，应按实际收到的金额，借记“银行存款”科目，按借款的本金，贷记“长期借款——本金”科目，按借贷双方之间的差额，借记“长期借款——利息调整”科目。

【例 2-2-4】某电子商务企业为建造一座自动化仓库向某商业银行申请长期借款，并于2020年1月1日签订借款合同，根据合同取得长期借款2 000 000元，款项已存入银行。该笔借款的期限为3年，年利率为8%，按年付息，到期还本。应按照实际借入的款项2 000 000元，借记“银行存款”科目，贷记“长期借款”科目，如图2-2-5所示。

新增 保存 删除 放弃 弃审 流量 联查 设置 打印 更多

已分配 已审

记账凭证

*凭证类别 记账凭证　*凭证编号 2205　*制单日期 2020-01-01　附单据数

明细　汇总

序号	*摘要	*科目名称	辅助项	借方（亿千百十万千百十元角分）	贷方（亿千百十万千百十元角分）
1	取得3年期长期借款	银行存款-工行	转账	200000000	
2	取得3年期长期借款	长期借款	本金		200000000
3					
4					
5					
合计 大写合计		贰佰万元整		200000000	200000000

记账人 陈江北　审核人 曾永铭　出纳 刘金金　*制单人 潘晓琴

图 2-2-5　取得3年期长期借款

（2）长期借款利息的账务处理

电子商务企业在资产负债表日按照长期借款的待摊成本和实际利率确定长期借款的利息费用，并借记“在建工程”“财务费用”“制造费用”等科目，按借款本金和合同利率计算确定应付未付利息，并贷记“应付利息”科目，按其差额，贷记“长期借款——利息调整”科目。

在进行长期借款账务处理时，需要注意以下几个问题。

一是长期借款所发生的利息支出，应分用途按照权责发生制原则按期预提计入在建工程的成本或计入当期财务费用。如果该项长期借款用于购建固定资产，应将利息支出分期预提计入所购建的固定资产的价值；如果该项长期借款是固定资产已达到预定可使用状态后发生的，应按月预提计入当期损益。

二是外币借款所发生的外币折合差额，应按照外币账务处理的有关规定，按期计算汇兑损益，计入在建工程成本或当期损益。

三是长期借款的本金和利息，以及外币折合差额，均应通过“长期借款”账户进行账务处理。

【例 2-2-5】续上例，2020 年 1 月 1 日该企业取得长期借款的实际利率与合同到期利率相同。假设该仓库工程于第二年年末完工并投入使用。2021 年和 2022 年的 1 月 1 日通过借款银行支付各年的利息。

计算该笔长期借款每年的利息费用。由于实际利率与合同利率相同，则该笔长期借款的利息费用和应付未付利息相同。

利息费用 = 应付利息 =2 000 000×8%=160 000（元）

第一、第二年利息偿还的账务处理是相同的，具体如下。

（1）填制转账凭证确认 2020 年利息费用 160 000 元，借记“在建工程”科目，贷记“应付利息”科目，如图 2-2-6 所示。

新增 保存 删除 放弃 弃审 流量 联查 设置 打印 更多

已审

记账凭证

* 凭证类别 记账凭证　　* 凭证编号 2206　　* 制单日期 2020-12-31　　附单据数

明细　汇总

序号	*摘要	*科目名称	借方											贷方										
			亿	千	百	十	万	千	百	十	元	角	分	亿	千	百	十	万	千	百	十	元	角	分
1	第一年年末计提长期借款利息	在建工程-在建工程				1	6	0	0	0	0	0	0											
2	第一年年末计提长期借款利息	应付利息															1	6	0	0	0	0	0	0
3																								
4																								
5																								
合计 大写合计		壹拾陆万元整				1	6	0	0	0	0	0	0				1	6	0	0	0	0	0	0

记账人 陈江北　　审核人 曾永铭　　出纳　　* 制单人 潘晓琴

图 2-2-6　第一年年末计提长期借款利息

（2）填制付款凭证支付 2020 年应付利息，借记“应付利息”科目，贷记“银行存款”科目，如图 2-2-7 所示。

新增 保存 删除 放弃 弃审 流量 联查 设置 打印 更多

已分配　已审

记账凭证

* 凭证类别 记账凭证　　* 凭证编号 2207　　* 制单日期 2021-01-01　　附单据数

明细　汇总

序号	*摘要	*科目名称	辅助项	借方										贷方									
				亿	千	百	十	万	千	百	十	元	角	分	亿	千	百	十	万	千	百	十	元	角	分
1	支付第一年长期借款利息	应付利息					1	6	0	0	0	0	0	0											
2	支付第一年长期借款利息	银行存款-工行	转账															1	6	0	0	0	0	0	0
3																									
4																									
5																									
合计 大写合计		壹拾陆万元整					1	6	0	0	0	0	0	0				1	6	0	0	0	0	0	0

记账人 陈江北　　审核人 曾永铭　　出纳 刘金金　　* 制单人 潘晓琴

图 2-2-7　支付第一年长期借款利息

2021 年 12 月 31 日的账务处理同 2020 年 12 月 31 日的账务处理，如图 2-2-8、图 2-2-9 所示。

（3）填制转账凭证［第三年（2022 年）的 1—12 月每月计提利息时］。

应计利息 =2 000 000×8%÷12≈13 333.33（元）（最后一个月进行尾数调整），借记“财务费用”科目，贷记“应付利息”科目，如图 2-2-10 所示。

新增 保存 删除 放弃 弃审 流量 联查 设置 打印 更多

已审

记账凭证

凭证类别 记账凭证　凭证编号 2208　制单日期 2021-12-31　附单据数

明细　汇总

序号	摘要	科目名称	借方	贷方
1	第二年年末计提长期借款利息	在建工程-在建工程	16000000	
2	第二年年末计提长期借款利息	应付利息		16000000
3				
4				
5				
合计 大写合计		壹拾陆万元整	16000000	16000000

记账人 陈江北　审核人 曾永铭　出纳　制单人 潘晓琴

图 2-2-8　第二年年末计提长期借款利息

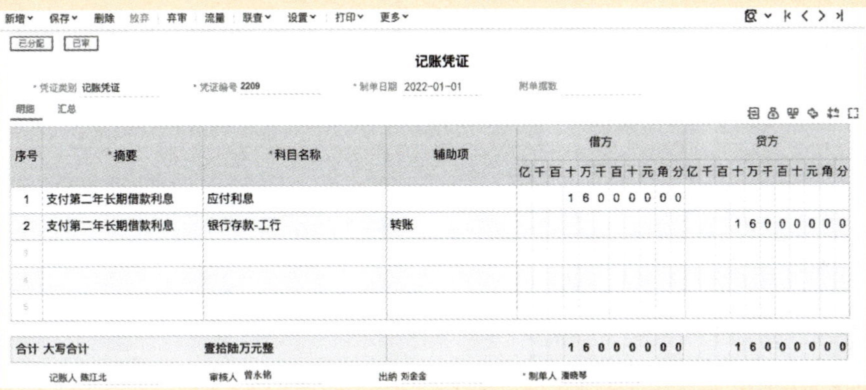

新增 保存 删除 放弃 弃审 流量 联查 设置 打印 更多

已分配　已审

记账凭证

凭证类别 记账凭证　凭证编号 2209　制单日期 2022-01-01　附单据数

明细　汇总

序号	摘要	科目名称	辅助项	借方	贷方
1	支付第二年长期借款利息	应付利息		16000000	
2	支付第二年长期借款利息	银行存款-工行	转账		16000000
3					
4					
5					
合计 大写合计		壹拾陆万元整		16000000	16000000

记账人 陈江北　审核人 曾永铭　出纳 刘金金　制单人 潘晓琴

图 2-2-9　支付第二年长期借款利息

新增 保存 删除 放弃 弃审 流量 联查 设置 打印 更多

已审

记账凭证

凭证类别 记账凭证　凭证编号 2210　制单日期 2022-01-01　附单据数

明细　汇总

序号	摘要	科目名称	借方	贷方
1	第三年按月计提利息	财务费用-利息费用	1333333	
2	第三年按月计提利息	应付利息		1333333
3				
4				
5				
合计 大写合计		壹万叁仟叁佰叁拾叁元叁角叁分	1333333	1333333

记账人 陈江北　审核人 曾永铭　出纳　制单人 潘晓琴

图 2-2-10　第三年按月计提利息

（3）长期借款归还的账务处理

电子商务企业归还长期借款时，应归还的本金借记“长期借款——本金”科目，如果在归还本金的同时还要支付一次还本付息借款的到期利息或分次付息借款的最后一期利息，还应按支付的利息借记“应付利息”“财务费用”等科目，按归还的本金和支付的利息之和，贷记“银行存款”科目。

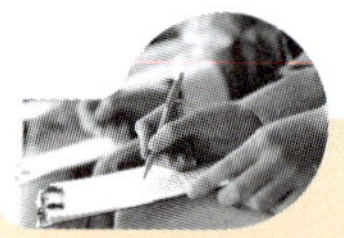

【例 2-2-6】续上例，假设该企业于 2022 年 12 月 31 日计算并确认最后一期利息费用 160 000 元，当期利息费用全部不能予以资本化。2023 年 1 月 1 日通过银行归还该笔借款的本金并支付最后一期利息。根据上述资料，该企业应填制到期还本付息的付款凭证，借记“长期借款”（本金）、“应付利息”（最后一期利息费）科目，按归还的本金和支付的利息之和，贷记“银行存款”科目，如图 2-2-11 所示。

新增 保存 删除 放弃 弃审 流量 联查 设置 打印 更多

已分配 已审

记账凭证

*凭证类别 记账凭证　*凭证编号 2211　*制单日期 2022-12-31　附单据数

明细 汇总

序号	*摘要	*科目名称	辅助项	借方（亿千百十万千百十元角分）	贷方（亿千百十万千百十元角分）
1	第三年归还本金及当月利息	长期借款	本金	200000000	
2	第三年归还本金及当月利息	应付利息		16000000	
3	第三年归还本金及当月利息	银行存款-工行	转账		216000000
4					
5					
合计	大写合计	贰佰壹拾陆万元整		216000000	216000000

记账人 陈江北　审核人 曾永铭　出纳 刘金金　*制单人 潘晓琴

图 2-2-11　第三年归还本金及当月利息

技能训练

1. 喜购网络科技有限公司是一家电子商务企业，2022 年为扩大经营规模，吸引新的投资者投入资金 100 000 元，存入银行；2023 年因急需短期周转资金向中国建

设银行申请短期借款，获得批准并于 12 月 1 日从银行取得借款 200 000 元，期限为 2 个月，年利率为 6%，按月付息，到期还本。款项已入账，该公司应如何处理账务？

（1）开设的账户："实收资本""短期借款""应付利息""财务费用"等。

（2）账务处理如下：

1）投资者投入资金时：

借：银行存款（本金）

　　贷：实收资本（本金）

2）借入短期借款时：

借：银行存款（本金）

　　贷：短期借款（本金）

3）付息和还本的处理（归纳为三种情况）：

①当月利息当月支付

按月付息	到期还本
借：财务费用（月利息） 　　贷：银行存款（月利息）	借：短期借款（本金） 　　贷：银行存款（本金）

②每月预提，按季支付

每月预提	按季支付	到期还本
借：财务费用 　　贷：应付利息	借：应付利息（已预提的利息） 　　财务费用（未预提的利息） 　　贷：银行存款	借：短期借款（本金） 　　贷：银行存款（本金）

③到期一次还本付息

每月预提	到期一次还本付息
借：财务费用 　　贷：应付利息	借：短期借款（本金） 　　应付利息（已预提的利息） 　　财务费用（未预提的利息） 　　贷：银行存款

（3）相关操作

1）根据投资者投入资金的相关原始凭证，填制收款凭证。

借：银行存款（本金）　　100 000

　　贷：实收资本（本金）　　100 000

2）根据取得的借款原始凭证，填制收款凭证。

借：银行存款（本金）　　200 000

　　贷：短期借款（本金）　　200 000

3）到 12 月末支付利息，填制付款凭证。

借：财务费用（月利息）　　1 000

　　贷：银行存款（月利息）　　1 000

2. 2022 年喜购网络科技有限公司为拓展业务、扩大规模，向中国建设银行申请长期借款，获得批准后，签订借款合同。按照合同规定，1 月 1 日从银行借入为期 2 年的款项 2 000 000 元，年利率为 9%（假设实际利率与合同利率相同），到期一次还本付息。该借款全部用于一个小型存货仓库（固定资产）建设，工程一年后完工。为简化账务处理，利息按年计算，到期还本付息。款项已于 2023 年 12 月底到期归还，该公司应如何处理账务？

（1）借入款项

借：银行存款

　　贷：长期借款

（2）计算长期借款利息（年利息 = 本金 × 年利率）

如果长期借款用于需要经过相当长时间的购建或者生产经营才能达到预定可使用或者销售状态的固定资产、投资性房地产和存货等资产的，应当予以资本化，计入相关资产成本。

1）在固定资产达到预定可使用状态前所发生的利息应当资本化，记入“在建工程”科目。

借：在建工程——××

　　贷：应付利息

2）在固定资产达到预定可使用状态后所发生的利息应当计入当期损益，记入“财务费用”科目。

借：财务费用

　　贷：应付利息

3）到期还本付息。

借：长期借款（本金）

　　应付利息

　　贷：银行存款（本息）

（3）相关操作

1）2022 年 1 月取得 2 年期长期借款，用于建造仓库。

取得借款时：

借：银行存款　　　　2 000 000

　　贷：长期借款　　　　2 000 000

2）填制确认 2022 年利息费用的转账凭证。

借：在建工程　　　　180 000

　　贷：应付利息　　　　180 000

3）填制支付 2022 年应付利息的付款凭证。

借：应付利息　　　　180 000

　　贷：银行存款　　　　180 000

4）2022 年 1—12 月每月计提利息（2 000 000×9%÷12=15 000）时，填制转账凭证。

借：财务费用　　　　15 000

　　贷：应付利息　　　　15 000

5）2023 年 12 月填制到期还本付息的付款凭证。

借：长期借款　　　　2 000 000

　　应付利息　　　　180 000

　　贷：银行存款　　　　2 180 000

单元练习

1. 简述投资者投入资本的账务处理。
2. 简述短期、长期借款的利息计算方法。
3. 进行长期借款账务处理时，需要注意哪些问题?
4. 简述电子商务企业向银行等金融机构借入短期或长期借款进行融资的会计流程。

学习单元三　政府扶持资金的账务处理

电子商务企业主要以政府补助形式申请到政府扶持资金，其账务处理流程为：填写扶持资金申请书，经审批后，签订用款合同或取得政府扶持资金，取得扶持资金到账原始凭证，进行会计处理等。

一、政府扶持资金的含义

政府扶持资金是指为了促进国民经济发展、支持科学研究和企业发展，国家各级政府专门设立的一种政策扶持资金或计划项目资金。

只要企业具备申报条件，就可以申请政府扶持资金。目前，国家支持企业改革与发展的财政资金大致分为五大类别。《企业财务通则》分门别类对企业取得财政资金的财务处理做出了具体规定。

1. 属于国家直接投资、资本注入的财政资金，如基本建设投资、国债投资项目等。这类资金属于国家以投资者身份对企业的资本性投入，因此应增加国家资本，对于超过注册资本的投资则增加国有资本公积。

2. 属于投资补助的财政资金，如公益性和公共基础设施投资项目补助、推进科技进步和高新技术产业化的投资项目补助等。这类资金是对投资者投入资本的补助，但是与前一类资金最大的区别是国家不一定以投资者身份投入，大部分时候是政府为了贯彻宏观经济政策或实现调控目标，给予企业的具有导向性的资金。因此，《企业财务通则》规定企业收到这类资金时应增加资本公积或者实收资本，由全体投资者共同享有；如果国家拨款时，明确形成的资本由某个单位持有，或者做出其他权属规定的，则按规定执行。

3. 属于贷款贴息、专项经费补助的财政资金，如技术更新改造项目贷款贴息、中小企业发展专项资金、产业技术研究与开发资金、科技型中小企业技术创新基金、中小企业国际市场开拓资金等。这类资金一般是对企业特定经济活动支付的成本费用的补偿，因此，企业使用这类资金时，作为收益处理。企业在具体执行时，使用这类财政资金如果形成固定资产或者无形资产，应作为递延收益，按照资产使用寿命分期确认；如果没有形成资产，则应作为本期收益处理。

4. 属于政府转贷、偿还性资助的财政资金，如世界银行贷款项目等。这类资金使用后要求归还本金，因此企业收到资金时，应作为负债管理。

5. 属于弥补亏损、救助损失或者其他用途的财政资金，如国有企业亏损补贴、疫情期间补偿民航公司的损失、关闭小企业补助等。企业收到这类资金时，作为本期收益或者递延收益处理。

目前，电子商务企业政府可申请的扶持资金主要表现为政府补助。

二、政府补助简介

1. 政府补助的特点

政府补助是指企业从政府无偿取得的货币性资产或非货币性资产，但不包括政府作为企业所有者投入的资本。政府补助主要有以下两大特点。

（1）无偿性

政府并不因此享有企业的所有权，企业将来也不需要向政府偿还，但企业经法定程序申请取得政府补助后，应当按照政府规定的用途和要求使用该项补助。

（2）直接取得资产

不涉及资产直接转移的经济支持不属于政府补助，如直接减征、免征、抵免税额、加计扣除等。

2. 政府补助的形式

政府对企业的补助表现为政府向企业转移资产，通常为货币性资产，也可能为非货币性资产。其形式主要有以下几种。

（1）财政拨款

财政拨款是政府无偿拨付企业的资金，通常在拨款时明确规定了资金用途。

（2）财政贴息

财政贴息主要有两种方式：一种是财政部门将贴息资金直接拨付给受益企业；另一种是财政部门将贴息资金拨付给向企业提供贷款的银行，由银行以政策性优惠利率向企业提供贷款，受益企业按照实际发生的利率计算确认利息费用。

（3）税收返还

税收返还是政府按照国家有关规定采取先征后返（退）、即征即退等办法向企业返还税款，属于以税收优惠形式给予的一种政府补助。税收返还不包括企业按规定取得的出口退税款，类似这样的税收优惠并未直接向企业无偿提供资产。

3. 政府补助的计量

政府补助为货币性资产的，应按照收到的金额计量。政府补助为非货币性资产的，政府提供了有关凭据的，应按照凭据上标明的金额计量；政府没有提供有关凭据的，应按照同类或类似资产的市场价格或评估价值计量。

三、政府补助的账务处理

为了核算政府补助，企业应设置“递延收益”科目和“营业外收入——政府补助”科目。

1. 与资产相关的政府补助

与资产相关的政府补助通常为货币性资产形式，企业应当在实际收到款项时，按照到账的实际金额入账。根据配比原则，电子商务企业取得与资产相关的政府补助时，不能全额确认为当期收益，应当随着资产的使用逐渐计入以后各期的收益。具体账务处理如下：

（1）收到与资产相关的政府补助时：

借：银行存款

　　贷：递延收益

（2）购建长期资产时：

借：在建工程

　　研发支出

　　固定资产

　　无形资产

　　贷：银行存款

（3）在相关资产的使用寿命内平均分配（计提并分配递延收益）时：

借：递延收益

　　贷：营业外收入

【例 2-3-1】某市为支持电子商务企业发展，2023 年 3 月 1 日，该市市政府批准了某电子商务企业的申请，并拨付了 1 000 000 元政府补助资金，用于购买大型电子商务货物传输设备，款项已拨付至该企业银行账户。2023 年 3 月 30 日，该企业购入货物传输设备一台，实际成本为 1 200 000 元，其中 200 000 元为自筹资金，款项已支付，使用寿命为 10 年，采用直线法计提折旧（假设无残值）。账务处理如下：

（1）款项到账确认政府补助，如图 2-3-1 所示：

借：银行存款——工行　　1 000 000

　　贷：递延收益　　1 000 000

新增 保存 删除 放弃 弃审 流量 联查 设置 打印 更多

已分配 已审

记账凭证

*凭证类别 记账凭证 *凭证编号 2301 *制单日期 2023-03-01 附单据数

明细 汇总

序号	*摘要	*科目名称	辅助项	借方（亿千百十万千百十元角分）	贷方（亿千百十万千百十元角分）
1	收到政府补助款并确认	银行存款-工行	政府补助款	100000000	
2	收到政府补助款并确认	递延收益			100000000
3					
4					
5					
合计 大写合计		壹佰万元整		100000000	100000000

记账人 陈江北 审核人 曾永铭 出纳 刘金金 *制单人 潘晓琴

图 2-3-1 收到政府补助款并确认

（2）购入设备，如图 2-3-2 所示：

借：固定资产 1 200 000

应交税费——应交增值税（进项税额） 156 000

贷：银行存款——工行 1 000 000

——建行 356 000

新增 保存 删除 放弃 弃审 流量 联查 设置 打印 更多

已分配 已审

记账凭证

*凭证类别 记账凭证 *凭证编号 2302 *制单日期 2023-03-30 附单据数

明细 汇总

序号	*摘要	*科目名称	辅助项	借方（亿千百十万千百十元角分）	贷方（亿千百十万千百十元角分）
1	购入固定资产	固定资产		120000000	
2	购入固定资产	应交税费-应交增值税-进项税额		15600000	
3	用政府补助资金付款	银行存款-工行	转账		100000000
4	购入固定资产	银行存款-建行	转账		35600000
5					
合计 大写合计		壹佰叁拾伍万陆仟元整		135600000	135600000

记账人 陈江北 审核人 曾永铭 出纳 刘金金 *制单人 潘晓琴

图 2-3-2 购入固定资产

（3）4 月起每月计提折旧并分摊递延收益，如图 2-3-3 和图 2-3-4 所示：

借：管理费用——固定资产折旧费 10 000

贷：累计折旧 10 000

借：递延收益 8 333

贷：营业外收入——其他营业外收入 8 333

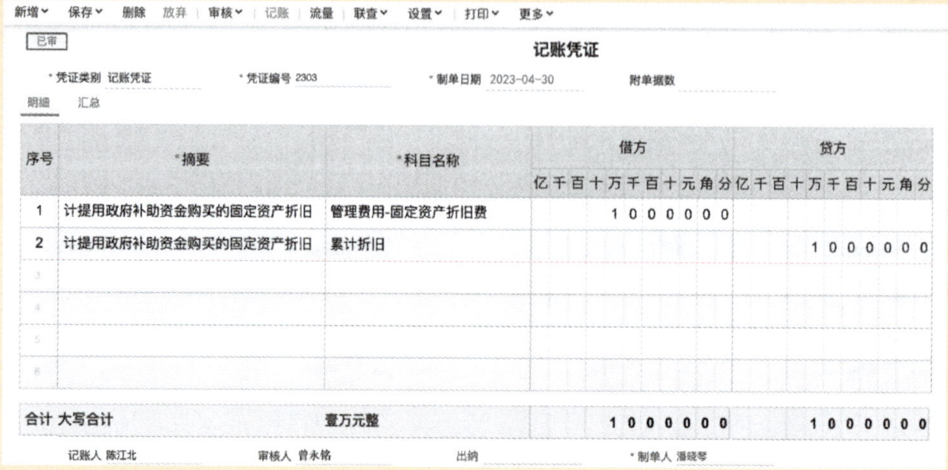

新增 保存 删除 放弃 审核 记账 流量 联查 设置 打印 更多

已审

记账凭证

*凭证类别 记账凭证　*凭证编号 2303　*制单日期 2023-04-30　附单据数

明细　汇总

序号	*摘要	*科目名称	借方 亿千百十万千百十元角分	贷方 亿千百十万千百十元角分
1	计提用政府补助资金购买的固定资产折旧	管理费用-固定资产折旧费	1 0 0 0 0 0 0	
2	计提用政府补助资金购买的固定资产折旧	累计折旧		1 0 0 0 0 0 0
3				
4				
5				
6				
合计 大写合计		壹万元整	1 0 0 0 0 0 0	1 0 0 0 0 0 0

记账人 陈江北　审核人 曾永铭　出纳　*制单人 潘晓琴

图 2-3-3　计提用政府补助资金购买的固定资产折旧

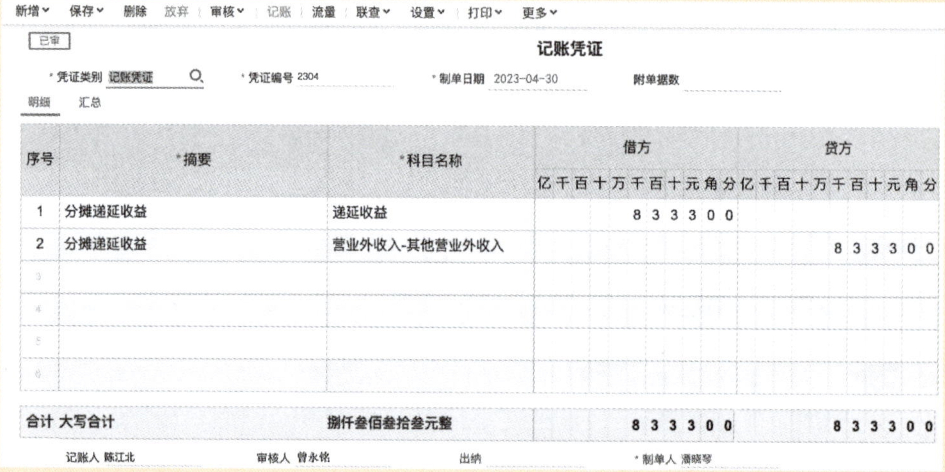

新增 保存 删除 放弃 审核 记账 流量 联查 设置 打印 更多

已审

记账凭证

*凭证类别 记账凭证　*凭证编号 2304　*制单日期 2023-04-30　附单据数

明细　汇总

序号	*摘要	*科目名称	借方 亿千百十万千百十元角分	贷方 亿千百十万千百十元角分
1	分摊递延收益	递延收益	8 3 3 3 0 0	
2	分摊递延收益	营业外收入-其他营业外收入		8 3 3 3 0 0
3				
4				
5				
6				
合计 大写合计		捌仟叁佰叁拾叁元整	8 3 3 3 0 0	8 3 3 3 0 0

记账人 陈江北　审核人 曾永铭　出纳　*制单人 潘晓琴

图 2-3-4　分摊递延收益

2. 与收益相关的政府补助

与收益相关的政府补助是指除与资产相关的政府补助之外的政府补助，其通常以银行转账方式拨付，在实际收到款项时按照到账的实际金额确认和计量。用于补偿企业以后期间费用或亏损的，在取得时先确认为递延收益，然后在确认相关费用的期间计入当期营业外收入；用于补偿企业已经发生的费用或亏损的，取得时直接计入当期营业外收入。

（1）收到用于补偿电子商务企业以后期间的相关费用或亏损的政府补助时，按

收到的金额：

借：银行存款

　　贷：递延收益

在发生相关费用或亏损的未来期间，按应补偿的金额：

借：递延收益

　　贷：营业外收入

（2）收到用于补偿电子商务企业已发生的相关费用或亏损的政府补助时，按收到的金额：

借：银行存款

　　贷：营业外收入

【例 2-3-2】某电子商务企业销售的商品适用增值税实行先征后返政策，即先按规定征收增值税，然后按实际缴纳增值税税额返还 70%。2023 年 4 月，该企业实际缴纳增值税 60 000 元。2023 年 5 月，该企业收到政府实际返还的增值税税额 42 000 元。收到政府返还的增值税税额的账务处理如下，如图 2-3-5 所示：

借：银行存款——工行　　42 000

　　贷：营业外收入——其他营业外收入　　42 000

新增　保存　删除　放弃　弃审　流量　联查　设置　打印　更多

已分配　已审

记账凭证

*凭证类别 记账凭证　*凭证编号 2305　*制单日期 2023-05-01　附单据数

明细　汇总

序号	*摘要	*科目名称	辅助项	借方（亿千百十万千百十元角分）	贷方（亿千百十万千百十元角分）
1	收到政府返还增值税税额	银行存款-工行	其他	4200000	
2	收到政府返还增值税税额	营业外收入-其他营业外收入			4200000
3					
4					
5					
合计 大写合计		肆万贰仟元整		4200000	4200000

记账人 陈江北　审核人 曾永铭　出纳 刘金金　*制单人 潘晓琴

图 2-3-5　收到政府返还增值税税额

技能训练

1. 喜购网络科技有限公司是一家电子商务企业，于 2023 年 6 月 1 日收到政府拨付的扶持企业发展专项资金 50 万元，用于扶持企业电子商务的发展。该公司当月将全部资金用于购买电脑。该公司应如何处理账务?

账务处理如下：

（1）收到政府补助 50 万元：

借：银行存款　　500 000

　　贷：递延收益　　500 000

（2）购买电脑：

借：固定资产　　500 000

　　应交税费——应交增值税（进项税额）　　85 000

　　贷：银行存款　　585 000

2. 某电子商务企业于 2022 年 6 月收到政府拨付的扶持企业发展专项资金 100 万元，用于扶持电子商务企业的经营发展及补偿各项费用支出。企业当月购进一台不需安装的冷库设备，价值 60 万元（不含税价，使用寿命 5 年，采用直线法计提折旧，假定无残值），同年 10 月，支付相关费用 15 万元。2023 年 8 月，支付相关费用 25 万元。该公司应如何处理账务?

账务处理如下：

（1）2022 年 6 月收到政府补助 100 万元：

借：银行存款　　1 000 000

　　贷：递延收益　　1 000 000

（2）6 月购进冷库设备：

借：固定资产　　600 000

　　应交税费——应交增值税（进项税额）　　78 000

　　贷：银行存款　　678 000

（3）10 月支付相关费用 15 万元：

借：管理费用　　150 000

　　贷：银行存款　　150 000

借：递延收益　　150 000

　　贷：营业外收入——政府补助　　150 000

（4）计提 2022 年 7—12 月折旧 6 万元（600 000 ÷ 5 × 6 ÷ 12）：

借：管理费用——折旧　　60 000

　　贷：累计折旧　　60 000

借：递延收益　　60 000

　　贷：营业外收入——政府补助　　60 000

（5）2023 年 8 月支付相关费用 25 万元：

借：管理费用　　250 000

　　贷：银行存款　　250 000

借：递延收益　　250 000

　　贷：营业外收入——政府补助　　250 000

（6）计提 2023 年 1—12 月折旧：

借：管理费用——折旧　　120 000

　　贷：累计折旧　　120 000

借：递延收益　　120 000

　　贷：营业外收入——政府补助　　120 000

单元练习

1. 什么是政府补助?
2. 针对与资产相关的政府补助，电子商务企业应如何进行账务处理?

模块三 电子商务企业运营业务的账务处理

能力目标

◇ 能够简述电子商务企业流动资产的分类及具体内容

◇ 能够理解并掌握库存现金、银行存款和其他货币资金的内容、账户设置及账务处理

◇ 能够简述固定资产和无形资产的特征及构成内容，理解并掌握固定资产和无形资产的账户设置及账务处理

◇ 能够简述职工薪酬的构成内容，理解并掌握职工薪酬的账户设置及账务处理

学习单元一　电子商务企业流动资产的账务处理

为保证企业正常运营，电子商务企业应拥有一定的流动资金：一是用于保证企业日常经营贸易所需的货币资金（库存现金、银行存款和其他货币资金，按币种不同又分为人民币和外币），用于支付企业日常零星开支、不定期的差旅费、发放工资等；二是用于保证企业在日常经营活动中发生的各项债权，包括应收账款、应收利息、其他应收款等应收款项和预付账款等。

一、库存现金

库存现金是指保存在企业会计部门的现金，包括库存的人民币和外币现金。在所有资产中，现金是流动性最强的一种资产，是贪污盗窃、营私舞弊的主要对象，因此

企业必须对现金的收支进行严格管理，以保证现金的安全与完整。表 3-1-1 为某企业库存现金日报表。

表 3-1-1　某企业库存现金日报表　　单位：元

附原始单据　　张　　2023 年 8 月 10 日　　第　　号

项目	金额	备注
昨日库存	2 000	
今日共收	6 700	
今日共付	6 200	
今日库存	2 500	

出纳员（签单）：

为了核算电子商务企业的库存现金，企业应设置“库存现金”“数字货币——人民币”账户，该账户属于资产类账户，借方反映库存现金或数字人民币的增加数，贷方反映库存现金或数字人民币的减少数，借方余额反映企业实际持有的库存现金余额或数字人民币余额。企业库存现金的主要账务处理如下。

1. 现金收入的账务处理

企业增加库存现金，借记“库存现金”“数字货币——人民币”科目，贷记“银行存款”“主营业务收入”“其他业务收入”以及“应交税费——应交增值税（销项税额）”等科目。

【例 3-1-1】某电子商务企业签发现金支票，从银行提取现金 1 000 元备用，账务处理如下，如图 3-1-1 所示：

借：库存现金　　1 000

　　贷：银行存款——建行　　1 000

新增 保存 删除 放弃 弃审 流量 联查 设置 打印 更多

已分配 已审

记账凭证

*凭证类别 记账凭证　　*凭证编号 3101　　*制单日期 2023-03-01　　附单据数

明细　汇总

序号	*摘要	*科目名称	辅助项	借方（亿千百十万千百十元角分）	贷方（亿千百十万千百十元角分）
1	提取备用金	库存现金		1 0 0 0 0 0	
2	提取备用金	银行存款-建行	现金支票		1 0 0 0 0 0
3					
4					
5					
合计 大写合计		壹仟元整		1 0 0 0 0 0	1 0 0 0 0 0

记账人 陈江北　　审核人 曾永铭　　出纳 刘金金　　*制单人 潘晓琴

图 3-1-1　提取备用金

2. 现金支出的账务处理

企业减少库存现金，借记“银行存款”“其他应收款”“管理费用”等科目，贷记“库存现金”科目。

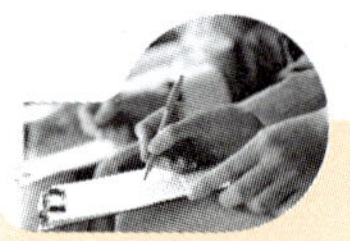

【例 3-1-2】某电子商务企业有关现金支出业务账务处理如下：

（1）该企业出纳将库存现金 10 000 元存入银行，如图 3-1-2 所示：

借：银行存款——工行　　　　10 000

　　贷：库存现金　　　　10 000

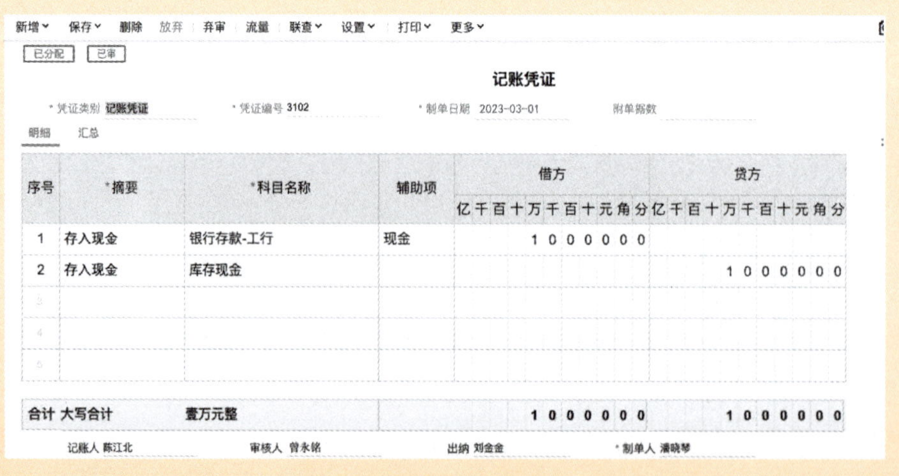

新增 保存 删除 放弃 弃审 流量 联查 设置 打印 更多

已分配 已审

记账凭证

*凭证类别 记账凭证　　*凭证编号 3102　　*制单日期 2023-03-01　　附单据数

明细　汇总

序号	*摘要	*科目名称	辅助项	借方（亿千百十万千百十元角分）	贷方（亿千百十万千百十元角分）
1	存入现金	银行存款-工行	现金	1 0 0 0 0 0 0	
2	存入现金	库存现金			1 0 0 0 0 0 0
3					
4					
5					
合计 大写合计	壹万元整			1 0 0 0 0 0 0	1 0 0 0 0 0 0

记账人 陈江北　　审核人 曾永铭　　出纳 刘金金　　*制单人 潘晓琴

图 3-1-2　存入现金

（2）该企业职工郑强因公出差，预借差旅费 3 000 元，以现金支付，如图 3-1-3 所示：

借：其他应收款——员工（郑强）　　3 000

　　贷：库存现金　　3 000

新增 保存 删除 放弃 弃审 流量 联查 设置 打印 更多

已分配　已审

记账凭证

*凭证类别 记账凭证　　*凭证编号 3103　　*制单日期 2023-03-01　　附单据数

明细　汇总

序号	*摘要	*科目名称	辅助项	借方	贷方
				亿千百十万千百十元角分	亿千百十万千百十元角分
1	预借差旅费	其他应收款-员工	郑强	300000	
2	预借差旅费	库存现金			300000
3					
4					
5					
合计 大写合计		叁仟元整		300000	300000

记账人 陈江北　　审核人 曾永铭　　出纳 刘金金　　*制单人 潘晓琴

图 3-1-3　预借差旅费

（3）郑强出差回来报销差旅费，实际开支 2 700 元，退回现金 300 元，如图 3-1-4 所示：

借：库存现金　　300

　　管理费用——差旅费　　2 700

　　贷：其他应收款——员工（郑强）　　3 000

新增 保存 删除 放弃 弃审 流量 联查 设置 打印 更多

已分配　已审

记账凭证

*凭证类别 记账凭证　　*凭证编号 3104　　*制单日期 2023-03-04　　附单据数

明细　汇总

序号	*摘要	*科目名称	辅助项	借方	贷方
				亿千百十万千百十元角分	亿千百十万千百十元角分
1	报销差旅费	管理费用-差旅费		270000	
2	报销差旅费	库存现金		30000	
3	报销差旅费	其他应收款-员工	郑强		300000
4					
5					
合计 大写合计		叁仟元整		300000	300000

记账人 陈江北　　审核人 曾永铭　　出纳 刘金金　　*制单人 潘晓琴

图 3-1-4　报销差旅费

（4）为了提高职工素质，该企业进行职工培训，期间以现金支付培训费 4 000 元，如图 3-1-5 所示：

借：管理费用——培训费　　4 000

　　贷：库存现金　　4 000

新增 保存 删除 放弃 弃审 流量 联查 设置 打印 更多

已分配 已审

记账凭证

*凭证类别 记账凭证　　*凭证编号 3105　　*制单日期 2023-03-05　　附单据数

明细　汇总

序号	*摘要	*科目名称	借方										贷方									
			亿	千	百	十	万	千	百	十	元	角	分	亿	千	百	十	万	千	百	十	元	角	分
1	支付培训费	管理费用-培训费						4	0	0	0	0	0											
2	支付培训费	库存现金																	4	0	0	0	0	0
3																								
4																								
5																								
合计 大写合计		肆仟元整						4	0	0	0	0	0						4	0	0	0	0	0

记账人 陈江北　　审核人 曾永铭　　出纳 刘金金　　*制单人 潘晓琴

图 3-1-5　支付培训费

（5）该企业以现金 280 元购买纸笔作为办公用品，如图 3-1-6 所示：

借：管理费用——办公费　　280

　　贷：库存现金　　280

新增 保存 删除 放弃 弃审 流量 联查 设置 打印 更多

已分配 已审

记账凭证

*凭证类别 记账凭证　　*凭证编号 3106　　*制单日期 2023-03-06　　附单据数

明细　汇总

序号	*摘要	*科目名称	借方										贷方									
			亿	千	百	十	万	千	百	十	元	角	分	亿	千	百	十	万	千	百	十	元	角	分
1	办公用品报销	管理费用-办公费							2	8	0	0	0											
2	办公用品报销	库存现金																		2	8	0	0	0
3																								
4																								
5																								
合计 大写合计		贰佰捌拾元整							2	8	0	0	0							2	8	0	0	0

记账人 陈江北　　审核人 曾永铭　　出纳 刘金金　　*制单人 潘晓琴

图 3-1-6　办公用品报销

3. 现金短缺和溢余的账务处理

为保证资产安全，确保账实相符，企业应按规定进行现金清查。现金清查是指对库存现金的盘点与核对，包括出纳每日终了前进行的账款核对和清查小组进行的定期或不定期的清查。现金清查一般采用实地盘点的方法进行。清查小组清查时，出纳必须在现场。

【例 3-1-3】某电子商务企业于 2023 年 9 月 30 日进行现金清查时，发现现金短缺 4 200 元。经查，其中 1 000 元短缺由出纳王朝英保管不力造成，另外 3 200 元短缺原因不明。该企业处理决定为由王朝英赔偿 1 000 元。账务处理如下：

（1）发现库存现金短缺，如图 3-1-7 所示：

借：待处理财产损溢——待处理流动资产损溢　　4 200

　　贷：库存现金　　4 200

新增 保存 删除 放弃 弃审 流量 联查 设置 打印 更多

已分配　已审

记账凭证

*凭证类别 记账凭证　*凭证编号 3107　*制单日期 2023-09-30　附单据数

明细　汇总

序号	*摘要	*科目名称	借方（亿千百十万千百十元角分）	贷方（亿千百十万千百十元角分）
1	现金盘点发现短缺	待处理财产损溢-待处理流动资产损溢	4 2 0 0 0 0	
2	现金盘点发现短缺	库存现金		4 2 0 0 0 0
3				
4				
5				
合计 大写合计		肆仟贰佰元整	4 2 0 0 0 0	4 2 0 0 0 0

记账人 陈江北　审核人 曾永铭　出纳 刘金金　*制单人 潘晓琴

图 3-1-7　现金盘点发现短缺

（2）决定由王朝英赔偿并确认现金短缺的损失，如图 3-1-8 所示：

借：其他应收款——员工（王朝英）　　1 000

　　管理费用——盘亏损失　　3 200

　　贷：待处理财产损溢——待处理流动资产损溢　　4 200

新增 保存 删除 放弃 弃审 流量 联查 设置 打印 更多

已审

记账凭证

* 凭证类别 记账凭证　* 凭证编号 3108　* 制单日期 2023-09-30　附单据数

明细　汇总

序号	*摘要	*科目名称	辅助项	借方（亿千百十万千百十元角分）	贷方（亿千百十万千百十元角分）
1	现金短缺处理	其他应收款-员工	王朝英	100000	
2	现金短缺处理	管理费用-盘亏损失		320000	
3	现金短缺处理	待处理财产损溢-待处理流动资产损溢			420000
4					
5					
合计 大写合计		肆仟贰佰元整		420000	420000

记账人 陈江北　审核人 曾永铭　出纳　* 制单人 潘晓琴

图 3-1-8　现金短缺处理

（3）王朝英缴纳现金赔偿款，如图 3-1-9 所示：

借：库存现金　　1 000

　　贷：其他应收款——员工（王朝英）　　1 000

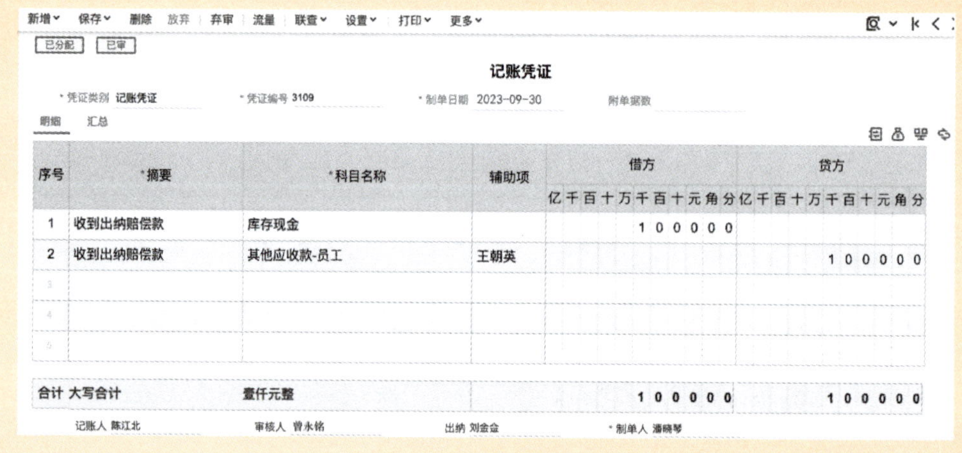

新增 保存 删除 放弃 弃审 流量 联查 设置 打印 更多

已分配　已审

记账凭证

* 凭证类别 记账凭证　* 凭证编号 3109　* 制单日期 2023-09-30　附单据数

明细　汇总

序号	*摘要	*科目名称	辅助项	借方（亿千百十万千百十元角分）	贷方（亿千百十万千百十元角分）
1	收到出纳赔偿款	库存现金		100000	
2	收到出纳赔偿款	其他应收款-员工	王朝英		100000
3					
4					
5					
合计 大写合计		壹仟元整		100000	100000

记账人 陈江北　审核人 曾永铭　出纳 刘金金　* 制单人 潘晓琴

图 3-1-9　收到出纳赔偿款

【例 3-1-4】某电子商务企业于 2023 年 10 月 12 日进行现金清查时，发现现金溢余 980 元，原因无法查明。账务处理如下：

（1）发现库存现金溢余，如图 3-1-10 所示：

借：库存现金　　980

　　贷：待处理财产损溢——待处理流动资产损溢　　980

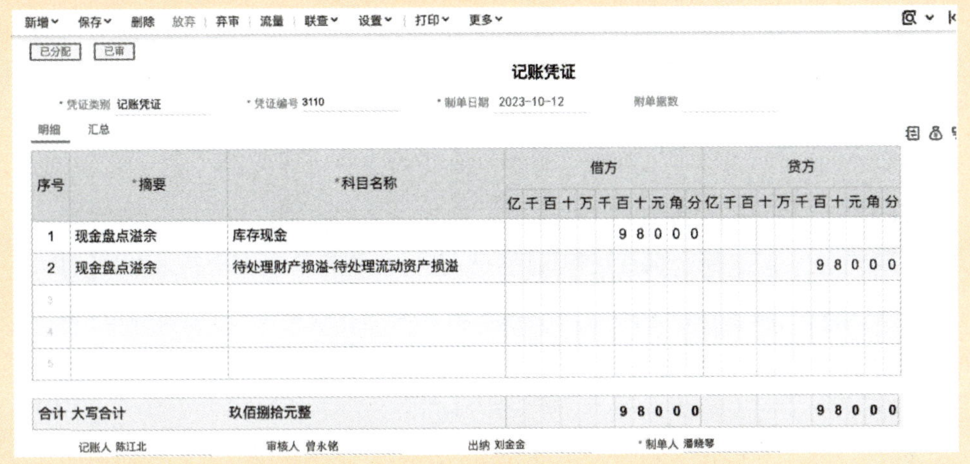

新增 保存 删除 放弃 弃审 流量 联查 设置 打印 更多

已分配　已审

记账凭证

凭证类别 记账凭证　凭证编号 3110　制单日期 2023-10-12　附单据数

明细　汇总

序号	摘要	科目名称	借方	贷方
1	现金盘点溢余	库存现金	98000	
2	现金盘点溢余	待处理财产损溢-待处理流动资产损溢		98000
3				
4				
5				
合计 大写合计		玖佰捌拾元整	98000	98000

记账人 陈江北　审核人 曾永铭　出纳 刘金金　制单人 潘晓琴

图 3-1-10　现金盘点溢余

（2）确认无法查明的现金溢余收益，如图 3-1-11 所示：

借：待处理财产损溢——待处理流动资产损溢　　980

　　贷：营业外收入——盘盈收益　　980

新增 保存 删除 放弃 弃审 流量 联查 设置 打印 更多

已审

记账凭证

凭证类别 记账凭证　凭证编号 3111　制单日期 2023-10-12　附单据数

明细　汇总

序号	摘要	科目名称	借方	贷方
1	现金盘盈处理	待处理财产损溢-待处理流动资产损溢	98000	
2	现金盘盈处理	营业外收入-盘盈收益		98000
3				
4				
5				
合计 大写合计		玖佰捌拾元整	98000	98000

记账人 陈江北　审核人 曾永铭　出纳　制单人 潘晓琴

图 3-1-11　现金盘盈处理

二、银行存款

银行存款是指电子商务企业存入银行和其他金融机构的货币资金，包括人民币存款和外币存款。

1. 银行开户的规定

企业要严格按照国家有关规定开立和管理银行存款账户。根据国家支付结算办法的规定，每个企业都应在所在地银行开立结算账户，办理存款、取款或转账结算。银行存款账户分为基本存款账户、一般存款账户、临时存款账户和专用存款账户。

基本存款账户是指企业办理日常转账结算和现金收付的账户，是存款人的主办账户，其日常经营活动的资金收付，工资、奖金和现金的支取，只能通过基本存款账户办理。每个企业一般只能选择一家银行的一个营业机构，开立一个基本存款账户。

一般存款账户是指存款人因借款或其他结算需要，在基本存款账户开户银行以外的银行营业机构开立的银行结算账户。可办理存款人的借款转存、借款归还等，但不办理现金支取。

临时存款账户是指企业因临时生产经营活动的需要在规定的期限内使用而开立的账户，其有效期限最长不得超过两个月，可以支取现金，但应按国家现金管理规定办理。

专用存款账户是指企业因特定用途需要开立的账户。企业有特定用途需要专户管理的资金，可以按照规定向银行申请开立专用存款账户。

2. 银行结算纪律

单位和个人办理支付应遵守“四不准”规定，即：不准签发没有资金保证的票据或远期支票，套取银行信用；不准签发、取得和转让没有真实交易和债权债务的票据，套取银行和他人资金；不准无理拒绝付款，任意占用他人资金；不准违反规定开立和使用银行账户。

银行办理支付结算应遵守“八不准”规定，即：不准以任何理由压票，任意退票、截留挪用用户和他行资金；不准无理拒绝支付应由银行支付的票据款项；不准受理无理拒付、不扣少扣滞纳金；不准违章签发、承兑、贴现票据，套取银行资金；不准签发空头银行汇票、银行本票和办理空头汇款；不准在支付结算制度之外规定附加条件，影响汇路畅通；不准违反规定为单位和个人开立账户；不准拒绝受理、代理他行正常结算业务。

3. 银行结算方式

银行结算方式是指用一定的形式和条件来实现企业间或企业与其他单位和个人间

货币收付的程序和方法。现行的银行结算方式见表 3-1-2。

表 3-1-2 银行结算方式

序号	结算方式	种类	使用范围	有效期	会计科目	
					付款方	收款方
1	支票	现金支票 转账支票 普通支票	同城	10 日	银行存款	银行存款
2	银行本票	定额银行本票 不定额银行本票	同城	2 个月	其他货币资金	银行存款
3	银行汇票	—	异地	1 个月	其他货币资金	银行存款
4	商业汇票（电子）	商业承兑汇票 银行承兑汇票	通用	最长 6 个月	应付票据	应收票据
5	汇兑	信汇 电汇	异地	—	银行存款	银行存款
6	委托收款	邮寄 电报	通用	3 日内	银行存款	应收账款
7	托收承付	验单付款 验货付款	异地	3 日内 10 日内	银行存款	应收账款
8	网络支付（目前主要支付方式）	网上银行 手机银行	通用	实时到账（或自行设定）	其他货币资金	其他货币资金
9	卡类结算	结算卡	通用	按相关规定实时到账（或自行设定）	银行存款	银行存款
10	自助设备	ATM 机 智慧柜员机	通用	按相关规定实时到账（或自行设定）	银行存款	银行存款
11	数字货币	数字钱包	通用	实时到账	数字货币－人民币	数字货币－人民币、银行存款等

目前被广泛使用、结算占比量最高的结算方式为网络支付。

4. 银行存款的账务处理

企业应通过设置“银行存款日记账”进行序时核算，发生的收付款业务应按顺序逐笔登记。

企业银行存款的主要账务处理如下。

（1）银行存款收入

企业增加银行存款，借记“银行存款”科目，贷记“库存现金”“应收账款”等科目。

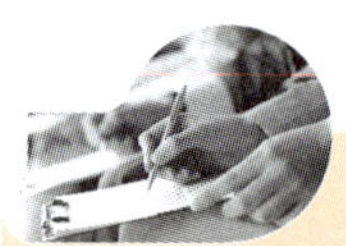

【例 3-1-5】某电子商务企业 2023 年 11 月发生的有关银行存款收入业务账务处理如下：

（1）6 日，该企业网售一批商品，开出的增值税专用发票上注明销售额为 200 000 元，增值税销项税额为 26 000 元，商品已经发出，买家已经确认收货。该批商品的实际成本为 120 000 元。假定不考虑物流等其他因素，账务处理如图 3-1-12、图 3-1-13 所示：

借：银行存款——工行　　226 000

　　贷：主营业务收入——A 版裙　　200 000

　　　　应交税费——应交增值税（销项税额）　　26 000

同时，结转销售成本：

借：主营业务成本——A 版裙　　120 000

　　贷：库存商品——A 版裙　　120 000

新增 保存 删除 放弃 弃审 流量 联查 设置 打印 更多

已分配　已审

记账凭证

*凭证类别 记账凭证　*凭证编号 3112　*制单日期 2023-11-06　附单据数

明细　汇总

序号	*摘要	*科目名称	辅助项	计量单位	借方（亿千百十万千百十元角分）	贷方（亿千百十万千百十元角分）
1	销售商品	银行存款-工行	转账		22600000	
2	销售商品	主营业务收入	A版裙	件		20000000
3	销售商品	应交税费-应交增值税-销项税额				2600000
4						
5						
合计 大写合计		贰拾贰万陆仟元整			22600000	22600000

记账人 陈江北　审核人 曾永铭　出纳 刘金金　*制单人 潘晓琴

图 3-1-12　销售商品

新增 保存 删除 放弃 弃审 流量 联查 设置 打印 更多

已审

记账凭证

*凭证类别 记账凭证　*凭证编号 3113　*制单日期 2023-11-06　附单据数

明细　汇总

序号	*摘要	*科目名称	辅助项	计量单位	借方	贷方
1	结转销售成本	主营业务成本	A版裙	件	12000000	
2	结转销售成本	库存商品	A版裙	件		12000000
3						
4						
5						
合计 大写合计		壹拾贰万元整			12000000	12000000

记账人 陈江北　审核人 曾永铭　出纳　*制单人 潘晓琴

图 3-1-13　结转销售成本

（2）25 日，该企业将数字货币 12 000 元存入银行，如图 3-1-14 所示：

借：银行存款——工行　　12 000

　　贷：数字货币——人民币　　12 000

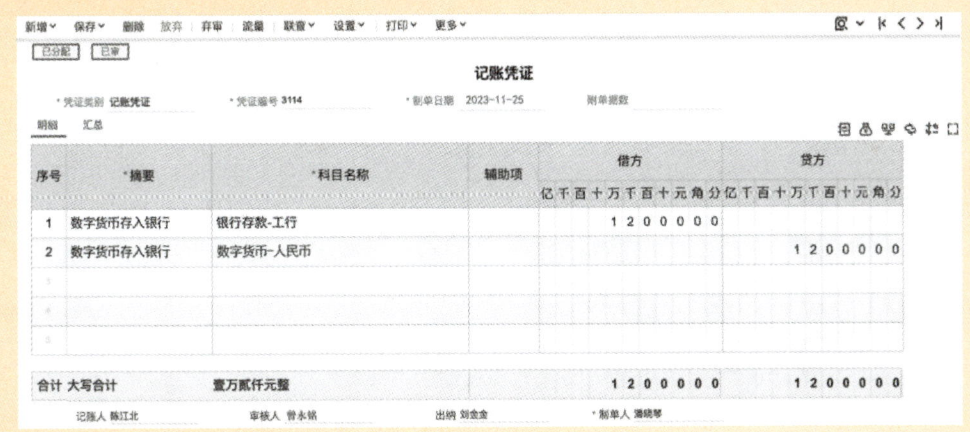

新增 保存 删除 放弃 弃审 流量 联查 设置 打印 更多

已分配　已审

记账凭证

*凭证类别 记账凭证　*凭证编号 3114　*制单日期 2023-11-25　附单据数

明细　汇总

序号	*摘要	*科目名称	辅助项	借方	贷方
1	数字货币存入银行	银行存款-工行		1200000	
2	数字货币存入银行	数字货币-人民币			1200000
3					
4					
5					
合计 大写合计		壹万贰仟元整		1200000	1200000

记账人 陈江北　审核人 曾永铭　出纳 刘金金　*制单人 潘晓琴

图 3-1-14　数字货币存入银行

（3）30 日，该企业本月银行存款产生的利息总额为 600 元，12 月 5 日收到。11 月 30 日，确认利息收入，如图 3-1-15 所示：

借：应收利息　　600

　　贷：财务费用——利息收入　　600

新增 保存 删除 放弃 弃审 流量 联查 设置 打印 更多

已审

记账凭证

*凭证类别 记账凭证　*凭证编号 3115　*制单日期 2023-11-30　附单据数

明细　汇总

序号	*摘要	*科目名称	借方（亿千百十万千百十元角分）	贷方（亿千百十万千百十元角分）
1	确认银行存款利息	应收利息	60000	
2	确认银行存款利息	财务费用-利息收入		60000
3				
4				
5				
合计 大写合计		陆佰元整	60000	60000

记账人 陈江北　审核人 曾永铭　出纳　*制单人 潘晓琴

图 3-1-15　确认银行存款利息

12 月 5 日，收到利息款项，如图 3-1-16 所示：

借：银行存款——工行　　600

　　贷：应收利息　　600

新增 保存 删除 放弃 弃审 流量 联查 设置 打印 更多

已分配　已审

记账凭证

*凭证类别 记账凭证　*凭证编号 3116　*制单日期 2023-12-05　附单据数

明细　汇总

序号	*摘要	*科目名称	辅助项	借方（亿千百十万千百十元角分）	贷方（亿千百十万千百十元角分）
1	收到利息款	银行存款-工行	其他	60000	
2	收到利息款	应收利息			60000
3					
4					
5					
合计 大写合计		陆佰元整		60000	60000

记账人 陈江北　审核人 曾永铭　出纳 刘金金　*制单人 潘晓琴

图 3-1-16　收到利息款

（2）银行存款支出

电子商务企业减少银行存款，借记“库存现金”“应付账款”“数字货币”等科目，贷记“银行存款”科目。

【例 3-1-6】某电子商务企业 2023 年 11 月发生的有关银行存款支出业务账务处理如下：

7 日，从银行存款转入数字货币 8 000 元，如图 3-1-17 所示：

借：数字货币——人民币　　8 000

　　贷：银行存款　　8 000

新增 保存 删除 放弃 弃审 流量 联查 设置 打印 更多

已分配　已审

记账凭证

*凭证类别 记账凭证　*凭证编号 3117　*制单日期 2023-11-07　附单据数

明细　汇总

序号	*摘要	*科目名称	辅助项	借方（亿千百十万千百十元角分）	贷方（亿千百十万千百十元角分）
1	银行存款转入数字货币	数字货币-人民币		800000	
2	银行存款转入数字货币	银行存款-建行			800000
3					
4					
5					
合计 大写合计		捌仟元整		800000	800000

记账人 陈江北　审核人 曾永铭　出纳 刘金金　*制单人 潘晓琴

图 3-1-17　银行存款转入数字货币

三、其他货币资金

1. 其他货币资金的概念

其他货币资金是指企业除现金和银行存款以外的其他各种货币资金，即存放地点和用途均与现金和银行存款不同的货币资金，主要包括银行汇票存款、银行本票存款、信用卡存款、信用证保证金存款等。

2. 其他货币资金的账务处理

为了反映和监督其他货币资金的增减情况，企业应设置“其他货币资金”账户。该账户属于资产类账户，主要用来核算企业的银行汇票存款、银行本票存款、信用卡存款、信用证保证金存款等其他货币资金，借方登记增加数，贷方登记减少数，期末借方余额反映企业持有的其他货币资金。

“其他货币资金”账户应按照银行汇票或本票、信用卡发放银行、信用证收款单位的开户银行，分别用“银行汇票”“银行本票”“信用卡”“信用证保证金”等项目进行明细核算。

企业其他货币资金的主要账务处理：企业增加其他货币资金，借记“其他货币资金”科目，贷记“银行存款”科目；减少其他货币资金，借记“库存商品”“银行存款”等科目，贷记“其他货币资金”科目。

（1）银行汇票存款的账务处理

【例 3-1-7】2023 年 11 月 16 日，某电子商务企业为采购商品，要求银行办理银行汇票 26 000 元，该企业在填送银行汇票委托书后，将 26 000 元交给银行，取得银行汇票后，根据银行盖章的委托书存根联，账务处理如下，如图 3-1-18 所示：

借：其他货币资金——银行汇票存款　　　26 000

　　贷：银行存款——工行　　　26 000

新增 保存 删除 放弃 弃审 流量 联查 设置 打印 更多

已分配 已审

记账凭证

*凭证类别 记账凭证　*凭证编号 3118　*制单日期 2023-11-16　附单据数

明细 汇总

序号	*摘要	*科目名称	辅助项	借方（亿千百十万千百十元角分）	贷方（亿千百十万千百十元角分）
1	取得银行汇票	其他货币资金-银行汇票存款		2600000	
2	取得银行汇票	银行存款-工行	银行汇票		2600000
3					
4					
5					
合计 大写合计		贰万陆仟元整		2600000	2600000

记账人 陈江北　审核人 曾水铭　出纳 刘金金　*制单人 潘晓琴

图 3-1-18　取得银行汇票

11 月 18 日，该企业用银行汇票办理采购货款的结算，其中货款 20 000 元，增值税 2 600 元，商品已验收入库。账务处理如下，如图 3-1-19 所示：

借：库存商品——A 版裙　　　20 000

　　应交税费——应交增值税（进项税额）　　　2 600

　　贷：其他货币资金——银行汇票存款　　　22 600

新增 保存 删除 放弃 弃审 流量 联查 设置 打印 更多

已分配 已审

记账凭证

*凭证类别 记账凭证　*凭证编号 3119　*制单日期 2023-11-18　附单据数

明细 汇总

序号	*摘要	*科目名称	辅助项	计量单位	借方	贷方
1	银行汇票结算货款	库存商品	A版裙	件	2000000	
2	银行汇票结算货款	应交税费-应交增值税-进项税额			260000	
3	银行汇票结算货款	其他货币资金-银行汇票存款				2260000
4						
5						
合计 大写合计		贰万贰仟陆佰元整			2260000	2260000

记账人 陈江北　审核人 曾永铭　出纳 刘金金　*制单人 潘晓琴

图 3-1-19　银行汇票结算货款

2024 年 1 月 9 日，结算完毕，企业收到开户银行的收账通知，汇票余款 3 400 元已经汇还入账。账务处理如下，如图 3-1-20 所示：

借：银行存款——工行　　3 400

　　贷：其他货币资金——银行汇票存款　　3 400

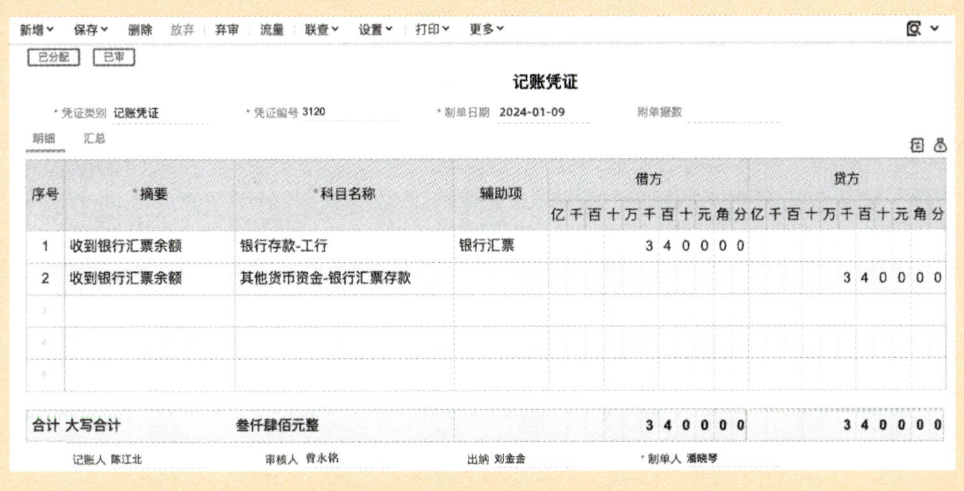

新增 保存 删除 放弃 弃审 流量 联查 设置 打印 更多

已分配 已审

记账凭证

*凭证类别 记账凭证　*凭证编号 3120　*制单日期 2024-01-09　附单据数

明细 汇总

序号	*摘要	*科目名称	辅助项	借方	贷方
1	收到银行汇票余额	银行存款-工行	银行汇票	340000	
2	收到银行汇票余额	其他货币资金-银行汇票存款			340000
3					
4					
5					
合计 大写合计		叁仟肆佰元整		340000	340000

记账人 陈江北　审核人 曾永铭　出纳 刘金金　*制单人 潘晓琴

图 3-1-20　收到银行汇票余额

（2）信用证保证金存款的账务处理

企业填写“信用证申请书”并将信用证保证金交存银行时，应根据银行盖章退回的“信用证申请书”回单，借记“其他货币资金——信用证保证金”科目，贷记“银行存款”科目。企业接到开证行通知，根据供货单位信用证结算凭证及所附发票账单，借记“在途商品”“库存商品”“应交税费——应交增值税（进项税额）”等科目，贷记“其他货币资金——信用证保证金”科目；将未用完的信用证保证金存款余额转回开户银行时，借记“银行存款”科目，贷记“其他货币资金——信用证保证金”科目。

【例 3-1-8】2023 年 12 月 20 日，某电子商务企业要求银行对境外 C 企业开出信用证 60 000 元。该企业填写“信用证申请书”，将保证金 60 000 元交存银行。账务处理如下，如图 3-1-21 所示：

借：其他货币资金——信用证保证金　　60 000

　　贷：银行存款——工行　　60 000

新增　保存　删除　放弃　弃审　流量　联查　设置　打印　更多

已分配　已审

记账凭证

*凭证类别 记账凭证　*凭证编号 3121　*制单日期 2023-12-20　附单据数

明细　汇总

序号	*摘要	*科目名称	辅助项	借方											贷方										
				亿	千	百	十	万	千	百	十	元	角	分	亿	千	百	十	万	千	百	十	元	角	分
1	缴纳保证金	其他货币资金-信用证保证金						6	0	0	0	0	0	0											
2	缴纳保证金	银行存款-工行	其他																6	0	0	0	0	0	0
3																									
4																									
5																									
合计 大写合计		陆万元整						6	0	0	0	0	0	0					6	0	0	0	0	0	0

记账人 陈江北　审核人 曾永铭　出纳 刘金金　*制单人 潘晓琴

图 3-1-21　缴纳保证金

该企业收到境外单位信用证结算凭证及所附发票账单，注明实际金额 50 000 元（不含税价款），商品已验收入库，核查无误。账务处理如下，如图 3-1-22 所示：

借：库存商品——A 版裙　　50 000

　　应交税费——应交增值税（进项税额）　　6 500

　　贷：其他货币资金——信用证保证金　　56 500

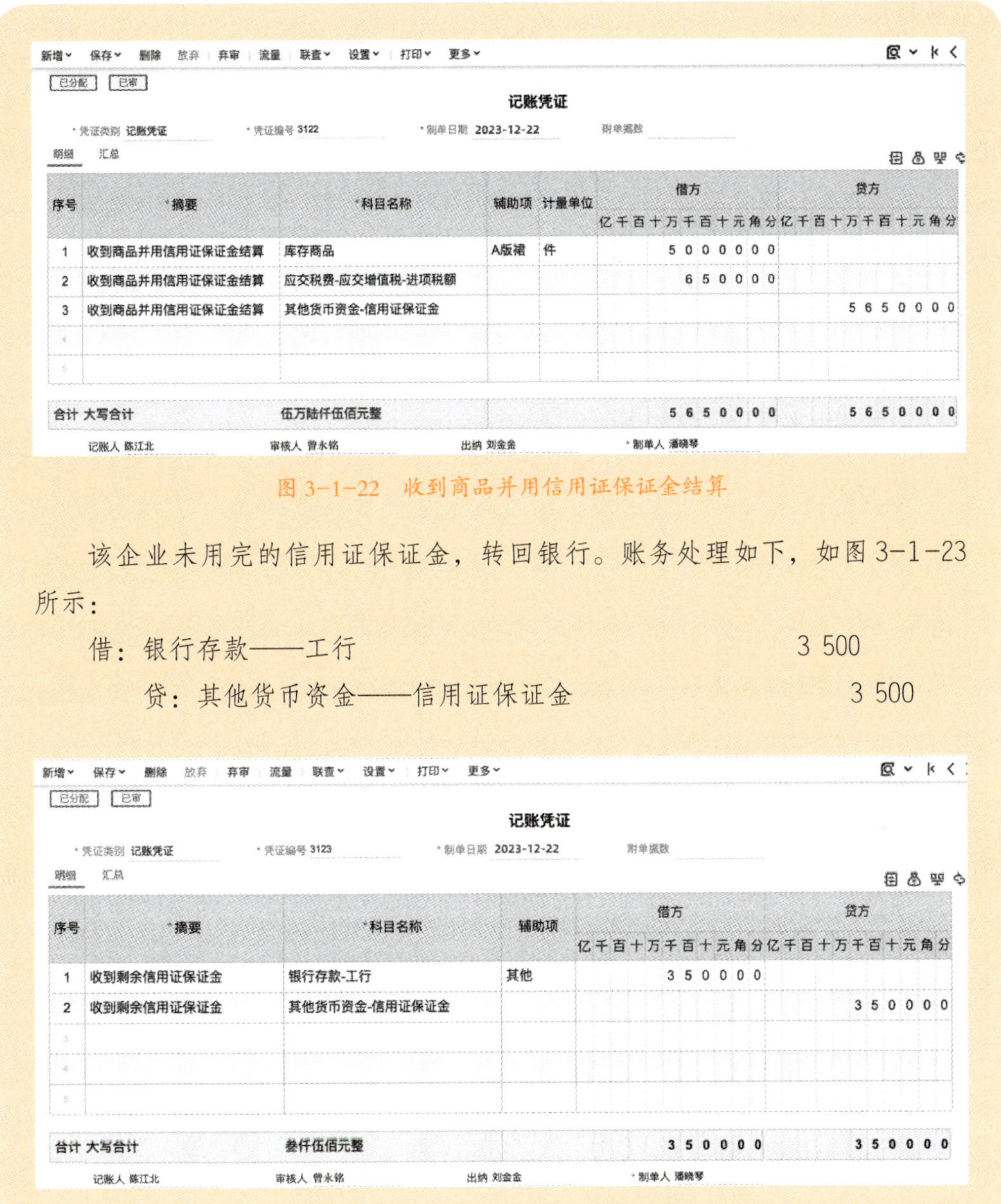

新增　保存　删除　放弃　弃审　流量　联查　设置　打印　更多

已分配　已审

记账凭证

*凭证类别 记账凭证　*凭证编号 3122　*制单日期 2023-12-22　附单据数

明细　汇总

序号	*摘要	*科目名称	辅助项	计量单位	借方（亿千百十万千百十元角分）	贷方（亿千百十万千百十元角分）
1	收到商品并用信用证保证金结算	库存商品	A版裙	件	5 0 0 0 0 0 0	
2	收到商品并用信用证保证金结算	应交税费-应交增值税-进项税额			6 5 0 0 0 0	
3	收到商品并用信用证保证金结算	其他货币资金-信用证保证金				5 6 5 0 0 0 0
4						
5						
合计 大写合计		伍万陆仟伍佰元整			5 6 5 0 0 0 0	5 6 5 0 0 0 0

记账人 陈江北　审核人 曾永铭　出纳 刘金金　*制单人 潘晓琴

图 3-1-22　收到商品并用信用证保证金结算

该企业未用完的信用证保证金，转回银行。账务处理如下，如图 3-1-23 所示：

借：银行存款——工行　　　　3 500

　　贷：其他货币资金——信用证保证金　　　　3 500

新增　保存　删除　放弃　弃审　流量　联查　设置　打印　更多

已分配　已审

记账凭证

*凭证类别 记账凭证　*凭证编号 3123　*制单日期 2023-12-22　附单据数

明细　汇总

序号	*摘要	*科目名称	辅助项	借方（亿千百十万千百十元角分）	贷方（亿千百十万千百十元角分）
1	收到剩余信用证保证金	银行存款-工行	其他	3 5 0 0 0 0	
2	收到剩余信用证保证金	其他货币资金-信用证保证金			3 5 0 0 0 0
3					
4					
5					
合计 大写合计		叁仟伍佰元整		3 5 0 0 0 0	3 5 0 0 0 0

记账人 陈江北　审核人 曾永铭　出纳 刘金金　*制单人 潘晓琴

图 3-1-23　收到剩余信用证保证金

四、应收及预付款项

1. 应收及预付款项的概念及日常管理

应收及预付款项是指企业在日常经营活动中发生的各项债权，包括应收票据、应收账款、应收股利、应收利息、其他应收款等应收款项和预付账款。应收及预付款项

应当按照发生额入账。

企业在经营过程中，因商品交易、劳务供给和其他往来业务而形成的应收未收或暂付应收的各种款项，属于企业的短期债权，是企业流动资产的重要组成部分。加强对企业应收及预付款项的管理，严格控制往来资金业务、健全手续、及时清理，有利于企业避免资金长期占压，加速资金周转或减少可能损失，提高资金使用效率。企业对应收及预付款项的日常管理内容如下。

（1）建立健全应收及预付款项岗位责任制和审批制度。

（2）建立健全应收及预付款项记录，定期进行账款核对和分析。

（3）建立健全应收及预付款项的催收、清理制度，严格审批，及时清理。

（4）建立健全应收及预付款项坏账管理制度。

2. 应收账款

应收账款是指企业因销售商品、提供劳务等日常生产经营活动应收取的款项，主要包括卖价、增值税税款及代购货单位垫付的包装费、运杂费等。

（1）应收账款的账务处理

为了核算应收账款的增减变化，企业应设置“应收账款”账户。该账户属于资产类账户，主要核算企业因销售商品、提供劳务等日常生产经营活动应收取的款项。

企业应收账款核算的内容包括应收账款入账价值的确定，应收账款的形成、收回，坏账损失的确认等。

企业应收账款通常按实际发生额计价入账，其入账价值通常包括销售商品或提供劳务的价款、应收取的增值税销项税额，以及代购买方垫付的包装费、物流费等。此外，还应该考虑商业折扣等因素。

企业应收账款的主要账务处理如下。

企业因销售商品或提供劳务形成应收账款，按照应收金额借记“应收账款”科目，按照应缴纳的增值税销项税额贷记“应交税费——应交增值税（销项税额）”科目，按照其差额贷记“主营业务收入”或“其他业务收入”科目。

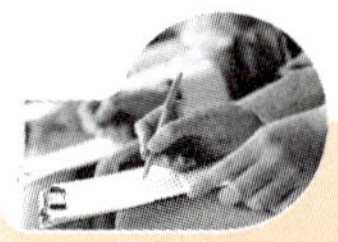

【例 3-1-9】2023 年 2 月 18 日，某电子商务企业销售给红光科技有限公司一批商品，开出的增值税专用发票上注明货款 60 000 元，增值税税额 7 800 元，

代购货单位垫付运杂费400元，款项尚未支付。该企业的账务处理如下，如图3-1-24所示：

借：应收账款——红光科技有限公司　　68 200

　　贷：主营业务收入——A版裙　　60 000

　　　　应交税费——应交增值税（销项税额）　　7 800

　　　　银行存款——工行　　400

新增　保存　删除　放弃　弃审　流量　联查　设置　打印　更多

已分配　已审

记账凭证

·凭证类别 记账凭证　·凭证编号 3124　·制单日期 2023-02-18　附单据数

明细　汇总

序号	*摘要	*科目名称	辅助项	计量单位	借方（亿千百十万千百十元角分）	贷方（亿千百十万千百十元角分）
1	销售商品	应收账款	红光科技有限公司		6820000	
2	销售商品	主营业务收入	A版裙	件		6000000
3	销售商品	应交税费-应交增值税-销项税额				780000
4	销售商品	银行存款-工行	转账			40000
5						
合计	大写合计	陆万捌仟贰佰元整			6820000	6820000

记账人 陈江北　审核人 曾永铭　出纳 刘金金　·制单人 潘晓琴

图3-1-24　销售商品

（2）应收账款收回的账务处理

收回应收账款，借记“银行存款”或“库存现金”科目，贷记“应收账款”科目。

【例3-1-10】续上例，2023年2月28日，该企业接到银行收款通知，红光科技有限公司前欠货款68 200元已经入账。该企业的账务处理如下，如图3-1-25所示：

借：银行存款——工行　　68 200

　　贷：应收账款——红光科技有限公司　　68 200

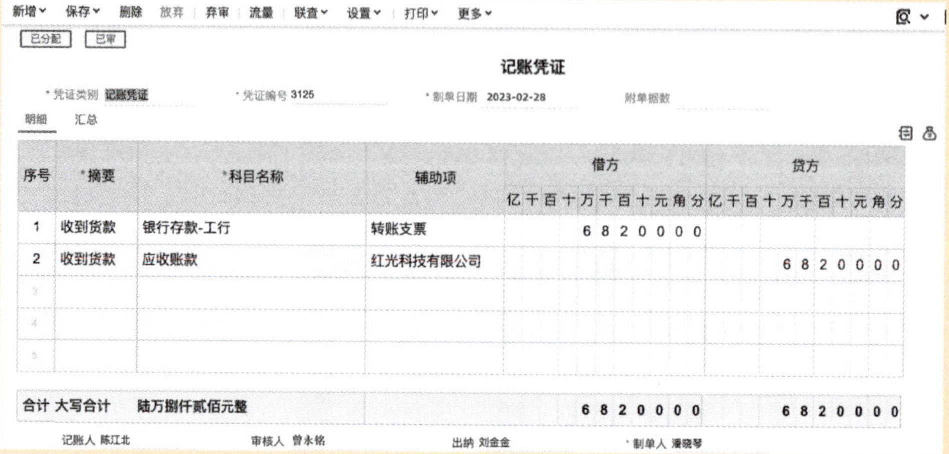

新增 保存 删除 放弃 弃审 流量 联查 设置 打印 更多

已分配 已审

记账凭证

*凭证类别 记账凭证　*凭证编号 3125　*制单日期 2023-02-28　附单据数

明细　汇总

序号	*摘要	*科目名称	辅助项	借方（亿千百十万千百十元角分）	贷方（亿千百十万千百十元角分）
1	收到货款	银行存款-工行	转账支票	6820000	
2	收到货款	应收账款	红光科技有限公司		6820000
3					
4					
5					
合计	大写合计	陆万捌仟贰佰元整		6820000	6820000

记账人 陈江北　审核人 曾永铭　出纳 刘金金　*制单人 潘晓琴

图 3-1-25　收到货款

3. 预付账款

预付账款是指企业按照合同规定预付的款项，包括根据合同规定预付的购货款、租金、工程款等。预付账款是预先付给供货方的款项，是企业债权的组成部分，属于流动资产。预付账款不是用货币抵偿的，而是要求企业在短期内以某种商品、提供劳务或服务来抵偿。

为了核算预付账款，企业应设置“预付账款”账户。该账户属于资产类账户，其借方登记预付账款的发生数，贷方登记已经结算的预付账款，期末借方余额反映企业预付的各种款项。该账户应按照对方单位（或个人）进行明细核算。

预付款项不多的企业，也可以不设置“预付账款”账户，将预付的款项直接记入“应付账款”账户借方。在编制资产负债表时，金额应分别反映。

预付账款的主要账务处理如下。

借记“预付账款”科目，贷记“银行存款”等科目；收到所购物资，按照应计入购入物资成本的金额，借记“在途物资”“库存商品”等科目；按照税法规定可抵扣的增值税进项税额，借记“应交税费——应交增值税（进项税额）”科目；按照应支付的金额，贷记“预付账款”科目。补付的款项，借记“预付账款”科目，贷记“银行存款”等科目；退回多付的款项，做相反的会计分录。

【例 3-1-11】2023 年 2 月 10 日，某电子商务企业向红光科技有限公司采购一批商品，按照合同规定，该企业预付货款 40 000 元。该企业的账务处理如下，如图 3-1-26 所示：

借：预付账款——红光科技有限公司　　40 000

　　贷：银行存款——工行　　40 000

新增　保存　删除　放弃　弃审　流量　联查　设置　打印　更多

已分配　已审

记账凭证

凭证类别 记账凭证　凭证编号 3126　制单日期 2023-02-10　附单据数

明细　汇总

序号	摘要	科目名称	辅助项	借方（亿千百十万千百十元角分）	贷方（亿千百十万千百十元角分）
1	预付货款	预付账款	红光科技有限公司	4000000	
2	预付货款	银行存款-工行	转账		4000000
3					
4					
5					
合计 大写合计	肆万元整			4000000	4000000

记账人 陈江北　审核人 曾永铂　出纳 刘金金　制单人 潘晓琴

图 3-1-26　预付货款

【例 3-1-12】续上例，2023 年 2 月 24 日，该企业收到红光科技有限公司发来的商品，验收无误，取得的增值税专用发票上记载的价款为 40 000 元，增值税税额为 5 200 元。该企业以银行存款补付其余款项。该企业的账务处理如下，如图 3-1-27 和图 3-1-28 所示：

借：库存商品——小米 11 手机　　40 000

　　应交税费——应交增值税（进项税额）　　5 200

　　贷：预付账款——红光科技有限公司　　45 200

借：预付账款——红光科技有限公司　　5 200

　　贷：银行存款——工行　　5 200

新增　保存　删除　放弃　弃审　流量　联查　设置　打印　更多

已审

记账凭证

*凭证类别 记账凭证　*凭证编号 3127　*制单日期 2023-02-24　附单据数

明细　汇总

序号	*摘要	*科目名称	辅助项	计量单位	借方	贷方
1	收到商品并用预付款支付	库存商品	小米11	台	4000000	
2	收到商品并用预付款支付	应交税费-应交增值税-进项税额			520000	
3	收到商品并用预付款支付	预付账款	红光科技有限公司			4520000
4						
5						
合计 大写合计		肆万伍仟贰佰元整			4520000	4520000

记账人 陈江北　审核人 曾永铭　出纳　*制单人 潘晓琴

图 3-1-27　收到商品并用预付款支付

新增　保存　删除　放弃　弃审　流量　联查　设置　打印　更多

已分配　已审

记账凭证

*凭证类别 记账凭证　*凭证编号 3128　*制单日期 2023-02-24　附单据数

明细　汇总

序号	*摘要	*科目名称	辅助项	借方	贷方
1	结算预付账款	预付账款	红光科技有限公司	520000	
2	结算预付账款	银行存款-工行	转账		520000
3					
4					
5					
合计 大写合计		伍仟贰佰元整		520000	520000

记账人 陈江北　审核人 曾永铭　出纳 刘金金　*制单人 潘晓琴

图 3-1-28　结算预付账款

4. 其他应收款

其他应收款是指企业除应收票据、应收账款、预付账款等以外的其他各种应收及暂付款项，包括各种应收的赔款、应向职工收取的各种垫付款项、企业出口产品或商品按照税法规定应予退回的增值税税款等。具体内容为：应收的各种赔款、罚款，如因企业财产遭受意外损失而应向有关保险公司收取的赔款等；应收出租包装物租金；应向职工收取的各种垫付款项，如为职工垫付的水电费、房租费等；存出保证金，如

入驻天猫、京东等平台所支付的押金；预付账款转入，指不符合预付账款性质而按规定转入的预付账款；其他各种应收、暂付款。

为了核算其他应收款，应设置“其他应收款”账户。该账户属于资产类账户，其借方登记其他应收款的发生，贷方登记其他应收款的收回，期末借方余额反映企业尚未收回的其他应收款项。该账户应按照对方单位（或个人）进行明细核算。

电子商务企业其他应收款的主要账务处理如下。

【例 3-1-13】某电子商务公司 2023 年 6 月发生其他应收款业务如下：

（1）5 日，以银行存款代职工李丽垫付应由其本人负担的医药费 3 000 元，拟从其工资中扣回。账务处理如下：

垫付时，如图 3-1-29 所示：

借：其他应收款——员工（李丽）　　3 000

　　贷：银行存款——建行　　3 000

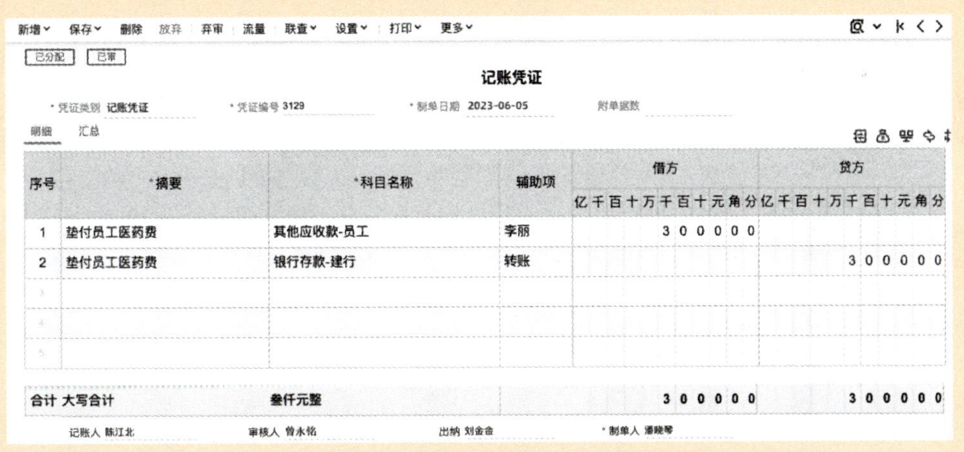

新增　保存　删除　放弃　弃审　流量　联查　设置　打印　更多

已分配　已审

记账凭证

*凭证类别 记账凭证　*凭证编号 3129　*制单日期 2023-06-05　附单据数

明细　汇总

序号	*摘要	*科目名称	辅助项	借方（亿千百十万千百十元角分）	贷方（亿千百十万千百十元角分）
1	垫付员工医药费	其他应收款-员工	李丽	300000	
2	垫付员工医药费	银行存款-建行	转账		300000
3					
4					
5					
合计 大写合计	叁仟元整			300000	300000

记账人 陈江北　审核人 曾水铭　出纳 刘金鑫　*制单人 潘晓琴

图 3-1-29　垫付员工医药费

扣款时，如图 3-1-30 所示：

借：应付职工薪酬——应付职工工资　　3 000

　　贷：其他应收款——员工（李丽）　　3 000

新增 保存 删除 放弃 弃审 流量 联查 设置 打印 更多

已审

记账凭证

*凭证类别 记账凭证　*凭证编号 3130　*制单日期 2023-06-05　附单据数

明细　汇总

序号	*摘要	*科目名称	辅助项	借方	贷方
1	结算代垫费用	应付职工薪酬-应付职工工资		300000	
2	结算代垫费用	其他应收款-员工	李丽		300000
3					
4					
5					
合计 大写合计		叁仟元整		300000	300000

记账人 陈江北　审核人 曾永铭　出纳　*制单人 潘晓琴

图 3-1-30　结算代垫费用

（2）19 日，租入包装物一批，以银行存款向出租方支付押金 10 000 元。账务处理如下，如图 3-1-31 所示：

借：其他应收款——存出保证金　　10 000

　　贷：银行存款——工行　　10 000

新增 保存 删除 放弃 弃审 流量 联查 设置 打印 更多

已分配　已审

记账凭证

*凭证类别 记账凭证　*凭证编号 3131　*制单日期 2023-06-19　附单据数

明细　汇总

序号	*摘要	*科目名称	辅助项	借方	贷方
1	租入包装物支付保证金	其他应收款-存出保证金		1000000	
2	租入包装物支付保证金	银行存款-工行	转账		1000000
3					
4					
5					
合计 大写合计		壹万元整		1000000	1000000

记账人 陈江北　审核人 曾永铭　出纳 刘金金　*制单人 潘晓琴

图 3-1-31　租入包装物支付保证金

（3）26 日，上述租入包装物按期如数退回，收到出租方退还的押金 10 000 元，已存入银行。账务处理如下，如图 3-1-32 所示：

借：银行存款——工行　　10 000

　　贷：其他应收款——存出保证金　　10 000

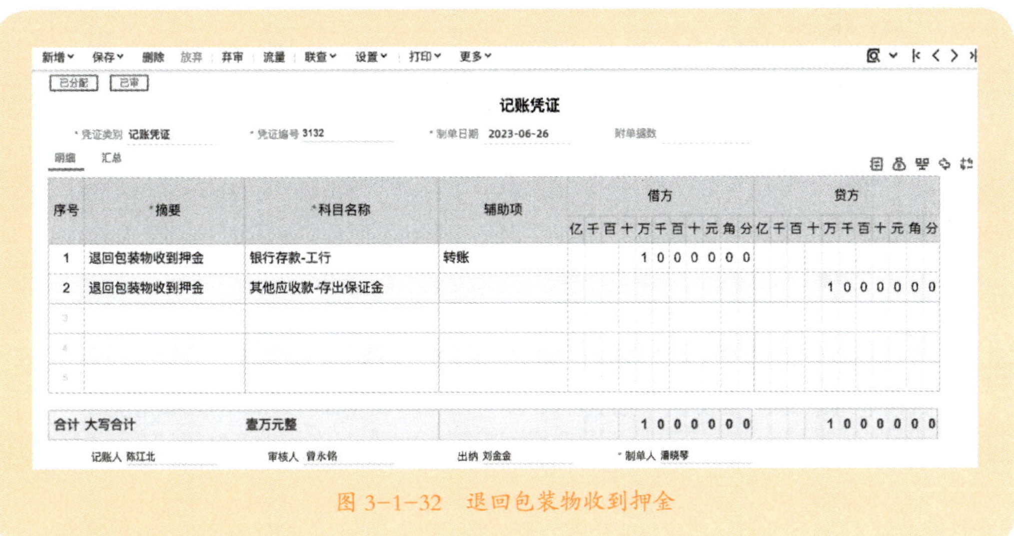

新增　保存　删除　放弃　弃审　流量　联查　设置　打印　更多

已分配　已审

记账凭证

*凭证类别 记账凭证　*凭证编号 3132　*制单日期 2023-06-26　附单据数

明细　汇总

序号	*摘要	*科目名称	辅助项	借方（亿千百十万千百十元角分）	贷方（亿千百十万千百十元角分）
1	退回包装物收到押金	银行存款-工行	转账	1000000	
2	退回包装物收到押金	其他应收款-存出保证金			1000000
3					
4					
5					
合计 大写合计		壹万元整		1000000	1000000

记账人 陈江北　审核人 曾永铭　出纳 刘金金　*制单人 潘晓琴

图 3-1-32　退回包装物收到押金

技能训练

喜购网络科技有限公司是一家电子商务企业。2023 年 6 月，公司日常经营发生以下经济业务。

（1）6 月 1 日，公司签发现金支票从银行提取现金 60 000 元备用。6 月 20 日，公司将多余现金 16 000 元送存银行。

（2）6 月 6 日，员工李丽出差预借差旅费 8 000 元，以现金支付。6 月 10 日，李丽出差回来报销差旅费 6 600 元，退回剩余现金 1 400 元。

（3）6 月 12 日，员工汤红出差预借差旅费 6 000 元，以现金支付。6 月 14 日，汤红出差回来报销差旅费 6 800 元，补付现金 800 元。

（4）6 月 13 日，接到银行通知，本月银行存款利息收入 730 元。

（5）6 月 15 日，以银行存款代职工李丽垫付应由其本人负担的医药费 3 000 元，拟从其工资中扣回。

该公司应如何处理账务？

账务处理如下：

（1）从银行提取现金备用，并将多余现金存入银行：

借：库存现金　　60 000

　　贷：银行存款　　60 000

借：银行存款　　16 000

贷：库存现金 16 000

（2）李丽出差预借差旅费，报销差旅费，退回剩余现金：

借：其他应收款——员工（李丽） 8 000

贷：库存现金 8 000

借：库存现金 1 400

管理费用 6 600

贷：其他应收款——员工（李丽） 8 000

（3）汤红出差预借差旅费，报销差旅费，补付现金：

借：其他应收款——员工（汤红） 6 000

贷：库存现金 6 000

借：管理费用 6 800

贷：其他应收款——员工（汤红） 6 000

库存现金 800

（4）接到银行通知，本月银行存款利息收入 730 元：

借：银行存款 730

贷：财务费用 730

（5）以银行存款代职工李丽垫付应由其本人负担的医药费 3 000 元，拟从其工资中扣回：

1）垫付时：

借：其他应收款——员工（李丽） 3 000

贷：银行存款 3 000

2）扣款时：

借：应付职工薪酬——应付职工工资 3 000

贷：其他应收款——员工（李丽） 3 000

单元练习

1. 简述货币资金的内容。
2. 简述库存现金、银行存款、其他货币资金、应收账款及预付账款的账务处理方法。

学习单元二　电子商务企业固定资产和无形资产的账务处理

一、固定资产

固定资产是指企业为生产商品、提供劳务、出租或经营管理而持有的，且使用寿命超过 1 年的有形资产。

1. 固定资产的确认条件

一项资产确认为固定资产需要满足两项标准：一是符合固定资产定义，二是符合确认条件。在实际操作中，固定资产应当同时满足以下两个确认条件，才能加以确认。

（1）与该固定资产有关的经济利益很可能流入企业。

（2）该固定资产的成本能够可靠地计量。

2. 固定资产的特征

固定资产包括房屋、建筑物、设备、运输工具、器具、工具等，具有以下四个特征。

（1）为生产商品、提供劳务、出租或经营管理而持有。

（2）使用寿命超过一个会计年度，使用年限长，周转速度慢，属于非流动资产。使用过程中难以改变用途、不易变现，随着使用和磨损，通过计提折旧方式逐渐减少账面价值。

（3）固定资产是有形资产，基本保持原有物质形态。

（4）占用资金数量很大且相对稳定。

3. 固定资产的账户设置

为了处理固定资产的取得、计提折旧、处置、清查等账务，企业一般需要设置“固定资产”“累计折旧”“固定资产清理”“待处理财产损溢——待处理非流动资产损溢”等账户。具体内容如下。

（1）“固定资产”账户

属于资产类账户，其借方登记企业增加的固定资产原价（成本），贷方登记企业减少的固定资产原价（成本），期末借方余额反映企业固定资产的原价（成本）。

企业应根据《企业会计准则》规定的固定资产标准，结合本企业的具体情况，制定固定资产目录，作为会计处理依据。企业购置计算机硬件所附带的、未单独计价的软件，也通过“固定资产”账户核算。企业临时租入的固定资产和以经营租赁租入的固定资产，应另行设立备查簿进行登记，不在“固定资产”账户核算。该账户应按照固定资产类别和项目进行明细核算。企业根据实际情况决定是否设置“固定资产登记簿”和“固定资产卡片”。

（2）“累计折旧”账户

属于“固定资产”的备抵账户，用来核算企业固定资产的累计折旧。其贷方登记企业计提的固定资产折旧，借方登记处置固定资产转出的累计折旧，期末贷方余额反映企业固定资产的累计折旧额。该账户可以进行总分类核算，也可以进行明细核算，应按照所对应固定资产的类别及项目设置明细账，进行明细核算。

（3）“在建工程”账户

属于资产类账户，用来核算企业需要安装的固定资产、固定资产新建工程、固定资产改扩建工程等所发生的成本。其借方登记企业各项在建工程的实际支出，贷方登记完工工程转出的成本，期末借方余额反映企业尚未完工或虽已完工，但尚未办理竣工决算的工程成本。该账户应按照在建工程项目进行明细核算。

企业购入不需要安装的固定资产，在“固定资产”账户核算，不在“在建工程”账户核算。企业已提足折旧的固定资产的改建支出和经营租赁租入的固定资产的改建支出，在“长期待摊费用”账户核算，不在“在建工程”账户核算。

（4）“工程物资”账户

属于资产类账户，用来核算企业为在建工程准备的各种物资的成本，包括工程用材料、尚未安装的设备以及为生产准备的工器具等。其借方登记工程物资的增加额，贷方登记工程物资的减少额，期末借方余额反映企业为在建工程准备的各种物资的成本。

（5）“固定资产清理”账户

属于资产类账户，用来核算企业因出售、报废、毁损、对外投资等原因处置固定资产所转出的固定资产账面价值以及在清理过程中发生的费用等。其借方登记清理固定资产的净值以及相关费用和结转的利得，贷方登记清理固定资产的变价收入及结转的损失。该账户期末借方余额反映企业尚未清理完毕的固定资产清理净损失，期末贷方余额反映企业尚未清理完毕的固定资产清理净收益。该账户应按照被清理的固定资产项目进行明细核算。

（6）“待处理财产损溢”账户

属于资产类账户，用来核算企业在清查财产过程中查明的各种财产盘盈、盘亏和毁损的价值。其借方登记各种财产的盘亏、毁损数额及盘盈的转销数额，贷方登记各

种财产的盘盈数额及盘亏的转销数额。期末如为借方余额，反映企业尚未处理的各种财产的净损失；如为贷方余额，反映尚未处理的各种财产的净溢余。对于企业的财产损溢，应当查明原因，在年末结账前处理完毕，处理后“待处理财产损溢”账户应无余额。该账户应按照待处理流动资产损溢和待处理非流动资产损溢进行明细核算。所采购物资在运输途中因自然灾害等发生的损失或尚待查明的损耗，也通过“待处理财产损溢”账户核算。

（7）“资产处置损益”账户

属于损益类账户，主要用来核算固定资产、无形资产等因出售、转让等原因，产生的处置利得或损失。资产处置损益直接计入当期损益的利得或损失，影响营业利润。

4. 固定资产的账务处理

企业固定资产应按照成本进行计量。企业固定资产成本包括企业为购建固定资产达到预定可使用状态前所发生的一切合理的、必要的支出。企业取得固定资产的方式多种多样，主要有外购、自行建造、投资者投入、融资租入、盘盈等。由于取得的方式不同，其成本的具体构成内容及其计量也不尽相同。

（1）外购的固定资产

企业外购固定资产的成本包括购买价款、相关税费、运输费、装卸费、保险费、安装费等，但不含按照税法规定可以抵扣的增值税进项税额。

企业购入的固定资产分为不需要安装的固定资产和需要安装的固定资产两种情形。企业外购不需要安装固定资产的主要账务处理：企业购入（含以分期付款方式购入）不需要安装的固定资产，应按照实际支付的购买价款、相关税费（不包括按照税法规定可抵扣的增值税进项税额）、运输费、装卸费、保险费等，借记“固定资产”科目，按照税法规定可抵扣的增值税进项税额，借记“应交税费——应交增值税（进项税额）”科目，贷记“银行存款”“长期应付款”等科目。企业外购需要安装固定资产的主要账务处理：按照应计入固定资产成本的金额，先记入“在建工程”科目，安装完毕交付使用时再转入“固定资产”科目。

【例 3-2-1】2023 年 4 月 6 日，某电子商务企业购入电脑 80 台，每台 2 500 元，取得的增值税专用发票上注明的价款为 200 000 元，增值税进项税额为 26 000 元，款项全部付清。假定该企业是一般纳税人，不考虑其他相关税

费。账务处理如下，如图 3-2-1 所示：

借：固定资产　　200 000

　　应交税费——应交增值税（进项税额）　　26 000

　　贷：银行存款——建行　　226 000

新增 保存 删除 放弃 弃审 流量 联查 设置 打印 更多

已分配 已审

记账凭证

* 凭证类别 记账凭证　* 凭证编号 3201　* 制单日期 2023-04-06　附单据数

明细　汇总

序号	*摘要	*科目名称	辅助项	借方（亿千百十万千百十元角分）	贷方（亿千百十万千百十元角分）
1	购入固定资产	固定资产		20000000	
2	购入固定资产	应交税费-应交增值税-进项税额		2600000	
3	购入固定资产	银行存款-建行	转账		22600000
4					
5					
合计 大写合计		贰拾贰万陆仟元整		22600000	22600000

记账人 陈江北　审核人 曾永铭　出纳 刘金金　* 制单人 潘晓琴

图 3-2-1　购入固定资产

（2）融资租入的固定资产

企业融资租入的固定资产的成本，应按照租赁合同约定的付款总额和在签订租赁合同过程中发生的相关费用等确定。

融资租入的固定资产，在租赁期开始日，按照租赁合同约定的付款总额和在签订租赁合同过程中发生的相关费用等，借记“固定资产”科目或“在建工程”科目，贷记“长期应付款”“银行存款”等科目。

【例 3-2-2】某电子商务企业以融资租赁方式租入冷库设备一套，用于储存生鲜食品，租期 5 年。该设备在租赁开始日按租赁合同确定的价款 600 000 元，每年年末支付租金 120 000 元，分 5 年付清，同时以银行存款支付途中运输等费用 8 000 元。账务处理如下：

融资租入设备时，如图 3-2-2 所示：

借：固定资产　　608 000
　　贷：长期应付款——融资租入固定资产　　600 000
　　　　银行存款——建行　　8 000

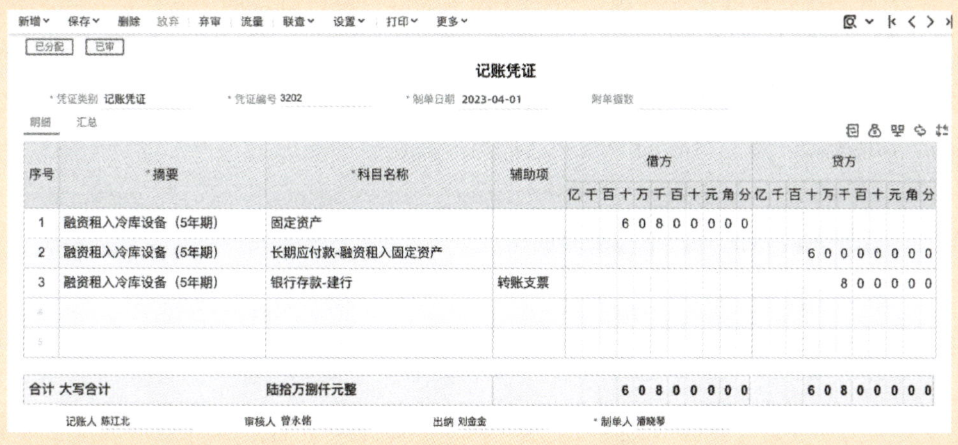

新增 保存 删除 放弃 弃审 流量 联查 设置 打印 更多

已分配 已审

记账凭证

凭证类别 记账凭证　凭证编号 3202　制单日期 2023-04-01　附单据数

明细 汇总

序号	摘要	科目名称	辅助项	借方（亿千百十万千百十元角分）	贷方（亿千百十万千百十元角分）
1	融资租入冷库设备（5年期）	固定资产		60800000	
2	融资租入冷库设备（5年期）	长期应付款-融资租入固定资产			60000000
3	融资租入冷库设备（5年期）	银行存款-建行	转账支票		800000
4					
5					
合计 大写合计	陆拾万捌仟元整			60800000	60800000

记账人 陈江北　审核人 曾永铭　出纳 刘金金　制单人 潘晓琴

图 3-2-2　融资租入冷库设备

每年年末，支付租金 120 000 元，如图 3-2-3 所示：

借：长期应付款——融资租入固定资产　　120 000
　　贷：银行存款——建行　　120 000

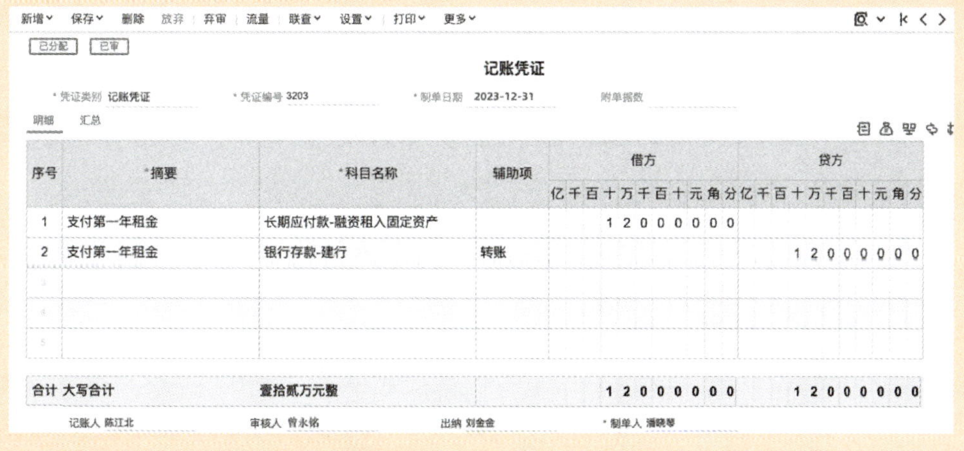

新增 保存 删除 放弃 弃审 流量 联查 设置 打印 更多

已分配 已审

记账凭证

凭证类别 记账凭证　凭证编号 3203　制单日期 2023-12-31　附单据数

明细 汇总

序号	摘要	科目名称	辅助项	借方（亿千百十万千百十元角分）	贷方（亿千百十万千百十元角分）
1	支付第一年租金	长期应付款-融资租入固定资产		12000000	
2	支付第一年租金	银行存款-建行	转账		12000000
3					
4					
5					
合计 大写合计	壹拾贰万元整			12000000	12000000

记账人 陈江北　审核人 曾永铭　出纳 刘金金　制单人 潘晓琴

图 3-2-3　支付第一年租金

5. 固定资产折旧的账务处理

固定资产可长期参加生产经营而且能保持其原有的实物状态，但其价值却随着固定资产的损耗逐渐地转移到受益对象成本或费用中，这部分转移到产品成本或费用中去的价值称为固定资产的折旧。只有正确地计算折旧，才能保证正确地计算营业成本，从而正确地确定企业的经营成果。

（1）固定资产折旧的概念

固定资产折旧是指企业在固定资产使用寿命内，按照确定的方法对应计折旧额进行系统分摊。应计折旧额是指应计提折旧的固定资产原价（成本）扣除其预计净残值后的金额。预计净残值是指固定资产预计使用寿命已满，企业从该项固定资产处置中获得的扣除预计处置费用后的净额。已提足折旧是指已经提足该项固定资产的应计折旧额。

（2）固定资产折旧的计提范围和时限

1）应计提折旧的固定资产范围。企业应对所有固定资产计提折旧，但已提足折旧仍继续使用的固定资产和单独计价入账的土地不得计提折旧。提前报废的固定资产也不再补提折旧。

2）固定资产计提折旧具体时限。企业应按月计提折旧，当月增加的固定资产，当月不计提折旧，从下月起计提折旧；当月减少的固定资产，当月仍计提折旧，从下月起不计提折旧。

（3）固定资产的折旧方法

企业应根据与固定资产有关的经济利益的预期消耗方式，合理选择固定资产折旧方法。可选用的折旧方法包括年限平均法、双倍余额递减法和年数总和法等。具体说明如下。

1）年限平均法。年限平均法又称直线法，是指将固定资产的应计折旧额均衡地分摊到固定资产预计使用寿命内的一种方法。采用这种方法计算的每期折旧额均相等。其计算公式如下：

年折旧额＝应计折旧总额 ÷ 折旧年限＝（固定资产原值－预计净残值）÷ 折旧年限＝固定资产原值 ×（1－预计净残值率）÷ 折旧年限

月折旧额＝年折旧额 ÷12

在实际工作中，为了反映固定资产在单位时间内磨损和损耗的程度，采用年限平均法计算折旧额时，一般是用固定资产原值乘以折旧率来计算的。固定资产折旧率是指固定资产在一定时期内的折旧额与其原值的比例。其计算公式如下：

年折旧率＝年折旧额 ÷ 固定资产原值 ×100%=（1－预计净残值率）÷ 折旧年限 ×100%

月折旧率＝年折旧率 ÷12

月折旧额 = 固定资产原值 × 月折旧率

【例 3-2-3】某电子商务企业一项固定资产原值为 30 000 元，折旧年限为 25 年，预计净残值率为 5%。该项固定资产的折旧率和折旧额计算如下，如图 3-2-4 所示：

年折旧率 =（1−5%）÷25=3.8%

年折旧额 =30 000×3.8%=1 140（元）

月折旧率 =3.8%÷12=0.316 7%

月折旧额 =1 140÷12=95（元）或 30 000×0.316 7%=95（元）

新增 保存 删除 放弃 弃审 流量 联查 设置 打印 更多

已审

记账凭证

*凭证类别 记账凭证　*凭证编号 3204　*制单日期 2023-12-31　附单据数

明细　汇总

序号	*摘要	*科目名称	借方											贷方										
			亿	千	百	十	万	千	百	十	元	角	分	亿	千	百	十	万	千	百	十	元	角	分
1	计提折旧（年限平均法）	管理费用-固定资产折旧费								9	5	0	0											
2	计提折旧（年限平均法）	累计折旧																			9	5	0	0
3																								
4																								
5																								
合计 大写合计		玖拾伍元整								9	5	0	0								9	5	0	0

记账人 陈江北　审核人 曾永铭　出纳　*制单人 潘晓琴

图 3-2-4　计提折旧（年限平均法）

2）双倍余额递减法。双倍余额递减法是指在不考虑固定资产预计净残值的情况下，根据每期期初固定资产原值减去累计折旧后的金额和双倍的直线法折旧率计算固定资产折旧额的一种方法。计算公式如下：

年折旧率 =2÷ 预计使用寿命（年）×100%

月折旧率 = 年折旧率 ÷12

月折旧额 = 该年年初固定资产账面净值 × 月折旧率 =（固定资产原值 − 累计折旧）× 月折旧率

【例 3-2-4】某电子商务企业一项固定资产原值为 30 000 元，预计使用年限为 8 年，预计净残值为 900 元。

年折旧率 =2÷8×100% =25%

根据计算出的折旧率，计算各年的折旧额见表 3-2-1。

表 3-2-1　固定资产折旧计算表（双倍余额递减法）　　单位：元

年次	年折旧额	累计折旧	账面净值
			30 000.00
1	30 000×25%=7 500.00	7 500.00	22 500.00
2	22 500×25%=5 625.00	13 125.00	16 875.00
3	16 875×25%=4 218.75	17 343.75	12 656.25
4	12 656.25×25%=3 164.06	20 507.81	9 492.19
5	9 492.19×25%=2 373.05	22 880.86	7 119.14
6	7 119.14×25%=1 779.79	24 660.65	5 339.35
7	（5 339.35−900）÷2=2 219.68	26 880.33	3 119.67
8	（5 339.35−900）÷2=2 219.67	29 100.00	900.00

账务处理如图 3-2-5 所示。

新增　保存　删除　放弃　弃审　流量　联查　设置　打印　更多

已审

记账凭证

*凭证类别 记账凭证　*凭证编号 3205　*制单日期 2023-12-31　附单据数

明细　汇总

序号	*摘要	*科目名称	借方（亿千百十万千百十元角分）	贷方（亿千百十万千百十元角分）
1	计提折旧（双倍余额递减法）-第一年	管理费用-固定资产折旧费	750000	
2	计提折旧（双倍余额递减法）-第一年	累计折旧		750000
3				
4				
5				
合计 大写合计		柒仟伍佰元整	750000	750000

记账人 陈江北　审核人 曾永铭　出纳　*制单人 潘晓琴

图 3-2-5　计提折旧（双倍余额递减法）

3）年数总和法。年数总和法又称年限合计法，是将固定资产原值减去预计净残值的余额，乘以一个逐年递减的分数计算每年的折旧额，这个分数的分子为固定资产尚可使用寿命，分母为固定资产预计使用寿命逐年数字总和。计算公式如下：

年折旧率 = 尚可使用年限 ÷ 预计使用寿命的年数总和 ×100%

月折旧率 = 年折旧率 ÷12

月折旧额 =（固定资产原值 − 预计净残值）× 月折旧率

（4）固定资产折旧账务处理

企业固定资产的累计折旧通过“累计折旧”科目进行处理，折旧费按照固定资产的受益对象计入相关资产成本或者当期损益。其账务处理为：企业按月计提固定资产的折旧费，按照固定资产的受益对象，借记“制造费用”“管理费用”等科目，贷记“累计折旧”科目。

企业固定资产折旧的总分类核算，一般应先编制“固定资产折旧计算表”和“固定资产折旧计算汇总表”，然后据此进行账务处理。“固定资产折旧计算表”（见表 3–2–2）由企业各部门分别编制。在平均年限法下，此表是根据月初各类应计折旧的固定资产原值和分类折旧率计算编制的。为了简化核算工作，在实际工作中，往往根据上月计提的固定资产折旧额，加上上月增加的固定资产应计折旧额，减去上月减少的固定资产应计折旧额，来计算本月的折旧额。

表 3–2–2　固定资产折旧计算表

部门一　　　　2023 年 10 月　　　　单位：元

固定资产类别	上月计提的固定资产折旧额	上月增加的固定资产应计提折旧额	上月减少的固定资产应计提折旧额	本月应计提的固定资产折旧额
房屋	350			350
货物传输设备	550	50	40	640
计算机	300	30	10	340
合计	1 200	80	50	1 330

6. 处置固定资产的账务处理

固定资产处置是指企业对其占有、使用的资产进行产权转让或者注销产权的行为，处置方式包括出售、转让、报废、毁损、对外投资等。通常固定资产满足下列条件之一的，应当予以终止确认。

一是该固定资产处于处置状态，包括固定资产的出售、转让、报废或毁损、对外投资等。

二是该固定资产预期通过使用或处置不能产生经济利益。

企业处置固定资产，处置收入扣除其账面价值、相关税费和清理费用后的净额，应计入资产处置损益、营业外收入或营业外支出。固定资产的账面价值是指固定资产原值（成本）扣减累计折旧后的金额。

企业因出售、报废、毁损、对外投资等处置固定资产，主要通过“固定资产清理”科目核算。其账务处理一般经过以下几个步骤。

（1）固定资产转入清理

企业因出售、报废、毁损、对外投资等原因处置固定资产，应按照该项固定资产账面价值，借记“固定资产清理”科目；按已计提的累计折旧，借记“累计折旧”科目，按固定资产原值，贷记“固定资产”科目；按照税法规定不得从增值税销项税额中抵扣进项税额，借记“固定资产清理”科目，贷记“应交税费——应交增值税（进项税额转出）”科目。

（2）发生的清理费用

固定资产清理过程中应支付的相关税费及其他费用，借记“固定资产清理”科目，贷记“银行存款”“应交税费”等科目。

（3）出售收入和残料等的处理

企业取得出售固定资产的价款、残料价值和变价收入等处置收入，借记“银行存款”“原材料”等科目，贷记“固定资产清理”科目。应由保险公司或过失人赔偿的损失，借记“其他应收款”等科目，贷记“固定资产清理”科目。

（4）清理净损益的处理

固定资产清理完成后的净损益，属于正常出售、转让所产生的利得或损失，借记或贷记“资产处置损益”科目，贷记或借记“固定资产清理”科目；属于已丧失使用功能、正常报废所产生的利得或损失，借记或贷记“营业外支出——非流动资产处置损失”“营业外收入——非流动资产处置利得”科目，贷记或借记“固定资产清理”科目；属于自然灾害等非正常原因造成的利得或损失，借记或贷记“营业外支出——非常损失”“营业外收入——非流动资产处置利得”科目，贷记或借记“固定资产清理”科目。

【例 3-2-5】某电子商务企业将一台冷库设备进行出售，其原价为 400 000 元，累计已计提折旧 290 000 元。在出售过程中，发生清理费用 5 000 元，实

际售价 130 000 元，其款项均通过银行转账结算。账务处理如下：

（1）固定资产转入清理，如图 3-2-6 所示：

借：固定资产清理　　110 000

　　累计折旧　　290 000

　　贷：固定资产　　400 000

新增 保存 删除 放弃 弃审 流量 联查 设置 打印 更多

已审

记账凭证

*凭证类别 记账凭证　*凭证编号 3206　*制单日期 2023-12-10　附单据数

明细　汇总

序号	*摘要	*科目名称	借方（亿千百十万千百十元角分）	贷方（亿千百十万千百十元角分）
1	固定资产转入清理	固定资产清理	11000000	
2	固定资产转入清理	累计折旧	29000000	
3	固定资产转入清理	固定资产		40000000
4				
5				
合计 大写合计		肆拾万元整	40000000	40000000

记账人 陈江北　审核人 曾永铭　出纳　*制单人 潘晓琴

图 3-2-6　固定资产转入清理

（2）支付清理费用，如图 3-2-7 所示：

借：固定资产清理　　5 000

　　贷：银行存款——建行　　5 000

新增 保存 删除 放弃 弃审 流量 联查 设置 打印 更多

已分配　已审

记账凭证

*凭证类别 记账凭证　*凭证编号 3207　*制单日期 2023-12-10　附单据数

明细　汇总

序号	*摘要	*科目名称	辅助项	借方（亿千百十万千百十元角分）	贷方（亿千百十万千百十元角分）
1	支付清理费用	固定资产清理		500000	
2	支付清理费用	银行存款-建行	转账		500000
3					
4					
5					
合计 大写合计		伍仟元整		500000	500000

记账人 陈江北　审核人 曾永铭　出纳 刘金金　*制单人 潘晓琴

图 3-2-7　支付清理费用

（3）收到出售固定资产价款，如图 3-2-8 所示：

借：银行存款　　130 000
　　贷：固定资产清理　　115 044.25
　　　　应交税费——应交增值税（销项税额）　　14 955.75

新增 保存 删除 放弃 弃审 流量 联查 设置 打印 更多

已分配 已审

记账凭证

凭证类别 记账凭证　　凭证编号 3208　　制单日期 2023-12-10　　附单据数

明细　汇总

序号	摘要	科目名称	辅助项	借方（亿千百十万千百十元角分）	贷方（亿千百十万千百十元角分）
1	收到固定资产清理收入	银行存款-建行	转账	13000000	
2	收到固定资产清理收入	固定资产清理			11504425
3	收到固定资产清理收入	应交税费-应交增值税-销项税额			1495575
4					
5					
合计 大写合计		壹拾叁万元整		13000000	13000000

记账人 陈江北　　审核人 曾永铭　　出纳 刘金金　　制单人 潘晓琴

图 3-2-8　收到固定资产清理收入

（4）结转固定资产净收益，如图 3-2-9 所示：

借：固定资产清理　　44.25
　　贷：资产处置损益　　44.25

新增 保存 删除 放弃 弃审 流量 联查 设置 打印 更多

已审

记账凭证

凭证类别 记账凭证　　凭证编号 3209　　制单日期 2023-12-10　　附单据数

明细　汇总

序号	摘要	科目名称	借方（亿千百十万千百十元角分）	贷方（亿千百十万千百十元角分）
1	结转固定资产净收益	固定资产清理	4425	
2	结转固定资产净收益	资产处置损益		4425
3				
4				
5				
合计 大写合计		肆拾肆元贰角伍分	4425	4425

记账人 陈江北　　审核人 曾永铭　　出纳　　制单人 潘晓琴

图 3-2-9　结转固定资产净收益

7. 固定资产清查的账务处理

为了加强固定资产管理，清查固定资产账实一致性，核实固定资产使用和分布情况，企业应定期对固定资产进行清查盘点，每年至少盘点一次，并形成固定资产盘点制度。清查盘点后，应将清查的具体情况及在清查过程中发现的问题，由保管部门与使用部门一起协作查明原因，写出书面报告，根据规定的管理权限，报经企业主管领导批准后及时进行处理，一般应在年终决算前处理完毕。

（1）盘盈固定资产的账务处理

盘盈的固定资产，按照同类或类似资产市场价格确定的价值，借记“固定资产”科目，贷记“以前年度损益调整”科目。报经批准处理时，借记“以前年度损益调整”科目，贷记“应交税费”“盈余公积”“利润分配”科目。

【例 3-2-6】某电子商务企业在年末财产清查过程中，发现一台未入账的设备，按照相同新旧程度设备的市场价格估计，价值为 80 000 元。账务处理如下：

（1）发现未入账设备时，如图 3-2-10 所示：

借：固定资产　　80 000

　　贷：以前年度损益调整　　80 000

新增　保存　删除　放弃　弃审　流量　联查　设置　打印　更多

已审

记账凭证

*凭证类别 记账凭证　　*凭证编号 3210　　*制单日期 2023-12-31　　附单据数

明细　汇总

序号	*摘要	*科目名称	借方											贷方										
			亿	千	百	十	万	千	百	十	元	角	分	亿	千	百	十	万	千	百	十	元	角	分
1	财产清查	固定资产					8	0	0	0	0	0	0											
2	财产清查	以前年度损益调整																8	0	0	0	0	0	0
3																								
4																								
5																								
合计 大写合计		捌万元整					8	0	0	0	0	0	0					8	0	0	0	0	0	0

记账人 陈江北　　审核人 曾永铭　　出纳　　*制单人 潘晓琴

图 3-2-10　财产清查

（2）报经批准处理时，如图 3-2-11 所示：

借：以前年度损益调整　　80 000

　　贷：应交税费——应交所得税　　20 000

　　　　盈余公积——法定盈余公积　　6 000

　　　　利润分配——未分配利润　　54 000

新增 保存 删除 放弃 弃审 流量 联查 设置 打印 更多

已审

记账凭证

*凭证类别 记账凭证　　*凭证编号 3211　　*制单日期 2023-12-31　　附单据数

明细　汇总

序号	*摘要	*科目名称	借方（亿千百十万千百十元角分）	贷方（亿千百十万千百十元角分）
1	固定资产盘盈处理	以前年度损益调整	8000000	
2	固定资产盘盈处理	应交税费-应交所得税		2000000
3	固定资产盘盈处理	盈余公积-法定盈余公积		600000
4	固定资产盘盈处理	利润分配-未分配利润		5400000
5				
合计 大写合计		捌万元整	8000000	8000000

记账人 陈江北　　审核人 曾永铭　　出纳　　*制单人 潘晓琴

图 3-2-11　固定资产盘盈处理

（2）盘亏固定资产的账务处理

固定资产盘亏造成的损失，应当计入当期损益。盘亏的固定资产，按其账面价值，借记“待处理财产损溢——待处理非流动资产损溢”科目；按已计提的累计折旧，借记“累计折旧”科目；按固定资产原值，贷记“固定资产”科目。按管理权限报经批准处理时，按可收回的保险赔偿或过失人赔偿，借记“其他应收款”科目，按应计入营业外支出的金额，借记“营业外支出——盘亏损失”科目，贷记“待处理财产损溢——待处理非流动资产损溢”科目。

【例 3-2-7】某电子商务企业 2023 年年末对固定资产进行清查时，发现丢失一台电脑。该电脑原价 3 200 元，已计提折旧 2 700 元。经查，电脑丢失的原因是保管员赵雄管理不当。按照规定，由赵雄赔偿 300 元。账务处理如下：

（1）发现电脑丢失时，如图 3-2-12 所示：

借：待处理财产损溢——待处理非流动资产损溢　　500

　　累计折旧　　2 700

　　贷：固定资产　　3 200

新增 保存 删除 放弃 弃审 流量 联查 设置 打印 更多

已审

记账凭证

* 凭证类别 记账凭证　* 凭证编号 3212　* 制单日期 2023-12-31　附单据数

明细　汇总

序号	*摘要	*科目名称	借方（亿千百十万千百十元角分）	贷方（亿千百十万千百十元角分）
1	盘亏固定资产	待处理财产损溢-待处理非流动资产损溢	50000	
2	盘亏固定资产	累计折旧	270000	
3	盘亏固定资产	固定资产		320000
4				
5				
合计 大写合计		叁仟贰佰元整	320000	320000

记账人 陈江北　审核人 曾永铭　出纳　* 制单人 潘晓琴

图 3-2-12　盘亏固定资产

（2）报经批准处理时，如图 3-2-13 所示：

借：其他应收款——员工（赵雄）　　300

　　营业外支出——盘亏损失　　200

　　贷：待处理财产损溢——待处理非流动资产损溢　　500

新增 保存 删除 放弃 弃审 流量 联查 设置 打印 更多

已审

记账凭证

* 凭证类别 记账凭证　* 凭证编号 3213　* 制单日期 2023-12-31　附单据数

明细　汇总

序号	*摘要	*科目名称	辅助项	借方（亿千百十万千百十元角分）	贷方（亿千百十万千百十元角分）
1	固定资产盘亏处理	其他应收款-员工	赵雄	30000	
2	固定资产盘亏处理	营业外支出-盘亏损失		20000	
3	固定资产盘亏处理	待处理财产损溢-待处理非流动资产损溢			50000
4					
5					
合计 大写合计		伍佰元整		50000	50000

记账人 陈江北　审核人 曾永铭　出纳　* 制单人 潘晓琴

图 3-2-13　固定资产盘亏处理

二、无形资产

无形资产是指企业拥有或控制的没有实物形态的可辨认的非货币性资产。

1. 无形资产的特征

无形资产具有以下特征。

（1）无形资产不具有实物形态。

（2）无形资产具有可辨认性。

（3）无形资产属于非货币性资产。

2. 无形资产的构成

企业的无形资产按其反映的经济内容可以分为土地使用权、专利权、商标权、著作权、非专利技术等。但自行开发建造仓库等建筑物，其相关的土地使用权与建筑物应分别进行处理。外购土地及建筑物支付的价款应在建筑物与土地使用权之间按照合理的方法进行分配，难以合理分配的，应全部作为固定资产。

（1）土地使用权

土地使用权是指国家准许某一企业在一定期间内对国有土地享有开发、利用、经营的权利。根据《中华人民共和国土地管理法》的规定，我国土地实行公有制，任何单位和个人不得侵占、买卖或者以其他形式非法转让。企业取得土地使用权的方式大致有行政划拨取得、外购取得及投资者投资取得三种。

（2）专利权

专利权是指国家专利主管机关依法授予发明创造专利申请人对其发明创造在法定期限内所享有的专有权利，包括发明专利权、实用新型专利权和外观设计专利权。

（3）商标权

商标是用来辨认特定商品或劳务的标记。商标权是指专门在某类指定的商品或产品上使用特定的名称或图案的权利。注册商标的有效期为 10 年，自核准注册之日起计算。注册商标有效期满，需要继续使用的，应当在期满前 6 个月内申请续展注册，在此期间未能提出申请的，可以给予 6 个月的宽展期。宽展期满仍未提出申请的，注销其注册商标。每次续展注册的有效期为 10 年。

（4）著作权

著作权又称版权，是指作者对其创作的文学、科学和艺术作品依法享有的某些特殊权利。著作权包括作品署名权、发表权、修改权和保护作品完整权、复制权、发行权、出租权、展览权、表演权、放映权、广播权、信息网络传播权、摄制权、改编权、翻译权、汇编权以及应当由著作权人享有的其他权利。

（5）非专利技术

非专利技术又称专有技术，是指不为外界所知、在生产经营活动中已采用了的、不享有法律保护的、可以带来经济效益的各种技术和诀窍。非专利技术一般包括工业专有技术、商业贸易专有技术、管理专有技术等。工业专有技术是指在生产上已经采用，仅限于少数人知道，不享有专利权或发明权的生产、装配、修理、工艺或加工方法的技术知识，可以用蓝图、配方、技术记录、操作方法的说明等具体资料呈现，也可以通过卖方派出技术人员进行指导或接受买方人员进行技术实习等手段实现；商业贸易专有技术是指具有保密性质的市场情报、原材料价格情报，以及用户、竞争对象情况的有关知识；管理专有技术是指生产组织的经营方式、管理方法、职工培训方法等保密知识。非专利技术并不是专利法的保护对象，它用自我保密的方式来维持其独占性，具有经济性、机密性和动态性等特点。

3. 无形资产的确认

无形资产需同时满足以下两个条件，才能予以确认。

（1）与该资产有关的经济利益很可能流入企业。

（2）该无形资产的成本能够可靠地计量。

4. 无形资产的账户设置

对于无形资产的取得、摊销和处置等情况，企业应设置“无形资产”账户和“累计摊销”账户进行账务处理。

（1）“无形资产”账户

“无形资产”账户属于资产类账户，用来核算企业持有的无形资产成本。其借方登记无形资产形成的实际成本，贷方登记无形资产减少的实际成本，期末借方余额反映企业无形资产的成本。该账户应按照无形资产项目进行明细核算。

（2）“累计摊销”账户

“累计摊销”账户属于“无形资产”的调整账户，用来核算企业对无形资产计提的累计摊销。其贷方登记企业计提无形资产的累计摊销，借方登记企业处置无形资产转出的累计摊销，期末借方余额反映企业无形资产的累计摊销额。

5. 无形资产的账务处理

企业无形资产应按照成本进行计量。根据取得来源的不同，无形资产初始成本的具体内容如下。

第一，外购无形资产的成本，包括购买价款、相关税费和相关的其他支出（含相关的借款费用）。

第二，投资者投入的无形资产的成本，应按照评估价值和相关税费确定。

第三，自行开发的无形资产的成本，由符合资本化条件后至达到预定用途前发生的支出（含相关的借款费用）构成。

电子商务企业取得无形资产的主要账务处理如下。

（1）外购无形资产的账务处理

企业外购无形资产，应按照实际支付的购买价款、相关税费和相关的其他支出（含相关的利息费用），借记“无形资产”科目，贷记“银行存款”“应付利息”等科目。

【例 3-2-8】某电子商务企业购入一项非专利技术，支付的买价和有关费用合计 20 000 元，以银行存款支付。账务处理如下，如图 3-2-14 所示：

借：无形资产——非专利技术　　20 000

　　贷：银行存款——建行　　20 000

新增 保存 删除 放弃 弃审 流量 联查 设置 打印 更多

已分配 已审

记账凭证

*凭证类别 记账凭证　*凭证编号 3214　*制单日期 2023-12-01　附单据数

明细　汇总

序号	*摘要	*科目名称	辅助项	借方											贷方										
				亿	千	百	十	万	千	百	十	元	角	分	亿	千	百	十	万	千	百	十	元	角	分
1	购入非专利技术	无形资产-非专利技术						2	0	0	0	0	0	0											
2	购入非专利技术	银行存款-建行	转账支票																2	0	0	0	0	0	0
3																									
4																									
5																									
合计 大写合计		贰万元整						2	0	0	0	0	0	0					2	0	0	0	0	0	0

记账人 陈江北　审核人 曾永铭　出纳 刘金金　*制单人 潘晓琴

图 3-2-14　购入非专利技术

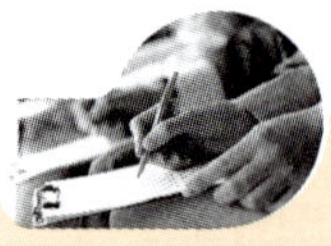

【例 3-2-9】D 网络科技有限公司创立的商标有较好的声誉，某电子商务企业预计使用 D 网络科技有限公司商标后可使其未来利润增长 20%。为此，该

电子商务企业与D网络科技有限公司协商购买此商标权，商标权评估价格为60 000元，该电子商务企业另支付印花税等相关税费300元，款项已通过银行转账支付。账务处理如下，如图3-2-15所示：

借：无形资产——商标权　　　　60 300

　　贷：银行存款——工行　　　　60 300

新增 保存 删除 放弃 弃审 流量 联查 设置 打印 更多

已分配　已审

记账凭证

* 凭证类别 记账凭证　* 凭证编号 3215　* 制单日期 2023-12-05　附单据数

明细　汇总

序号	*摘要	*科目名称	辅助项	借方（亿千百十万千百十元角分）	贷方（亿千百十万千百十元角分）
1	购买商标权	无形资产-商标权		6 0 3 0 0 0 0	
2	购买商标权	银行存款-工行	转账支票		6 0 3 0 0 0 0
3					
4					
5					
合计 大写合计		陆万零叁佰元整		6 0 3 0 0 0 0	6 0 3 0 0 0 0

记账人 陈江北　审核人 曾永铭　出纳 刘金金　* 制单人 潘晓琴

图3-2-15　购买商标权

（2）外购土地使用权的账务处理

电子商务企业自行开发建造厂房等建筑物，外购土地及建筑物支付的价款应在固定资产（建筑物）与无形资产（土地使用权）之间按照合理的比例进行分配，其中属于土地使用权的部分，借记“无形资产”科目，贷记“银行存款”科目。

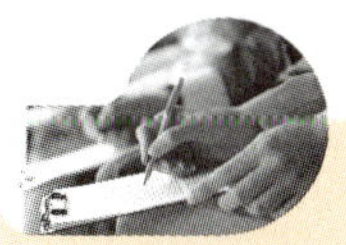

【例3-2-10】为了拓展新业务，某电子商务企业购入一栋房产（包括占用的土地使用权），共支付价款500万元。经相关机构评估，该建筑物与占用的土地使用权价值相对比例为3∶2。账务处理如下，如图3-2-16所示：

借：固定资产——建筑物　　　　3 000 000

　　无形资产——土地使用权　　　　2 000 000

　　贷：银行存款——建行　　　　5 000 000

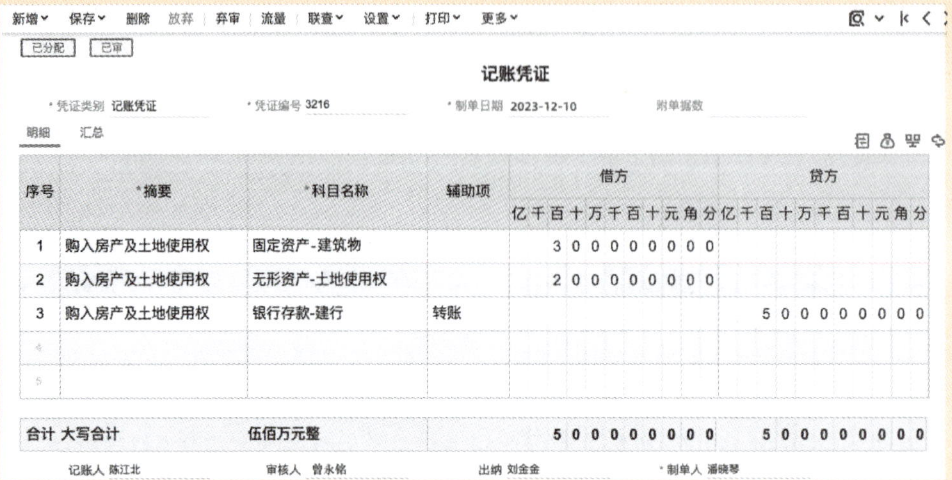

新增 保存 删除 放弃 弃审 流量 联查 设置 打印 更多

已分配 已审

记账凭证

*凭证类别 记账凭证　*凭证编号 3216　*制单日期 2023-12-10　附单据数

明细　汇总

序号	*摘要	*科目名称	辅助项	借方（亿千百十万千百十元角分）	贷方（亿千百十万千百十元角分）
1	购入房产及土地使用权	固定资产-建筑物		300000000	
2	购入房产及土地使用权	无形资产-土地使用权		200000000	
3	购入房产及土地使用权	银行存款-建行	转账		500000000
4					
5					
合计 大写合计		伍佰万元整		500000000	500000000

记账人 陈江北　审核人 曾永铭　出纳 刘金金　*制单人 潘晓琴

图 3-2-16　购入房产及土地使用权

（3）无形资产摊销的账务处理

1）无形资产摊销的原则。企业无形资产应在其使用寿命内采用年限平均法进行摊销，根据其受益对象计入相关资产成本或者当期损益。无形资产的摊销期自其可供使用时开始至停止使用或出售时为止。企业应于取得无形资产时分析判断其使用寿命。有关法律规定或合同约定了使用年限的，可以按照规定或约定的使用年限分期摊销。企业不能可靠估计无形资产使用寿命的，摊销期不得低于 10 年。

无形资产摊销可采用年限平均法（直线法），即将无形资产的可摊销金额均衡地分摊到无形资产预计使用寿命内。采用这种方法计算的每期摊销额均相等。其计算公式如下：

每月无形资产摊销额 =（无形资产成本 − 残值）÷ 预计使用寿命（年）÷ 12

其中，无形资产的残值一般为零，除非有第三方承诺在无形资产使用寿命结束时愿意以一定的价格购买该项无形资产，或者存在活跃的市场，通过市场可以得到该无形资产使用寿命结束时的残值信息，并且从目前情况看，在无形资产使用寿命结束时，该市场还可能存在的情况下，可以预计该无形资产的残值。

企业应按月对无形资产进行摊销，自无形资产可供使用（即其达到预定用途）当月起开始摊销，处置当月不再摊销。

2）无形资产摊销。为了核算企业对无形资产计提的累计摊销，企业应设置“累计摊销”账户，属于“无形资产”的调整账户。其贷方登记企业计提无形资产的累计摊销，借方登记处置无形资产转出的累计摊销，期末借方余额反映企业无形资产的累

计摊销额。该账户应按照无形资产项目进行明细核算。企业无形资产摊销的主要账务处理如下。

企业无形资产的摊销应根据其受益对象记入不同的成本费用科目，一般无形资产的摊销应计入当期损益（管理费用）。具体来讲，企业自用的无形资产，其摊销金额计入管理费用；出租的无形资产，其摊销金额计入其他业务成本；某项无形资产包含的经济利益通过所生产的产品或其他资产实现的，其摊销金额应计入相关资产成本。

企业按月采用年限平均法计提无形资产的摊销，应按照无形资产的受益对象，借记“制造费用”“管理费用”等科目，贷记“累计摊销”科目。处置无形资产时还应同时结转累计摊销。

【例 3-2-11】2023 年 2 月 8 日，某电子商务企业从外单位购得一项商标权，支付价款 96 000 元，款项已支付，该商标权的使用寿命为 10 年，不考虑残值的因素，以直线法摊销预期实现经济利益的方式，账务处理如下：

2023 年 2 月 8 日，购入时，如图 3-2-17 所示：

借：无形资产——商标权　　96 000

　　贷：银行存款——建行　　96 000

记账凭证

凭证类别 记账凭证　凭证编号 3217　制单日期 2023-02-08　附单据数

序号	摘要	科目名称	辅助项	借方	贷方
1	购入商标权	无形资产-商标权		9600000	
2	购入商标权	银行存款-建行	转账支票		9600000
3					
4					
5					
合计 大写合计		玖万陆仟元整		9600000	9600000

记账人 陈江北　审核人 曾水铭　出纳 刘金金　制单人 潘晓琴

图 3-2-17　购入商标权

2023 年 2 月开始，每月摊销 800 元（96 000÷10÷12），如图 3-2-18 所示：

借：管理费用——无形资产摊销费　　800

　贷：累计摊销　　800

新增 保存 删除 放弃 弃审 流量 联查 设置 打印 更多

已审

记账凭证

*凭证类别 记账凭证　*凭证编号 3218　*制单日期 2023-02-28　附单据数

明细　汇总

序号	*摘要	*科目名称	借方											贷方										
			亿	千	百	十	万	千	百	十	元	角	分	亿	千	百	十	万	千	百	十	元	角	分
1	计提无形资产第一月折旧	管理费用-无形资产摊销费							8	0	0	0	0											
2	计提无形资产第一月折旧	累计摊销																		8	0	0	0	0
3																								
4																								
5																								
合计 大写合计		捌佰元整							8	0	0	0	0							8	0	0	0	0

记账人 陈江北　审核人 曾永铭　出纳　*制单人 潘晓琴

图 3-2-18　计提无形资产第一月折旧

（4）无形资产处置的账务处理

无形资产的处置，主要是指无形资产出售、对外出租、对外投资、报废，或者是无法为企业带来未来经济利益时，应予转销并终止确认。

企业处置无形资产，处置收入扣除其账面价值、相关税费等后的净额，计入营业外收入或营业外支出。其中，无形资产的账面价值是指无形资产的成本扣减累计摊销后的金额。

企业无形资产处置的账务处理如下。

因出售、报废、对外投资等原因处置无形资产，应按照取得的出售无形资产的价款等处置收入，借记“银行存款”等科目，按照其已计提的累计摊销，借记“累计摊销”科目，按照应支付的相关税费及其他费用，贷记“应交税费——应交增值税”“银行存款”等科目，按照其成本，贷记“无形资产”科目，按照其差额，贷记“营业外收入——非流动资产处置净收益”科目或借记“营业外支出——非流动资产处置净损失”科目。

【例 3-2-12】2023 年 4 月 11 日，某电子商务企业将其购买的一项专利权转让给乙公司，该专利权的成本为 800 000 元，已摊销 250 000 元，应交税费 36 000 元，实际取得的转让价款为 600 000 元，款项已存入银行。账务处理如下，如图 3-2-19 所示：

借：银行存款——工行　　600 000

　　累计摊销　　250 000

　　贷：无形资产——专利权　　800 000

　　　　应交税费——应交增值税（销项税额）　　36 000

　　　　营业外收入——非流动资产处置净收益　　14 000

新增　保存　删除　放弃　弃审　流量　联查　设置　打印　更多

已分配　已审

记账凭证

*凭证类别 记账凭证　*凭证编号 3219　*制单日期 2023-04-11　附单据数

明细　汇总

序号	*摘要	*科目名称	辅助项	借方（亿千百十万千百十元角分）	贷方（亿千百十万千百十元角分）
1	转让无形资产（成本80万）	银行存款-工行	其他	6 0 0 0 0 0 0 0	
2	转让无形资产	累计摊销		2 5 0 0 0 0 0 0	
3	转让无形资产	无形资产-专利权			8 0 0 0 0 0 0 0
4	转让无形资产	应交税费-应交增值税-销项税额			3 6 0 0 0 0 0
5	转让无形资产	营业外收入-非流动资产处置净收益			1 4 0 0 0 0 0
合计 大写合计		捌拾伍万元整		8 5 0 0 0 0 0 0	8 5 0 0 0 0 0 0

记账人 陈江北　审核人 曾永铭　出纳 刘金金　*制单人 潘晓琴

图 3-2-19　转让无形资产（成本 80 万元）

如果该专利权的成本为 900 000 元，其他条件不变，财务处理如下，如图 3-2-20 所示：

借：银行存款——工行　　600 000

　　累计摊销　　250 000

　　营业外支出——非流动资产处置净损失　　86 000

　　贷：无形资产——专利权　　900 000

　　　　应交税费——应交增值税（销项税额）　　36 000

新增 保存 删除 放弃 弃审 流量 联查 设置 打印 更多

已分配 已审

记账凭证

*凭证类别 记账凭证 *凭证编号 3220 *制单日期 2023-04-11 附单据数

明细 汇总

序号	*摘要	*科目名称	辅助项	借方 亿千百十万千百十元角分	贷方 亿千百十万千百十元角分
1	转让无形资产（成本90万）	银行存款-工行	其他	60000000	
2	转让无形资产	累计摊销		25000000	
3	转让无形资产	营业外支出-非流动资产处置净损失		8600000	
4	转让无形资产	无形资产-专利权			90000000
5	转让无形资产	应交税费-应交增值税-销项税额			3600000
合计 大写合计		玖拾叁万陆仟元整		93600000	93600000

记账人 陈江北 审核人 曾永铭 出纳 刘金金 *制单人 潘晓琴

图 3-2-20 转让无形资产（成本 90 万元）

技能训练

喜购网络科技有限公司是一家电子商务企业，经过数年的发展，拥有一定的经济实力，为将企业做大做强，公司经过充分调研，决定接受投资人投资，新增固定资产、无形资产等，发生以下经济业务。

（1）接受某企业投入旧仓库 1 座，已验收使用。合同约定投入仓库按 200 000 元计价。固定资产清单已交接，审核无误。

（2）购入物流用叉车 1 辆，价款为 90 000 元，增值税税额为 11 700 元，运费和装卸费为 300 元，全部价款已以银行存款支付，叉车已运到并验收使用。

（3）报废仓库 1 座，原值为 360 000 元，已提折旧 345 000 元，已提减值准备 3 000 元，以银行存款支付仓库清理费用 3 000 元，出售残料取得变价收入 16 000 元。仓库清理完成，将清理净收益转账。

（4）向国家土地管理部门支付 540 000 元以取得土地使用权 30 年，洽购中发生咨询费、手续费 14 400 元。全部款项以银行存款支付。

该公司应如何处理账务？

账务处理如下：

（1）接受投入固定资产：

借：固定资产——经营用固定资产　　200 000

　　贷：实收资本——某企业　　200 000

（2）购进经营用固定资产：

借：固定资产——经营用固定资产	90 300	
应交税费——应交增值税（进项税额）	11 700	
贷：银行存款		102 000

（3）报废固定资产：

1）经批准仓库报废清理：

借：固定资产清理	12 000	
累计折旧	345 000	
固定资产减值准备	3 000	
贷：固定资产——经营用固定资产		360 000

2）支付仓库清理费用：

借：固定资产清理	3 000	
贷：银行存款		3 000

3）出售残料，取得变价收入：

借：银行存款	16 000	
贷：固定资产清理		16 000

4）结转仓库清理完毕后的净收益：

借：固定资产清理	1 000	
贷：营业外收入——非流动资产处置利得		1 000

（4）外购无形资产：

借：无形资产——土地使用权	554 400	
贷：银行存款		554 400

单元练习

1. 简述固定资产、无形资产的构成内容。
2. 简述固定资产、无形资产的账务处理方法。

学习单元三　电子商务企业职工薪酬的账务处理

电子商务企业职工薪酬是指企业为使用职工的知识、技能、时间和精力而给予的一种补偿，它是企业对职工的一种负债。职工薪酬的账务处理主要是指正确计算和发放职工工资，包括应付职工工资的计算、代扣款项的计算及实发金额的计算和发放等。

一、职工薪酬的概念

职工薪酬是指企业为获得职工提供的服务而给予的各种形式的报酬以及其他相关支出。这里所称的“职工”比较宽泛，包括三类人员：一是与企业订立劳动合同的所有人员，包括全职、兼职和临时职工；二是未与企业订立劳动合同，但由企业正式任命的企业治理层和管理层人员，如董事会成员、监事会成员等，尽管有些董事会、监事会成员不是本企业员工，未与企业订立劳动合同，但对其发放的津贴、补贴等仍属于职工薪酬；三是在企业的计划和控制下，虽未与企业订立劳动合同或未由其正式任命，但向企业所提供服务与职工所提供服务类似的人员，如通过企业与中介机构签订用工合同而向企业提供服务的人员。

二、职工薪酬的内容

职工薪酬核算的是企业因职工提供服务而支付的或放弃的各种薪酬，企业需要全面综合考虑职工薪酬的内容，以确保其准确性。职工薪酬主要包括短期薪酬、离职后福利、辞退福利和其他长期职工福利。

1. 短期薪酬

（1）职工工资、奖金、津贴和补贴

职工工资、奖金、津贴和补贴是指按照构成工资总额的计时工资、计件工资、支付给职工的超额劳动报酬和增收节支的劳动报酬，为补偿职工特殊或额外的劳动消耗和因其他特殊原因支付给职工的津贴，以及为保证职工工资水平不受物价影响支付给职工的物价补贴等。

（2）职工福利费

职工福利费是指尚未实行医疗统筹企业职工的医疗费用、职工因公负伤赴外地就医路费、职工生活困难补助，以及按照国家规定开支的其他职工福利支出。

（3）医疗保险费和工伤保险费等社会保险费

社会保险费是指企业按照国家规定的基准和比例计算，向社会保险经办机构缴存

的医疗保险费、工伤保险费和生育保险费等。企业按照年金计划规定的基准和比例计算，向企业年金管理人缴纳的补充养老保险，以及企业以购买商业保险形式提供给职工的各种保险待遇，这些都属于企业提供的职工薪酬，应当按照职工薪酬的原则进行确认、计量和披露。

（4）住房公积金

住房公积金是指企业按照国家规定的基准和比例计算，向住房公积金管理机构缴存的住房公积金。

（5）工会经费和职工教育经费

工会经费和职工教育经费是指企业为了改善职工文化生活，为职工学习先进技术及提高文化水平和业务素质，用于开展工会活动和职工教育及职业技能培训等相关支出。

（6）非货币性福利

非货币性福利是指企业以自己的产品或外购商品发放给职工作为福利，企业将自己拥有的资产或租赁的资产供职工无偿使用。例如，提供给企业高级管理人员使用的住房，免费为职工提供诸如医疗保健的服务，或向职工提供企业支付了一定补贴的商品或服务等。

（7）短期带薪缺勤

短期带薪缺勤是指职工虽然缺勤但企业仍然向其支付报酬的安排，包括年休假、病假、婚假、产假和探亲假等。

（8）短期利润分享计划

短期利润分享计划是指因职工提供服务而与职工达成的基于利润或其他经营成果提供薪酬的协议。

2. 离职后福利

离职后福利是指企业为获得职工提供的服务而在职工退休或与企业解除劳动关系后，提供的各种形式的报酬和福利。

3. 辞退福利

辞退福利是指企业在职工劳动合同到期之前解除与职工的劳动关系，或为鼓励职工自愿接受裁减而给予职工的补偿。

4. 其他长期职工福利

其他长期职工福利是指除短期薪酬、离职后福利、辞退福利之外所有的职工薪酬，主要包括长期带薪缺勤、长期利润分享计划和长期残疾福利等。

总之，从薪酬的涵盖时间和支付形式来看，职工薪酬包括企业在职工在职期间和离职后给予的所有货币性薪酬和非货币性福利；从薪酬的支付对象来看，职工薪酬包括提供给职工本人及其配偶、子女或其他被赡养人的福利，如支付给因公伤亡职工的配偶、子女或其他被赡养人的抚恤金。

三、应付职工薪酬的账务处理

企业应设置“应付职工薪酬”账户，用来核算企业根据有关规定应付给职工的各种薪酬，以及企业按照规定从净利润中提取的职工奖励及福利基金。“应付职工薪酬”账户属于负债类账户，其贷方反映工资的分配数，其借方反映已付的工资数，期末贷方余额反映企业应付未付的职工薪酬。本账户应按照“职工工资”“奖金、津贴和补贴”“职工福利费”“社会保险费”“住房公积金”“工会经费”“职工教育经费”“非货币性福利”“辞退福利”等进行明细核算。

企业应付职工薪酬的核算主要包括应付职工薪酬分配和发放的核算，其账务处理如下。

1. 应付职工薪酬分配的账务处理

月末，企业将本月发生的职工薪酬根据“谁受益谁负担”的原则，区分以下情况进行分配。

（1）提供劳务人员的职工薪酬，计入劳务成本，借记“生产成本”“劳务成本”等科目，贷记“应付职工薪酬”科目。

（2）应由在建工程、无形资产开发项目负担的职工薪酬，计入固定资产成本或无形资产成本，借记“在建工程”“研发支出”等科目，贷记“应付职工薪酬”科目。

（3）销售人员的职工薪酬（客服、美工等销售人员工资），计入销售费用，借记“销售费用”科目，贷记“应付职工薪酬”科目。管理部门人员的职工薪酬计入管理费用，借记“管理费用”科目，贷记“应付职工薪酬”科目；因解除与职工的劳动关系而给予的补偿，借记“管理费用”科目，贷记“应付职工薪酬”科目。

2. 职工薪酬发放的账务处理

企业发放职工薪酬时，应结合实际情况进行处理。

（1）向职工支付工资、奖金、津贴、福利费等，从应付职工薪酬中扣还的各种款项（代垫的家属药费、个人所得税等）等，借记“应付职工薪酬”科目，贷记“库存现金”“银行存款”“其他应收款”“应交税费——应交个人所得税”等科目。

（2）支付工会经费和职工教育经费用于工会活动和职工培训，借记“应付职工薪酬”科目，贷记“银行存款”科目。

（3）按照国家有关规定缴纳的社会保险费和住房公积金，借记“应付职工薪酬”科目，贷记“银行存款”科目。

（4）以企业自产产品发放给职工的，按照其销售价格，借记“应付职工薪酬”科目，贷记“主营业务收入”科目；同时，还应结转库存商品的成本。涉及增值税销项税额的，还应进行相应的账务处理。

（5）支付的因解除与职工的劳动关系给予职工的补偿，借记“应付职工薪酬”科目，贷记“库存现金”“银行存款”等科目。

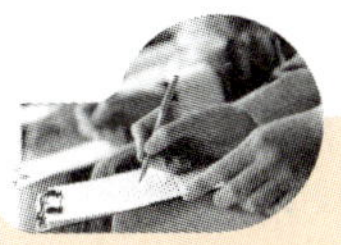

【例3-3-1】某电子商务企业2023年1月有关应付职工薪酬业务如下：

（1）1月2日，发放上月工资。应发工资600 000元，代扣代缴个人所得税26 000元。账务处理如下，如图3-3-1所示：

借：应付职工薪酬——应付职工工资　　600 000
　　贷：应交税费——应交个人所得税　　26 000
　　　　银行存款——建行　　574 000

新增　保存　删除　放弃　弃审　流量　联查　设置　打印　更多

已分配　已审

记账凭证

*凭证类别 记账凭证　*凭证编号 3301　*制单日期 2023-01-02　附单据数

明细　汇总

序号	*摘要	*科目名称	辅助项	借方（亿千百十万千百十元角分）	贷方（亿千百十万千百十元角分）
1	发放上月工资并代扣代缴个税	应付职工薪酬-应付职工工资		60000000	
2	发放上月工资并代扣代缴个税	应交税费-应交个人所得税			2600000
3	发放上月工资并代扣代缴个税	银行存款-建行	现金支票		57400000
4					
5					
合计 大写合计		陆拾万元整		60000000	60000000

记账人 陈江北　审核人 曾永铭　出纳 刘金金　*制单人 潘晓琴

图3-3-1　发放上月工资并代扣代缴个税

（2）1月末，计算分配应付职工薪酬。当月应发工资600 000元，其中：客服部门人员工资320 000元，美工部门人员工资110 000元，管理部门人员工资80 000元，建造冷库厂房人员工资60 000元，内部研发网络营销系统人员工资30 000元。

根据所在地政府规定，该企业分别按照职工工资总额的10%、12%、2%和10.5%计提医疗保险费、养老保险费、失业保险费和住房公积金，缴纳给当地社会保险经办机构和住房公积金管理机构。该企业内设医务室，根据2023年实际发生的职工福利费情况，预计2023年应承担的职工福利费金额为职工工资总额的2%，职工福利的受益对象为上述所有人员。该企业分别按照职工工资总额的2%和1.5%计提工会经费和职工教育经费。假定该企业网络营销系统已处于开发阶段，并符合资本化为无形资产的条件。

应计入销售费用（客服支出）的职工薪酬金额

=320 000+320 000×（10%+12%+2%+10.5%+2%+2%+1.5%）=448 000（元）

应计入销售费用（美工支出）的职工薪酬金额

=110 000+110 000×（10%+12%+2%+10.5%+2%+2%+1.5%）=154 000（元）

应计入管理费用的职工薪酬金额

=80 000+80 000×（10%+12%+2%+10.5%+2%+2%+1.5%）=112 000（元）

应计入在建工程成本的职工薪酬金额

=60 000+60 000×（10%+12%+2%+10.5%+2%+2%+1.5%）=84 000（元）

应计入无形资产成本的职工薪酬金额

=30 000+30 000×（10%+12%+2%+10.5%+2%+2%+1.5%）=42 000（元）

该企业在分配工资、职工福利费、各种社会保险费、住房公积金、工会经费和职工教育经费等职工薪酬时，做如下账务处理，如图3-3-2所示：

借：销售费用——客服人员职工薪酬　　448 000
　　　　　　——美工人员职工薪酬　　154 000
　　管理费用——管理人员职工薪酬　　112 000
　　在建工程　　84 000
　　研发支出——资本化支出　　42 000
　　贷：应付职工薪酬——应付职工工资　　600 000
　　　　　　　　　　——应付福利费　　12 000
　　　　　　　　　　——应付社会保险费　　144 000
　　　　　　　　　　——应付住房公积金　　63 000
　　　　　　　　　　——应付工会经费　　12 000
　　　　　　　　　　——应付教育经费　　9 000

新增 保存 删除 放弃 审核 记账 流量 联查 设置 打印 更多

记账凭证

*凭证类别 记账凭证　　*凭证编号 3302　　*制单日期 2023-01-31　　附单据数

明细　汇总

序号	*摘要	*科目名称	借方	贷方
1	分配工资及相关费用	销售费用-客服人员职工薪酬	44800000	
2	分配工资及相关费用	销售费用-美工人员职工薪酬	15400000	
3	分配工资及相关费用	管理费用-管理人员职工薪酬	11200000	
4	分配工资及相关费用	在建工程-在建工程	8400000	
5	分配工资及相关费用	研发支出-资本化支出	4200000	
6	分配工资及相关费用	应付职工薪酬-应付职工工资		60000000
7	分配工资及相关费用	应付职工薪酬-应付福利费		1200000
8	分配工资及相关费用	应付职工薪酬-应付社会保险费		14400000
9	分配工资及相关费用	应付职工薪酬-应付住房公积金		6300000
10	分配工资及相关费用	应付职工薪酬-应付工会经费		1200000
11	分配工资及相关费用	应付职工薪酬-应付教育经费		900000
合计 大写合计		捌拾肆万元整	84000000	84000000

记账人 陈江北　　审核人 曾永铭　　出纳　　*制单人 潘晓琴

图 3-3-2 分配工资及相关费用

如果该企业管理层制订了一项辞退计划，从 2023 年 3 月 1 日起，以职工自愿的方式辞退 3 名客服人员，每人补偿 5 000 元。辞退计划已经与职工协商一致。账务处理如下，如图 3-3-3 所示：

借：管理费用——其他管理费用　　15 000

　贷：应付职工薪酬——辞退福利　　15 000

新增 保存 删除 放弃 弃审 流量 联查 设置 打印 更多

已审

记账凭证

*凭证类别 记账凭证　　*凭证编号 3303　　*制单日期 2023-03-01　　附单据数

明细　汇总

序号	*摘要	*科目名称	借方	贷方
1	辞退补偿	管理费用-其他管理费用	1500000	
2	辞退补偿	应付职工薪酬-辞退福利		1500000
3				
4				
5				
合计 大写合计		壹万伍仟元整	1500000	1500000

记账人 陈江北　　审核人 曾永铭　　出纳　　*制单人 潘晓琴

图 3-3-3 辞退补偿

技能训练

喜购网络科技有限公司 2023 年 5 月工资结算汇总见表 3-3-1。

表 3-3-1　工资结算汇总表　　单位：元

部门	应付职工薪酬	代扣款项			实收工资
		房租	水电	小计	
客服人员	150 850	2 380	1 470	3 850	147 000
美工人员	14 200	100	150	250	13 950
运营管理人员	34 480	480	300	780	33 700
其他业务人员	3 840	100	40	140	3 700
合计	203 370	3 060	1 960	5 020	198 350

该公司应如何处理账务?

根据表 3-3-1，喜购公司会计应进行如下账务处理。

目前，电子商务企业已很少通过现金方式或开户银行的内部账户由银行进行代发工资操作，而是普遍通过电子渠道如企业网上银行、数字钱包等进行工资发放。具体流程如下。

（1）负责发放工资的财务人员从企业网上银行代发业务菜单中下载代发模块（一般是下载 Excel 工作表代发模块）。

（2）财务人员根据人力资源部门或人事部门提供的单位职工薪酬情况，确定本月需填制的工资发放工作表。

（3）财务人员通过企业网上银行代发业务菜单，上传填制完成的工作表。

（4）收到工作表后，开户银行后台会自行比对处理完成工资发放工作，并生成代发业务成功清单和失败清单（如上传的工作表其中任何一项有误，将生成代发失败清单）。

（5）财务人员应及时查看是否有代发失败清单，及时与对应员工联系，核对姓名、银行卡号、开户银行、工资金额等，完成修改后可再次上传填制完成的工作表。

电子商务企业为了进行职工薪酬的核算，需要编制工资结算凭证作为会计处理的原始依据，工资结算凭证主要有“工资结算单”或“工资结算卡片”和“工资结算汇总表”。

根据表 3-3-1 的工资结算汇总表，进行以下账务处理：

（1）用银行存款或数字货币支付工资：

借：应付职工薪酬——应付职工工资　　198 350
　　贷：银行存款（或数字货币——人民币）　　198 350

（2）结转各项代扣款项：

借：应付职工薪酬　　5 020
　　贷：其他应付款——应付房管局　　3 060
　　　　　　　　　——应付公用事业部门　　1 960

（3）用银行存款支付代扣款项：

借：其他应付款——应付房管局　　3 060
　　　　　　　——应付公用事业部门　　1 960
　　贷：银行存款　　5 020

（4）分配工资：

借：销售费用——客服人员职工薪酬　　150 850
　　　　　　——美工人员职工薪酬　　14 200
　　管理费用——管理人员职工薪酬　　34 480
　　其他业务成本——其他业务人员薪酬　　3 840
　　贷：应付职工薪酬——应付职工工资　　203 370

根据工资结算表内容，喜购公司按职工工资总额的 10%、18%、2% 和 12% 计提医疗保险费、养老保险费、失业保险费和住房公积金，缴纳给当地社会保险经办机构和住房公积金管理机构。账务处理如下：

喜购公司应付各种社会保险费：203 370×（10%+18%+2%）=61 011（元）

喜购公司应付住房公积金：203 370×12%=24 404.4（元）

借：销售费用——客服人员职工薪酬　　63 357.00
　　　　　　——美工人员职工薪酬　　5 964.00
　　管理费用——管理人员职工薪酬　　14 481.60
　　其他业务成本——其他业务人员薪酬　　1 612.80
　　贷：应付职工薪酬——应付社会保险费　　61 011.00
　　　　　　　　　　——应付住房公积金　　24 404.40

单元练习

1. 简述工资结算汇总表的主要构成。
2. 简述应付职工薪酬账务处理的内容。

模块四 电子商务企业运营收入的账务处理

能力目标

◇ 能够简述电子商务企业收入的特征、确认条件以及收入的分类
◇ 能够理解并掌握销售商品收入的账户设置及账务处理
◇ 能够理解并掌握其他业务收入的账户设置及账务处理

学习单元一　电子商务企业销售收入的账务处理

销售收入是电子商务企业主要的盈利模式，通过销售商品和服务可以直接产生利润。电子商务企业的销售收入主要通过网上平台销售取得。

一、收入的概念和基本特征

1. 收入的概念

收入是指电子商务企业在日常活动中形成的、会导致所有者权益增加的、与所有者投入资本无关的经济利益的总流入。其中，日常活动是指企业为完成其经营目标所从事的经常性活动以及与之相关的其他活动。

2. 收入的基本特征

（1）收入来自日常活动，非日常活动如转让固定资产等形成的经济利益的流入不能确认为收入，而应计入营业外收入。

（2）收入会导致所有者权益增加，不会增加所有者权益的经济利益流入，如取得借款等不属于收入。

（3）收入与所有者投入资本无关，所有者投入资本的增加不应确认为收入。

二、收入的确认

当企业与客户之间的合同同时满足下列条件时，企业应当在客户取得相关商品控制权时确认收入。

1. 合同各方已批准该合同并承诺将履行各自义务。

2. 该合同明确了合同各方与所转让商品或提供劳务（以下简称“转让商品”）相关的权利和义务。

3. 该合同有明确的与所转让商品相关的支付条款。

4. 该合同具有商业实质，即履行该合同将改变企业未来现金流量的风险、时间分布或金额。

5. 企业因向客户转让商品而有权取得的对价很可能收回。

三、收入的分类

收入按照不同标准有不同的分类。

1. 按收入产生的来源分类

按收入产生的来源分类，可将收入分为销售商品收入和提供劳务收入。销售商品收入是指企业通过销售商品实现的收入，如商业企业销售商品实现的收入。提供劳务收入是指企业通过提供劳务实现的收入，如咨询公司提供咨询服务、软件开发企业为客户开发软件、安装公司提供安装服务等实现的收入。

2. 按经营业务的主次分类

按经营业务的主次分类，可将收入分为主营业务收入和其他业务收入。主营业务是指企业日常活动中的主要活动，可以根据企业主要业务范围来确定。其他业务是指企业除主营业务以外的其他日常活动，可以根据企业营业执照上注明的兼营业务范围来确定。

四、销售商品收入的账务处理

通常，企业应在发出商品且收到货款或取得收款权利时，确认销售商品收入。这一原则表明确认销售商品收入有两个条件：一是物权的转移，表现为发出商品；二是收到货款或者取得收款权利。

1. 通常情况下销售商品收入的账务处理

电子商务企业销售商品实现的收入，应按照实际收到或应收的金额，借记“银行存款”“应收账款”等科目，按照税法规定应缴纳的增值税税额，贷记“应交税费——

应交增值税（销项税额）”科目，按照确认的销售商品收入，贷记“主营业务收入”科目。

（1）电子商务企业发货

因为发货仍未能确定能否成交，不能确认收入和成本，先从库存商品转为发出商品时：

借：发出商品

　　贷：库存商品

物流公司送货并发生物流费用时：

借：销售费用

　　贷：应付账款或银行存款（库存现金）

（2）电子商务企业确认收货

交易成功可以确认收入和成本，确认收入时：

借：应收账款

　　贷：主营业务收入

　　　　应交税费——应交增值税（销项税额）

结转销售成本时：

借：主营业务成本

　　贷：发出商品

（3）电子商务企业实际收到货款

收到经第三方扣除手续费的货款时：

借：银行存款或其他科目

　　财务费用

　　贷：应收账款

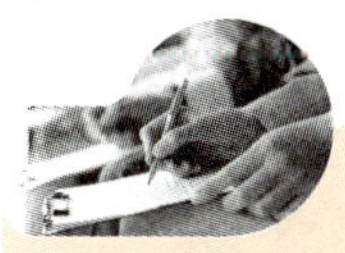

【例 4-1-1】2023 年 1 月 9 日，某电子商务企业在网上销售 1 台需要提供安装服务的空调，与买方协议约定的销售价格为 60 000 元，该空调成本为 50 000 元，买方在线付款至担保方。次日，该空调与增值税专用发票一起发出。1 月 13 日，派人安装完毕，假定物流和安装费用为 600 元。1 月 14 日买家确认收货，1 月 15 日担保方清算货款，收取手续费 3 005 元。根据相关经济业

务，账务处理如下：

（1）2023 年 1 月 10 日，该公司向买方发出空调时，如图 4-1-1 所示：

借：发出商品——A 空调　　　　50 000

　　贷：库存商品——A 空调　　　　50 000

新增 保存 删除 放弃 弃审 流量 联查 设置 打印 更多

已审

记账凭证

*凭证类别 记账凭证　　*凭证编号 4101　　*制单日期 2023-01-10　　附单据数

明细　汇总

序号	*摘要	*科目名称	辅助项	计量单位	借方（亿千百十万千百十元角分）	贷方（亿千百十万千百十元角分）
1	向买方发出商品	发出商品	A空调	台	5000000	
2	向买方发出商品	库存商品	A空调	台		5000000
3						
4						
5						
合计 大写合计		伍万元整			5000000	5000000

记账人 陈江北　　审核人 曾永铭　　出纳　　*制单人 潘晓琴

图 4-1-1　向买方发出商品

（2）1 月 13 日，物流公司送货安装并发生物流费用时，如图 4-1-2 所示：

借：销售费用——运输费　　　　600

　　贷：应付账款——物流公司　　　　600

新增 保存 删除 放弃 弃审 流量 联查 设置 打印 更多

已审

记账凭证

*凭证类别 记账凭证　　*凭证编号 4102　　*制单日期 2023-01-13　　附单据数

明细　汇总

序号	*摘要	*科目名称	辅助项	借方（亿千百十万千百十元角分）	贷方（亿千百十万千百十元角分）
1	送货物流费	销售费用-运输费		60000	
2	送货物流费	应付账款	物流公司		60000
3					
4					
5					
合计 大写合计		陆佰元整		60000	60000

记账人 陈江北　　审核人 曾永铭　　出纳　　*制单人 潘晓琴

图 4-1-2　送货物流费

（3）付款给物流公司时，如图 4-1-3 所示：

借：应付账款——物流公司　　600

　　贷：银行存款——工行　　600

新增　保存　删除　放弃　弃审　流量　联查　设置　打印　更多

已分配　已审

记账凭证

＊凭证类别 记账凭证　＊凭证编号 4103　＊制单日期 2023-01-13　附单据数

明细　汇总

序号	＊摘要	＊科目名称	辅助项	借方（亿千百十万千百十元角分）	贷方（亿千百十万千百十元角分）
1	支付物流费	应付账款	物流公司	60000	
2	支付物流费	银行存款-工行	转账支票		60000
3					
4					
5					
合计 大写合计		陆佰元整		60000	60000

记账人 陈江北　审核人 曾永铭　出纳 刘金金　＊制单人 潘晓琴

图 4-1-3　支付物流费

（4）1 月 14 日，买家确认收货、电子商务企业确认收入时，如图 4-1-4 所示：

借：应收账款——零售客户　　67 800

　　贷：主营业务收入——A 空调　　60 000

　　　　应交税费——应交增值税（销项税额）　　7 800

新增　保存　删除　放弃　弃审　流量　联查　设置　打印　更多

已审

记账凭证

＊凭证类别 记账凭证　＊凭证编号 4104　＊制单日期 2023-01-14　附单据数

明细　汇总

序号	＊摘要	＊科目名称	辅助项	计量单位	借方（亿千百十万千百十元角分）	贷方（亿千百十万千百十元角分）
1	买家收货	应收账款	零售客户		6780000	
2	买家收货	主营业务收入	A空调	台		6000000
3	买家收货	应交税费-应交增值税-销项税额				780000
4						
5						
合计 大写合计		陆万柒仟捌佰元整			6780000	6780000

记账人 陈江北　审核人 曾永铭　出纳　＊制单人 潘晓琴

图 4-1-4　买家收货

结转销售成本时，如图 4-1-5 所示：

借：主营业务成本——A 空调　　　　50 000

　　贷：发出商品——A 空调　　　　50 000

新增 保存 删除 放弃 弃审 流量 联查 设置 打印 更多

已审

记账凭证

*凭证类别 记账凭证　*凭证编号 4105　*制单日期 2023-01-14　附单据数

明细　汇总

序号	*摘要	*科目名称	辅助项	计量单位	借方（亿千百十万千百十元角分）	贷方（亿千百十万千百十元角分）
1	结转成本	主营业务成本	A空调	台	5000000	
2	结转成本	发出商品	A空调	台		5000000
3						
4						
5						
合计 大写合计		伍万元整			5000000	5000000

记账人 陈江北　审核人 曾永铭　出纳　*制单人 潘晓琴

图 4-1-5　结转成本

（5）该企业实际收到经第三方扣除手续费的货款时，如图 4-1-6 所示：

借：银行存款——工行　　　　64 795

　　财务费用——银行手续费　　　　3 005

　　贷：应收账款——零售客户　　　　67 800

新增 保存 删除 放弃 弃审 流量 联查 设置 打印 更多

已分配　已审

记账凭证

*凭证类别 记账凭证　*凭证编号 4106　*制单日期 2023-01-15　附单据数

明细　汇总

序号	*摘要	*科目名称	辅助项	借方（亿千百十万千百十元角分）	贷方（亿千百十万千百十元角分）
1	收到货款并结算手续费	银行存款-工行	转账	6479500	
2	收到货款并结算手续费	财务费用-银行手续费		300500	
3	收到货款并结算手续费	应收账款	零售客户		6780000
4					
5					
合计 大写合计		陆万柒仟捌佰元整		6780000	6780000

记账人 陈江北　审核人 曾永铭　出纳 刘金金　*制单人 潘晓琴

图 4-1-6　收到货款并结算手续费

2. 库存商品销售的账务处理

（1）库存商品的概念与账户设置

库存商品是指企业已完成全部生产过程并已验收入库、合乎标准规格和技术条件，可以按照合同规定的条件送交订货单位，或可以作为商品对外销售的产品，以及外购或委托加工完成验收入库用于销售的各种商品。库存商品包括库存产成品、外购商品、存放在门市部准备出售的商品、发出展览的商品以及寄存在外的商品等。

为了核算库存商品的增减变动及其结存情况，企业应设置“库存商品”账户。该账户属于资产类账户，用于核算企业库存的各种商品的实际成本或售价，其借方登记验收入库的库存商品，贷方登记发出的库存商品，期末借方余额反映企业库存商品的实际成本或售价。该账户应按照库存商品的类别、品种和规格等进行明细核算。

（2）库存商品销售的账务处理方法

从事商品流通的电子商务企业，其库存商品主要是指外购或委托加工完成验收入库用于销售的各种商品。

从事商品流通的电子商务企业在购买商品过程中发生的费用，包括运输费、装卸费、包装费、保险费、运输途中的合理损耗和入库前的挑选整理费等，不计入购买商品的实际成本，应于发生时确认为当期的销售费用。

【例 4-1-2】2023 年 2 月 6 日，从事商品流通的某电子商务企业向 D 食品厂购进 A 食品 1 000 千克，每千克 2 元，增值税税率 13%，供货单位代垫运杂费 200 元（不考虑进项税额），有关单据均已收到，货物已验收入库，款项尚未支付。2 月 17 日，该企业销售 A 食品 600 千克，每千克含税售价 3.39 元，款项已结清。账务处理如下：

（1）2023 年 2 月 6 日，购入 A 食品时，如图 4-1-7 所示：

借：库存商品——A 食品　　2 000

　　应交税费——应交增值税（进项税额）　　260

　　销售费用——运输费　　200

　　贷：应付账款——D 食品厂　　2 460

新增 保存 删除 放弃 弃审 流量 联查 设置 打印 更多

已审

记账凭证

凭证类别 记账凭证　　凭证编号 4107　　制单日期 2023-02-06　　附单据数

明细　汇总

序号	摘要	科目名称	辅助项	计量单位	借方	贷方
1	采购A食品	库存商品	A食品	千克	200000	
2	采购A食品	应交税费-应交增值税-进项税额			26000	
3	采购A食品	销售费用-运输费			20000	
4	采购A食品	应付账款	D食品厂			246000
5						
合计 大写合计		贰仟肆佰陆拾元整			246000	246000

记账人 陈江北　　审核人 曾永铭　　出纳　　制单人 潘晓琴

图 4-1-7　采购 A 食品

（2）2 月 17 日，销售 A 食品时，如图 4-1-8 所示：

借：银行存款——工行　　2 034

　　贷：主营业务收入——A 食品［600×3.39÷（1+13%）］　　1 800

　　　　应交税费——应交增值税（销项税额）　　234

新增 保存 删除 放弃 弃审 流量 联查 设置 打印 更多

已分配　已审

记账凭证

凭证类别 记账凭证　　凭证编号 4108　　制单日期 2023-02-17　　附单据数

明细　汇总

序号	摘要	科目名称	辅助项	计量单位	借方	贷方
1	销售A食品	银行存款-工行	转账		203400	
2	销售A食品	主营业务收入	A食品	千克		180000
3	销售A食品	应交税费-应交增值税-销项税额				23400
4						
5						
合计 大写合计		贰仟零叁拾肆元整			203400	203400

记账人 陈江北　　审核人 曾永铭　　出纳 刘金金　　制单人 潘晓琴

图 4-1-8　销售 A 食品

同时结转销售成本，如图 4-1-9 所示：

借：主营业务成本——A 食品　　1 200

　　贷：库存商品——A 食品　　1 200

新增 保存 删除 放弃 弃审 流量 联查 设置 打印 更多

已审

记账凭证

*凭证类别 记账凭证　*凭证编号 4109　*制单日期 2023-02-17　附单据数

明细　汇总

序号	*摘要	*科目名称	辅助项	计量单位	借方（亿千百十万千百十元角分）	贷方（亿千百十万千百十元角分）
1	结转销售A食品成本	主营业务成本	A食品	千克	120000	
2	结转销售A食品成本	库存商品	A食品	千克		120000
3						
4						
5						
合计 大写合计		壹仟贰佰元整			120000	120000

记账人 陈江北　审核人 曾永铭　出纳　*制单人 潘晓琴

图 4-1-9　结转销售 A 食品成本

通常情况下，电子商务企业广泛采用售价金额核算法。售价金额核算法是指平时商品的购入、加工收回、销售均按售价记账，售价与进价的差额通过“商品进销差价”核算，期末计算进销差价率和本期已销售商品应分摊的进销差价，并据以调整本期销售成本的一种方法。对于从事商业零售业务的企业（B2C 企业和 C2C 企业等），由于经营的商品类别、品种、规格繁多，而且要求按商品零售价格标价，采用其他成本计算结转方法均较困难，所以广泛采用这一方法。

在售价金额核算法下，企业主要设置“库存商品”和“商品进销差价”账户进行核算。

“库存商品”账户用于核算企业库存的各种商品，借方登记已验收入库商品的售价，贷方登记售出商品的售价，期末借方余额反映库存商品的售价。该账户按库存商品的类别、品种和规格等进行明细核算。

“商品进销差价”账户用于核算企业采用售价进行日常核算的商品售价与进价之间的差额，借方登记已销商品分摊的进销差价，贷方登记商品售价与进价之间的差额，期末贷方余额反映企业库存商品的商品进销差价。该账户按库存商品的类别、品种和规格等进行明细核算。

商品进销差价率 = 月末分摊前“商品进销差价”账户贷方余额 ÷（“库存商品”账户月末借方余额 + 本月“主营业务收入”账户贷方发生额）× 100%

本月销售商品应分摊的商品进销差价 = 本月“主营业务收入”账户贷方发生额 × 商品进销差价率

企业的商品进销差价率在各月之间比较均衡的，也可以采用上月商品进销差价率计算分摊本月的商品进销差价。年度终了，应对商品进销差价进行复核调整。

【例 4-1-3】2023 年 3 月 5 日，某电子商务企业从 B 电脑厂购进电脑 50 台，每台进价为 2 000 元，增值税税率为 13%，B 电脑厂代垫运杂费 500 元（不考虑进项税额），有关单据均已收到，货款尚未支付，该类电脑售价为每台 2 486 元（含税）。至 3 月底，该企业已销售该批电脑 30 台，买家已确认付款，价款已结清，账务处理如下：

（1）3 月 5 日购入电脑时，如图 4-1-10 所示：

借：库存商品（2 000×50）　　100 000

　　应交税费——应交增值税（进项税额）（2 000×50×13%）

　　　　13 000

　　销售费用——运输费　　500

　　贷：应付账款——B 电脑厂　　103 500

　　　　商品进销差价　　10 000

新增 保存 删除 放弃 审核 记账 流量 联查 设置 打印 更多

已审

记账凭证

*凭证类别 记账凭证　*凭证编号 4110　*制单日期 2023-03-05　附单据数

明细　汇总

序号	*摘要	*科目名称	辅助项	计量单位	借方（亿千百十万千百十元角分）	贷方（亿千百十万千百十元角分）
1	采购电脑	库存商品	电脑	台	10000000	
2	采购电脑	应交税费-应交增值税-进项税额			1300000	
3	采购电脑	销售费用-运输费			50000	
4	采购电脑	应付账款	B电脑厂			10350000
5	采购电脑	商品进销差价				1000000
合计 大写合计		壹拾壹万叁仟伍佰元整			11350000	11350000

记账人 陈江北　审核人 曾永铭　出纳　*制单人 潘晓琴

图 4-1-10　采购电脑

（2）3 月销售 30 台电脑，如图 4-1-11 所示：

借：银行存款——工行　　74 580

　　贷：主营业务收入——电脑　　66 000

应交税费——应交增值税（销项税额）（2 200×30×13%）

8 580

新增 保存 删除 放弃 弃审 流量 联查 设置 打印 更多

已分配　已审

记账凭证

凭证类别 记账凭证　　凭证编号 4111　　制单日期 2023-03-31　　附单据数

明细　汇总

序号	摘要	科目名称	辅助项	计量单位	借方（亿千百十万千百十元角分）	贷方（亿千百十万千百十元角分）
1	销售电脑	银行存款-工行	转账		7458000	
2	销售电脑	主营业务收入	电脑	台		6600000
3	销售电脑	应交税费-应交增值税-销项税额				858000
4						
5						
合计	大写合计	柒万肆仟伍佰捌拾元整			7458000	7458000

记账人 陈江北　审核人 曾永铭　出纳 刘金金　制单人 潘晓琴

图 4-1-11　销售电脑

（3）3月销售30台电脑，结转销售成本时，如图 4-1-12 所示：

借：主营业务成本——电脑　　60 000

　　贷：库存商品——电脑　　60 000

新增 保存 删除 放弃 弃审 流量 联查 设置 打印 更多

已审

记账凭证

凭证类别 记账凭证　　凭证编号 4112　　制单日期 2023-03-31　　附单据数

明细　汇总

序号	摘要	科目名称	辅助项	计量单位	借方（亿千百十万千百十元角分）	贷方（亿千百十万千百十元角分）
1	销售电脑成本结转	主营业务成本	电脑	台	6000000	
2	销售电脑成本结转	库存商品	电脑	台		6000000
3						
4						
5						
合计	大写合计	陆万元整			6000000	6000000

记账人 陈江北　审核人 曾永铭　出纳　制单人 潘晓琴

图 4-1-12　销售电脑成本结转

（4）月末计算已销商品的进销差价（假如3月初库存没有电脑），如图 4-1-13 所示：

进销差价率＝［10 000÷（40 000+66 000）］×100%=9.43%

本月销售电脑应分摊的进销差价＝本月“主营业务收入”账户贷方发生额 × 差价率 =66 000×9.43%=6 223.8（元）

借：商品进销差价　　　　　　　　　　　　　　6 223.8

　　贷：主营业务成本——电脑　　　　　　　　　　　6 223.8

新增 保存 删除 放弃 弃审 流量 联查 设置 打印 更多

已审

记账凭证

*凭证类别 记账凭证　*凭证编号 4113　*制单日期 2023-03-31　附单据数

明细 汇总

序号	*摘要	*科目名称	辅助项	计量单位	借方（亿千百十万千百十元角分）	贷方（亿千百十万千百十元角分）
1	结转销售电脑进销差价	商品进销差价			622380	
2	结转销售电脑进销差价	主营业务成本	电脑	台		622380
3						
4						
5						
合计 大写合计	陆仟贰佰贰拾叁元捌角整				622380	622380

记账人 陈江北　审核人 曾永铭　出纳　*制单人 潘晓琴

图 4-1-13　结转销售电脑进销差价

3. 特殊情况下销售商品收入的账务处理

进行收入计量时，企业发生商业折扣、销售折让等特殊事项，应考虑对这些特殊事项的处理。

（1）商业折扣

商业折扣是指企业为促进商品销售而在商品标价上给予的价格扣除。销售商品涉及商业折扣的，应按照扣除商业折扣后的金额确定销售商品收入金额。

1）节日折扣。“天猫”卖家在诸如“双十一”“双十二”等购物狂欢节的折扣促销与实体店铺节日折扣的账务处理相同，都应将节日折扣作为销售折扣处理，卖家应按照折扣后的价款开具发票，确认销售收入并结转相应的商品成本。

【例 4-1-4】某电子商务企业在天猫开设专卖店进行网上销售，“双十一”期间对所列化妆品套盒 A 进行降价出售，套盒 A 原价 1 017 元，现价 565 元，

其账务处理应按照折扣后售价565元进行。收入确认为500元（565÷1.13），增值税65元（565÷1.13×0.13）。相应的账务处理如下，如图4-1-14所示：

借：其他货币资金——支付宝　　565

　　贷：主营业务收入——套盒A　　500

　　　　应交税费——应交增值税（销项税额）　　65

新增　保存　删除　放弃　弃审　流量　联查　设置　打印　更多

已分配　已审

记账凭证

*凭证类别 记账凭证　　*凭证编号 4114　　*制单日期 2023-11-11　　附单据数

明细　汇总

序号	*摘要	*科目名称	辅助项	计量单位	借方（亿千百十万千百十元角分）	贷方（亿千百十万千百十元角分）
1	销售化妆品	其他货币资金-支付宝			56500	
2	销售化妆品	主营业务收入	套盒A	盒		50000
3	销售化妆品	应交税费-应交增值税-销项税额				6500
4						
5						
合计 大写合计		伍佰陆拾伍元整			56500	56500

记账人 陈江北　　审核人 曾永铭　　出纳 刘金金　　*制单人 潘晓琴

图4-1-14　销售化妆品

2）免运费。免运费是指由卖家承担买家所购商品运费的促销方式。一般情况下，卖家收取运费时应一并确认销售收入和增值税税额，向快递公司支付运费时则确认销售费用，并按照运费的9%计算增值税进项税额。当运费免除后，该运费实际由商品货款加以弥补，其本质与商业折扣相同，因此，其会计处理与收取运费时相同，只是所确认的收入与增值税将有所降低。

【例4-1-5】某电子商务企业“双十二”期间在天猫上推出包邮活动，免除200元以上所有商品的运费，其在该期间共卖出单价在200元以上的某件服饰100件，合计45 000元，共支付快递公司运费1 000元，则该企业主营业务收入为39 823.01元（45 000÷1.13），增值税为5 176.99元（45 000÷1.13×0.13），销售费用为910元（1 000×91%），增值税（进项税额）为90元（1 000×9%）。

相应的账务处理如下，如图 4-1-15、图 4-1-16 所示：

借：其他货币资金——支付宝　　45 000.00

　　贷：主营业务收入——A 版裙　　39 823.01

　　　　应交税费——应交增值税（销项税额）　　5 176.99

借：销售费用——运输费　　910

　　应交税费——应交增值税（进项税额）　　90

　　贷：银行存款　　1 000

新增 保存 删除 放弃 弃审 流量 联查 设置 打印 更多

已分配 已审

记账凭证

*凭证类别 记账凭证　*凭证编号 4115　*制单日期 2023-12-12　附单据数

明细 汇总

序号	*摘要	*科目名称	辅助项	计量单位	借方（亿千百十万千百十元角分）	贷方（亿千百十万千百十元角分）
1	销售服饰（双十二天猫）	其他货币资金-支付宝			4500000	
2	销售服饰（双十二天猫）	主营业务收入	A版裙	件		3982301
3	销售服饰（双十二天猫）	应交税费-应交增值税-销项税额				517699
4						
5						
合计 大写合计		肆万伍仟元整			4500000	4500000

记账人 陈江北　审核人 曾永铭　出纳 刘金金　*制单人 潘晓琴

图 4-1-15　销售服饰

新增 保存 删除 放弃 弃审 流量 联查 设置 打印 更多

已分配 已审

记账凭证

*凭证类别 记账凭证　*凭证编号 4116　*制单日期 2023-12-12　附单据数

明细 汇总

序号	*摘要	*科目名称	辅助项	借方（亿千百十万千百十元角分）	贷方（亿千百十万千百十元角分）
1	销售服饰费用结算（双十二天猫）	销售费用-运输费		91000	
2	销售服饰费用结算（双十二天猫）	应交税费-应交增值税-进项税额		9000	
3	销售服饰费用结算（双十二天猫）	银行存款-建行	转账		100000
4					
5					
合计 大写合计		壹仟元整		100000	100000

记账人 陈江北　审核人 曾永铭　出纳 刘金金　*制单人 潘晓琴

图 4-1-16　销售服饰费用结算

（2）销售折让

销售折让是指因为所销售的商品出现质量问题，或出现商品的品种、规格发错等情况时，为避免出现退货或损害信誉等问题而给予客户在商品价格上的减让。在账务处理中，销售折让发生在企业确认收入之前，视同商业折扣处理；发生在企业确认收入之后，应冲减当期的商品销售收入。

【例 4-1-6】某电子商务企业网售一批服饰给喜购公司，售价 50 000 元，增值税为 6 500 元，喜购公司收到货后发现服饰存在瑕疵，要求价格折让，经双方协商，同意在价格上给予 5% 的折让。而此前该企业已经确认该批服饰的销售收入。相应的账务处理如下：

（1）确认销售收入时，如图 4-1-17 所示：

借：应收账款——喜购公司　　56 500

　　贷：主营业务收入——A 版裙　　50 000

　　　　应交税费——应交增值税（销项税额）　　6 500

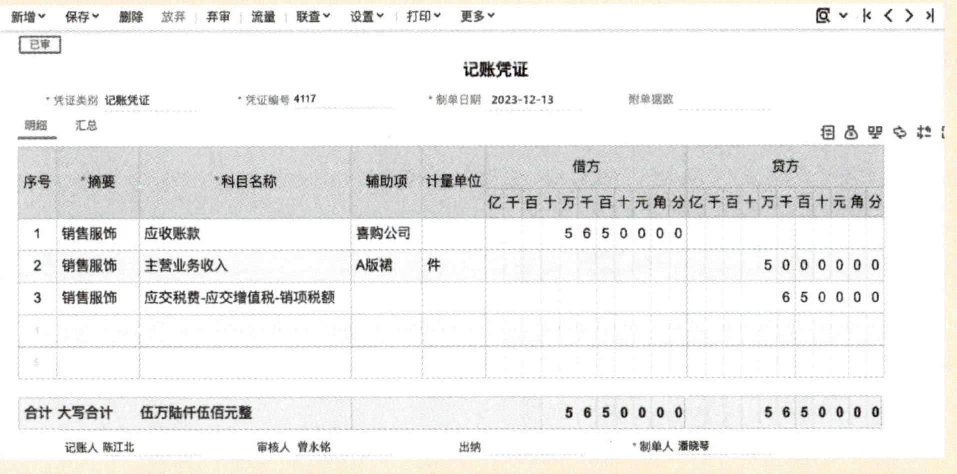

新增　保存　删除　放弃　弃审　流量　联查　设置　打印　更多

已审

记账凭证

*凭证类别 记账凭证　*凭证编号 4117　*制单日期 2023-12-13　附单据数

明细　汇总

序号	*摘要	*科目名称	辅助项	计量单位	借方（亿千百十万千百十元角分）	贷方（亿千百十万千百十元角分）
1	销售服饰	应收账款	喜购公司		5650000	
2	销售服饰	主营业务收入	A版裙	件		5000000
3	销售服饰	应交税费-应交增值税-销项税额				650000
4						
5						
合计	大写合计	伍万陆仟伍佰元整			5650000	5650000

记账人 陈江北　审核人 曾永铭　出纳　*制单人 潘晓琴

图 4-1-17　销售服饰

（2）发生销售折让时，如图 4-1-18 所示：

借：主营业务收入——A 版裙（50 000×5%）　　2 500

　　应交税费——应交增值税（销项税额）（6 500×5%）　　325

贷：应收账款——喜购公司 2 825

新增 保存 删除 放弃 弃审 流量 联查 设置 打印 更多

已审

记账凭证

* 凭证类别 记账凭证　* 凭证编号 4118　* 制单日期 2023-12-15　附单据数

明细　汇总

序号	*摘要	*科目名称	辅助项	计量单位	借方											贷方										
					亿	千	百	十	万	千	百	十	元	角	分	亿	千	百	十	万	千	百	十	元	角	分
1	销售折让	主营业务收入	A版裙	件						2	5	0	0	0	0											
2	销售折让	应交税费-应交增值税-销项税额									3	2	5	0	0											
3	销售折让	应收账款	喜购公司																		2	8	2	5	0	0
4																										
5																										
合计 大写合计	贰仟捌佰贰拾伍元整									2	8	2	5	0	0						2	8	2	5	0	0

记账人 陈江北　审核人 曾永铭　出纳　* 制单人 潘晓琴

图 4-1-18　销售折让

（3）收到销售货款时，如图 4-1-19 所示：

借：银行存款——工行 53 675

　　贷：应收账款——喜购公司 53 675

新增 保存 删除 放弃 弃审 流量 联查 设置 打印 更多

已分配　已审

记账凭证

* 凭证类别 记账凭证　* 凭证编号 4119　* 制单日期 2023-12-15　附单据数

明细　汇总

序号	*摘要	*科目名称	辅助项	借方											贷方										
				亿	千	百	十	万	千	百	十	元	角	分	亿	千	百	十	万	千	百	十	元	角	分
1	收到折让后货款	银行存款-工行	转账					5	3	6	7	5	0	0											
2	收到折让后货款	应收账款	喜购公司																5	3	6	7	5	0	0
3																									
4																									
5																									
合计 大写合计	伍万叁仟陆佰柒拾伍元整							5	3	6	7	5	0	0					5	3	6	7	5	0	0

记账人 陈江北　审核人 曾永铭　出纳 刘金金　* 制单人 潘晓琴

图 4-1-19　收到折让后货款

4. 预收款销售商品的账务处理

预收款销售是指购买方在尚未收到商品前按合同或协议约定分期付款，销售方在收到最后一笔款项时才交货的销售方式。预收款销售的主要特点在于可以确保货款的及时收取。在这种销售方式下，销售方直到收取最后一次付款时才将商品交付，因此，在商品交付前预收的货款应作为销售方的一项负债处理，待货物实际交付时才确认销售收入。其账务处理为：收到预收货款时，借记“银行存款”科目，贷记“预收账款”科目（预收账款业务较少的企业，可不设“预收账款”科目，其业务可通过“应收账款”科目进行核算）；货物实际交付确认销售收入时，借记“预收账款”科目，贷记“主营业务收入”“应交税费——应交增值税（销项税额）”科目，差额部分，借记“银行存款”或“库存现金”科目。

【例 4-1-7】某电子商务企业为增值税一般纳税企业，适用的增值税税率为 13%。2023 年 2 月 5 日，该企业采用预收款销售方式销售一批服饰给乙企业，该批商品的销售价格为 1 000 000 元（不含增值税）。按照协议规定，乙企业应于协议签订之日预付 60% 的货款（按销售价格计算），剩下的部分于 2 月 18 日付清。2 月 5 日，该企业已收到乙企业预付的款项；2 月 18 日，收到乙企业支付的剩余货款及增值税，并将该批服饰交付乙企业。该批产品的实际成本为 800 000 元。根据上述经济业务，账务处理如下：

（1）2 月 5 日，收到乙企业的预付款时，如图 4-1-20 所示：

借：银行存款——工行　　　　600 000

　　贷：预收账款——乙企业　　　　600 000

新增　保存　删除　放弃　弃审　流量　联查　设置　打印　更多

已分配　已审

记账凭证

凭证类别 记账凭证　　凭证编号 4120　　制单日期 2023-02-05　　附单据数

明细　汇总

序号	摘要	科目名称	辅助项	借方（亿千百十万千百十元角分）	贷方（亿千百十万千百十元角分）
1	预收款	银行存款-工行	转账	60000000	
2	预收款	预收账款	乙企业		60000000
3					
4					
5					
合计 大写合计		陆拾万元整		60000000	60000000

记账人 陈江北　　审核人 曾永铭　　出纳 刘金金　　制单人 潘晓琴

图 4-1-20　预收款

（2）2月18日，收到剩余货款及增值税时，如图4-1-21所示：

借：预收账款——乙企业　　600 000
　　银行存款——工行　　530 000
　　贷：主营业务收入——A版裙　　1 000 000
　　　　应交税费——应交增值税（销项税额）　　130 000

新增 保存 删除 放弃 弃审 流量 联查 设置 打印 更多

已分配 已审

记账凭证

*凭证类别 记账凭证　*凭证编号 4121　*制单日期 2023-02-18　附单据数

明细 汇总

序号	*摘要	*科目名称	辅助项	计量单位	借方（亿千百十万千百十元角分）	贷方（亿千百十万千百十元角分）
1	收到剩余货款并确认收入	预收账款	乙企业		60000000	
2	收到剩余货款并确认收入	银行存款-工行	转账		53000000	
3	收到剩余货款并确认收入	主营业务收入	A版裙	件		100000000
4	收到剩余货款并确认收入	应交税费-应交增值税-销项税额				13000000
5						
合计 大写合计	壹佰壹拾叁万元整				113000000	113000000

记账人 陈江北　审核人 曾永铭　出纳 刘金金　*制单人 潘晓琴

图4-1-21　收到剩余货款并确认收入

（3）结转销售成本时，如图4-1-22所示：

借：主营业务成本——A版裙　　800 000
　　贷：库存商品——A版裙　　800 000

新增 保存 删除 放弃 弃审 流量 联查 设置 打印 更多

已审

记账凭证

*凭证类别 记账凭证　*凭证编号 4122　*制单日期 2023-02-18　附单据数

明细 汇总

序号	*摘要	*科目名称	辅助项	计量单位	借方（亿千百十万千百十元角分）	贷方（亿千百十万千百十元角分）
1	结转销售成本	主营业务成本	A版裙	件	80000000	
2	结转销售成本	库存商品	A版裙	件		80000000
3						
4						
5						
合计 大写合计	捌拾万元整				80000000	80000000

记账人 陈江北　审核人 曾永铭　出纳　*制单人 潘晓琴

图4-1-22　结转销售成本

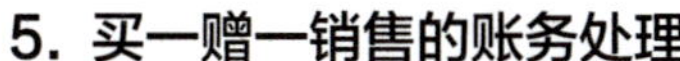

5. 买一赠一销售的账务处理

买一赠一是一种带赠品的销售业务，其处理方法与普通的销售业务基本相同。

【例 4-1-8】某电子商务企业是一家厨房用品销售企业，销售电饭煲和压力锅两种产品，为增值税一般纳税人。电饭煲成本为每台 600 元，售价为每台 1 000 元；压力锅成本为每台 300 元，售价为每台 500 元。增值税税率为 13%。该企业 2023 年 2 月以买一台电饭煲赠送一台压力锅的方式售出 500 台电饭煲。账务处理如下，如图 4-1-23 和图 4-1-24 所示：

借：银行存款——工行　　565 000
　　贷：主营业务收入——电饭煲　　500 000
　　　　应交税费——应交增值税（销项税额）　　65 000
借：主营业务成本——电饭煲　　300 000
　　　　　　　　——压力锅　　150 000
　　贷：库存商品——电饭煲　　300 000
　　　　　　　　——压力锅　　150 000

新增 保存 删除 放弃 弃审 流量 联查 设置 打印 更多

已分配　已审

记账凭证

*凭证类别 记账凭证　*凭证编号 4123　*制单日期 2023-02-01　附单据数

明细　汇总

序号	*摘要	*科目名称	辅助项	计量单位	借方（亿千百十万千百十元角分）	贷方（亿千百十万千百十元角分）
1	销售厨房用品	银行存款-工行	转账		5 6 5 0 0 0 0 0	
2	销售厨房用品	主营业务收入	电饭煲	台		5 0 0 0 0 0 0 0
3	销售厨房用品	应交税费-应交增值税-销项税额				6 5 0 0 0 0 0
4						
5						
合计 大写合计		伍拾陆万伍仟元整			5 6 5 0 0 0 0 0	5 6 5 0 0 0 0 0

记账人 陈江北　审核人 曾永铭　出纳 刘金金　*制单人 潘晓琴

图 4-1-23　销售厨房用品

新增 保存 删除 放弃 弃审 流量 联查 设置 打印 更多

已审

记账凭证

*凭证类别 记账凭证　*凭证编号 4124　*制单日期 2023-02-01　附单据数

明细　汇总

序号	*摘要	*科目名称	辅助项	计量单位	借方（亿千百十万千百十元角分）	贷方（亿千百十万千百十元角分）
1	结转销售成本	主营业务成本	电饭煲	台	3 0 0 0 0 0 0 0	
2	结转销售成本	主营业务成本	压力锅	台	1 5 0 0 0 0 0 0	
3	结转销售成本	库存商品	电饭煲	台		3 0 0 0 0 0 0 0
4	结转销售成本	库存商品	压力锅	台		1 5 0 0 0 0 0 0
5						
合计 大写合计		肆拾伍万元整			4 5 0 0 0 0 0 0	4 5 0 0 0 0 0 0

记账人 陈江北　审核人 曾永铭　出纳　*制单人 潘晓琴

图 4-1-24　结转销售成本

《国家税务总局关于确认企业所得税收入若干问题的通知》（国税函〔2008〕875号）规定，企业以买一赠一等方式组合销售本企业商品的，不属于捐赠，应将总的销售金额按各项商品的公允价值的比例来分摊确认各项的销售收入。该项规定虽然只适用于企业所得税，并不适用于增值税，但依据立法的统一性精神，可以确定买赠行为并不属于无偿赠送，赠品是商品销售的重要组成部分，并不是独立行为，不能按照无偿赠送处理。

【例 4-1-9】某食品公司天猫专卖店对某一干货食品进行“买五赠一”的促销活动，该食品单价为 120 元，某买家购买 5 件商品并获赠 1 件商品，按照公允价值比例确认每件商品单价 100 元，该食品公司应按照 100 元确认每件商品的销售收入与增值税销项税额。账务处理如下，如图 4-1-25 所示：

借：其他货币资金——支付宝　600.00

　　贷：主营业务收入——A 食品　530.97

　　　　应交税费——应交增值税（销项税额）　69.03

新增 保存 删除 放弃 弃审 流量 联查 设置 打印 更多

已分配 已审

记账凭证

*凭证类别 记账凭证　*凭证编号 4125　*制单日期 2023-02-16　附单据数

明细　汇总

序号	*摘要	*科目名称	辅助项	计量单位	借方（亿千百十万千百十元角分）	贷方（亿千百十万千百十元角分）
1	销售商品（买五赠一）	其他货币资金-支付宝			60000	
2	销售商品（买五赠一）	主营业务收入	A食品	千克		53097
3	销售商品（买五赠一）	应交税费-应交增值税-销项税额				6903
4						
5						
合计 大写合计		陆佰元整			60000	60000

记账人 陈江北　审核人 曾永铭　出纳 刘金金　*制单人 潘晓琴

图 4-1-25　销售商品（买五赠一）

技能训练

1. 2023 年 6 月 1 日，喜购网络科技有限公司网售一批服饰给宏大网络科技有限公司，开出增值税发票并与货品一起发出，注明该批服饰不含税价格为 100 000 元，增值税为 13 000 元，以数字货币支付代垫物流公司费用 3 000 元，该批服饰成本为 75 000 元。6 月 21 日，喜购网络科技有限公司收到担保方清算的货款和运输费（第三方平台手续费为交易额的 5%）。该公司应如何处理账务?

账务处理如下：

（1）发货时：

借：发出商品　　75 000

　　贷：库存商品　　75 000

物流公司送货并发生物流费用时：

借：销售费用——运输费　　3 000

　　贷：数字货币——人民币　　3 000

（2）买家确认收货时：

借：应收账款　　113 000

　　贷：主营业务收入　　100 000

　　　　应交税费——应交增值税（销项税额）　　13 000

结转销售成本时：

借：主营业务成本　　75 000
　　贷：发出商品　　75 000

（3）电子商务企业实际收到货款，支付手续费时：

借：银行存款　　107 350
　　财务费用　　5 650
　　贷：应收账款　　113 000

2. 2023 年 9 月 15 日，宏大网络科技有限公司以预收款方式向买家（某服装公司）网售一批服饰，该批服饰的销售价格为 50 000 元，增值税为 6 500 元。经买卖双方协议，9 月 15 日当日买家预付货款的 80%，剩余货款于发货当日支付，卖家 10 日内发货。9 月 22 日，该公司发出按买家要求完工的服饰和增值税专用发票，买家支付剩余 20% 货款。9 月 25 日，买家确认收货。9 月 25 日，该公司收到扣除手续费的货款，这批服饰实际成本为 30 000 元（假定不考虑物流或快递费用）。该公司应如何处理账务？

账务处理如下：

（1）收到 80% 货款时：

借：应收账款　　40 000
　　贷：预收账款——某服装公司　　40 000

（2）发出商品（开出增值税专用发票），收到剩余款项时：

借：预收账款——某服装公司　　40 000
　　应收账款　　16 500
　　贷：主营业务收入　　50 000
　　　　应交税费——应交增值税（销项税额）　　6 500

借：发出商品　　30 000
　　贷：库存商品　　30 000

（3）确认收入，清算货款时（不考虑第三方手续费）：

借：银行存款　　56 500
　　贷：应收账款　　56 500

借：主营业务成本　　30 000
　　贷：发出商品　　30 000

1. 简述电子商务企业销售商品的正常交易步骤。
2. 简述电子商务企业销售商品的账务处理方法。

单元练习

学习单元二　电子商务企业其他业务收入的账务处理

其他业务收入是指电子商务企业确认的除主营业务活动以外的其他日常活动实现的收入，包括租出固定资产、租出无形资产、销售购入包装物等实现的收入。为了核算其他业务收入，电子商务企业应设置“其他业务收入”账户。该账户属于损益类账户，其贷方登记其他业务收入的发生数，借方登记期末结转至本年利润账户的数额。月末，可将“其他业务收入”账户的余额转入“本年利润”账户，结转后“其他业务收入”账户应无余额。“其他业务收入”账户按照其他业务收入种类进行明细核算。

一、租出固定资产的账务处理

租出固定资产是指经批准以经营性租赁的方式出租给其他单位使用的固定资产。企业租出固定资产，应通过“固定资产”“其他业务支出”“其他业务收入”等账户进行核算。固定资产租出时，将其由不需用固定资产转为租出固定资产，借记“固定资产——租出固定资产”科目，贷记“固定资产——不需用固定资产”科目；按月计提折旧费与大修理费用时，借记“其他业务支出——租出固定资产”科目，贷记“累计折旧”“预提费用”等科目；收到租出固定资产的租金时，借记“银行存款”科目，贷记“其他业务收入——租出固定资产”科目。

租赁有两种形式：经营性租赁和融资租赁。租出固定资产为经营性租赁，只对租金进行账务处理，其他不变，固定资产的折旧和正在使用的一样提取。

收到租金收入时：

借：银行存款（库存现金）

　　贷：其他业务收入

【例 4-2-1】2023 年 6 月，某电子商务企业将暂时不使用的冷库出租，签订固定资产租赁合同。出租的固定资产冷库账面价值是 78 000 元，租金总额是 24 000 元，租赁期限是 2 年。每月支付租金 1 000 元，每月应计提折旧 290 元，账务处理如下：

（1）每月收到租金时，如图 4-2-1 所示：

借：银行存款——工行　　　　1 000

　　贷：其他业务收入——租出固定资产　　　　1 000

新增 保存 删除 放弃 弃审 流量 联查 设置 打印 更多

已分配 已审

记账凭证

*凭证类别 记账凭证　　*凭证编号 4201　　*制单日期 2023-06-01　　附单据数

明细 汇总

序号	*摘要	*科目名称	辅助项	借方（亿千百十万千百十元角分）	贷方（亿千百十万千百十元角分）
1	出租冷库收到租金	银行存款-工行	转账支票	100000	
2	出租冷库收到租金	其他业务收入-租出固定资产			100000
3					
4					
6					
合计 大写合计		壹仟元整		100000	100000

记账人 陈江北　　审核人 曾永铭　　出纳 刘金金　　*制单人 潘晓琴

图 4-2-1　出租冷库收到租金

（2）每月计提租出固定资产冷库折旧费时，如图 4-2-2 所示：

借：其他业务成本——租出固定资产　　　　290

　　贷：累计折旧　　　　290

新增 保存 删除 放弃 弃审 流量 联查 设置 打印 更多

已审

记账凭证

*凭证类别 记账凭证　*凭证编号 4202　*制单日期 2023-06-30　附单据数

明细　汇总

序号	*摘要	*科目名称	借方（亿千百十万千百十元角分）	贷方（亿千百十万千百十元角分）
1	计提出租冷库折旧	其他业务成本-租出固定资产	29000	
2	计提出租冷库折旧	累计折旧		29000
3				
4				
5				
合计 大写合计		贰佰玖拾元整	29000	29000

记账人 陈江北　审核人 曾永铭　出纳　*制单人 潘晓琴

图 4-2-2　计提出租冷库折旧

（3）月末结转该笔其他业务收入时，如图 4-2-3 所示：

借：其他业务收入——租出固定资产　　1 000

　　贷：本年利润　　1 000

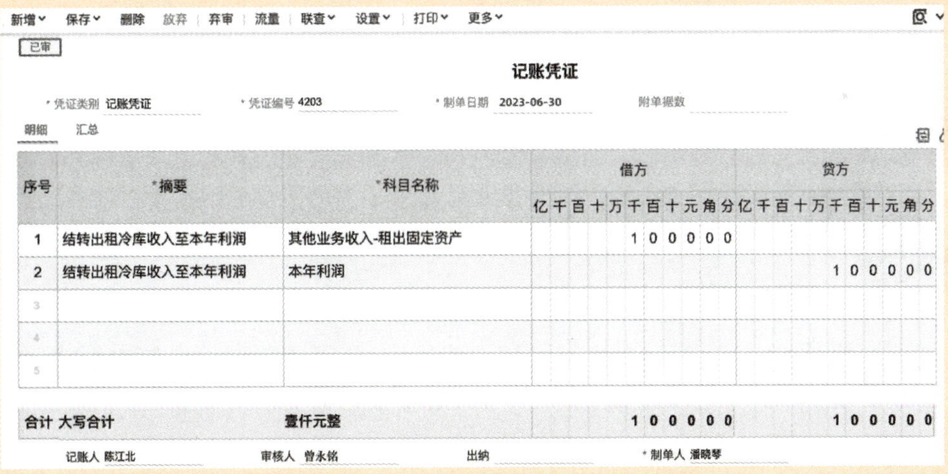

新增 保存 删除 放弃 弃审 流量 联查 设置 打印 更多

已审

记账凭证

*凭证类别 记账凭证　*凭证编号 4203　*制单日期 2023-06-30　附单据数

明细　汇总

序号	*摘要	*科目名称	借方（亿千百十万千百十元角分）	贷方（亿千百十万千百十元角分）
1	结转出租冷库收入至本年利润	其他业务收入-租出固定资产	100000	
2	结转出租冷库收入至本年利润	本年利润		100000
3				
4				
5				
合计 大写合计		壹仟元整	100000	100000

记账人 陈江北　审核人 曾永铭　出纳　*制单人 潘晓琴

图 4-2-3　结转出租冷库收入至本年利润

（4）月末结转该笔其他业务成本时，如图 4-2-4 所示：

借：本年利润　　290

　　贷：其他业务成本——租出固定资产　　290

新增 保存 删除 放弃 弃审 流量 联查 设置 打印 更多

已审

记账凭证

*凭证类别 记账凭证　*凭证编号 4204　*制单日期 2023-06-30　附单据数

明细　汇总

序号	*摘要	*科目名称	借方（亿千百十万千百十元角分）	贷方（亿千百十万千百十元角分）
1	结转出租冷库成本至本年利润	本年利润	29000	
2	结转出租冷库成本至本年利润	其他业务成本-租出固定资产		29000
3				
4				
5				
合计 大写合计		贰佰玖拾元整	29000	29000

记账人 陈江北　审核人 曾永铭　出纳　*制单人 潘晓琴

图 4-2-4　结转出租冷库成本至本年利润

二、租出无形资产的账务处理

企业让渡无形资产使用权并收取租金，在满足收入确认条件的情况下，应确认相关的收入和费用。租出无形资产取得租金收入时，借记“银行存款”“库存现金”等科目，贷记“其他业务收入”等科目；摊销租出无形资产的成本和发生与转让有关的各种费用支出时，借记“其他业务成本”等科目，贷记“累计摊销”等科目。

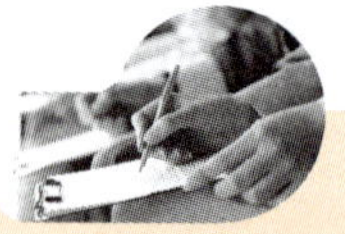

【例 4-2-2】2023 年 1 月 1 日，某电子商务企业将商标权出租给 A 公司使用，租期为 4 年，每年收取租金 150 000 元。该企业在出租期间不再使用此商标权。此商标权系该企业 2012 年 1 月 1 日购入，初始入账价值为 1 800 000 元，预计使用年限为 15 年，采用直线法摊销。账务处理如下：

（1）每年取得租金时，如图 4-2-5 所示：

借：银行存款——工行　　150 000

　　贷：其他业务收入——租出无形资产　　150 000

新增 保存 删除 放弃 弃审 流量 联查 设置 打印 更多

已分配　已审

记账凭证

凭证类别 记账凭证　　凭证编号 4205　　制单日期 2023-01-01　　附单据数

明细　汇总

序号	摘要	科目名称	辅助项	借方（亿千百十万千百十元角分）	贷方（亿千百十万千百十元角分）
1	出租商标权	银行存款-工行	转账	15000000	
2	出租商标权	其他业务收入-租出无形资产			15000000
3					
4					
5					
合计 大写合计		壹拾伍万元整		15000000	15000000

记账人 陈江北　　审核人 曾永铭　　出纳 刘金金　　制单人 潘晓琴

图 4-2-5　出租商标权

（2）按年对该商标权进行摊销时，如图 4-2-6 所示：

借：其他业务成本——租出无形资产　　120 000

　　贷：累计摊销　　120 000

新增 保存 删除 放弃 弃审 流量 联查 设置 打印 更多

已审

记账凭证

凭证类别 记账凭证　　凭证编号 4206　　制单日期 2023-12-31　　附单据数

明细　汇总

序号	摘要	科目名称	借方（亿千百十万千百十元角分）	贷方（亿千百十万千百十元角分）
1	出租的商标权折旧	其他业务成本-租出无形资产	12000000	
2	出租的商标权折旧	累计摊销		12000000
3				
4				
5				
合计 大写合计		壹拾贰万元整	12000000	12000000

记账人 陈江北　　审核人 曾永铭　　出纳　　制单人 潘晓琴

图 4-2-6　出租的商标权折旧

【例 4-2-3】某电子商务企业将一项非专利技术的使用权出租给 B 公司使

用，租金 75 000 元已确认收到，分配给企业指导出租的非专利技术有关人员的工资为 6 000 元。该账务处理如下：

（1）出租非专利技术时，如图 4-2-7 所示：

借：银行存款——工行　　75 000

　　贷：其他业务收入——租出无形资产　　75 000

新增 保存 删除 放弃 弃审 流量 联查 设置 打印 更多

已分配 已审

记账凭证

*凭证类别 记账凭证　*凭证编号 4207　*制单日期 2023-12-31　附单据数

明细 汇总

序号	*摘要	*科目名称	辅助项	借方（亿千百十万千百十元角分）	贷方（亿千百十万千百十元角分）
1	租出非专利技术	银行存款-工行	转账	7500000	
2	租出非专利技术	其他业务收入-租出无形资产			7500000
3					
4					
5					
合计 大写合计		柒万伍仟元整		7500000	7500000

记账人 陈江北　审核人 曾永铭　出纳 刘金金　*制单人 潘晓琴

图 4-2-7　租出非专利技术

（2）分配与出租非专利技术有关人员工资时，如图 4-2-8 所示：

借：其他业务成本——租出无形资产　　6 000

　　贷：应付职工薪酬——应付职工工资　　6 000

新增 保存 删除 放弃 弃审 流量 联查 设置 打印 更多

已审

记账凭证

*凭证类别 记账凭证　*凭证编号 4208　*制单日期 2023-12-31　附单据数

明细 汇总

序号	*摘要	*科目名称	借方（亿千百十万千百十元角分）	贷方（亿千百十万千百十元角分）
1	分配出租无形资产金额至员工	其他业务成本-租出无形资产	600000	
2	分配出租无形资产金额至员工	应付职工薪酬-应付职工工资		600000
3				
4				
5				
合计 大写合计		陆仟元整	600000	600000

记账人 陈江北　审核人 曾永铭　出纳　*制单人 潘晓琴

图 4-2-8　分配出租无形资产金额至员工

三、销售购入包装物的账务处理

包装物是指为了包装本企业商品而储备的各种包装容器，如桶、箱、瓶、坛、袋等。电子商务企业包装物主要包括随同商品出售而不单独计价的包装物和随同商品出售单独计价的包装物。

为了反映和监督包装物的增减变动及其价值损耗、结存等情况，企业应设置“包装物”账户进行核算。随同商品出售但不单独计价的包装物，按照其成本，借记“销售费用”科目，贷记“包装物”科目。随同商品出售并单独计价的包装物，按照其成本，借记“其他业务成本”科目，贷记“包装物”科目。

【例 4-2-4】某电子商务企业为销售商品领用包装物，2023 年 9 月发生有关包装物的经济活动如下：

（1）销售商品领用不单独计价包装物的成本为 5 000 元，该企业应做如下账务处理，如图 4-2-9 所示：

借：销售费用——包装费　　5 000

　　贷：周转材料——包装物　　5 000

新增　保存　删除　放弃　弃审　流量　联查　设置　打印　更多

已审

记账凭证

*凭证类别 记账凭证　*凭证编号 4209　*制单日期 2023-09-01　附单据数

明细　汇总

序号	*摘要	*科目名称	借方											贷方										
			亿	千	百	十	万	千	百	十	元	角	分	亿	千	百	十	万	千	百	十	元	角	分
1	领用包装物（不单独计价）	销售费用-包装费						5	0	0	0	0	0											
2	领用包装物（不单独计价）	周转材料-包装物																	5	0	0	0	0	0
3																								
4																								
5																								
合计 大写合计		伍仟元整						5	0	0	0	0	0						5	0	0	0	0	0

记账人 陈江北　审核人 曾永铭　出纳　*制单人 潘晓琴

图 4-2-9　领用包装物（不单独计价）

（2）销售商品领用单独计价包装物的成本为 8 000 元，销售收入为 10 000 元，增值税税额为 1 300 元，买家已确认收货。该企业应做如下账务处理：

1）出售单独计价包装物时，如图 4-2-10 所示：

借：银行存款——工行　　11 300

　　贷：其他业务收入——包装物　　10 000

　　　　应交税费——应交增值税（销项税额）　　1 300

新增 保存 删除 放弃 弃审 流量 联查 设置 打印 更多

已分配　已审

记账凭证

*凭证类别 记账凭证　*凭证编号 4210　*制单日期 2023-09-02　附单据数

明细　汇总

序号	*摘要	*科目名称	辅助项	借方（亿千百十万千百十元角分）	贷方（亿千百十万千百十元角分）
1	领用包装物（单独计价）	银行存款-工行	转账	1130000	
2	领用包装物（单独计价）	其他业务收入-包装物			1000000
3	领用包装物（单独计价）	应交税费-应交增值税-销项税额			130000
4					
5					
合计 大写合计		壹万壹仟叁佰元整		1130000	1130000

记账人 陈江北　审核人 曾永铭　出纳 刘金金　*制单人 潘晓琴

图 4-2-10　领用包装物（单独计价）

2）结转所售单独计价包装物的成本时，如图 4-2-11 所示：

借：其他业务成本——包装物　　8 000

　　贷：周转材料——包装物　　8 000

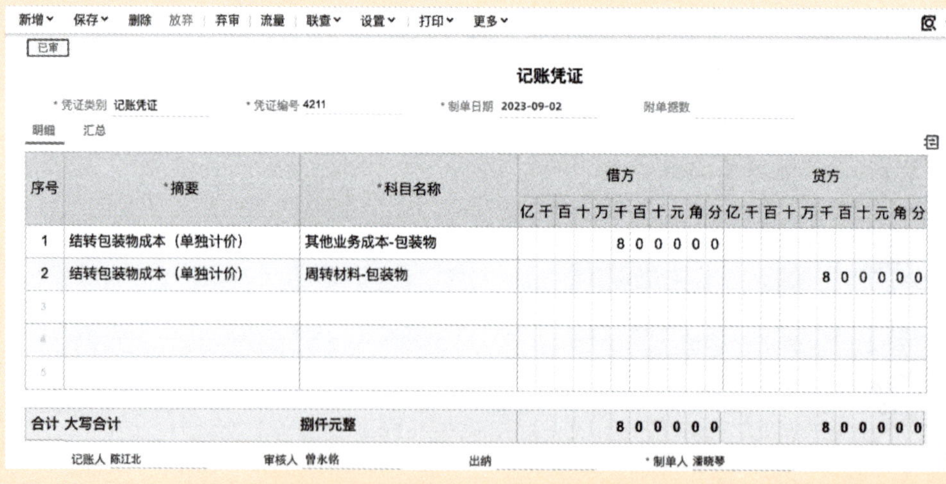
新增 保存 删除 放弃 弃审 流量 联查 设置 打印 更多

已审

记账凭证

*凭证类别 记账凭证　*凭证编号 4211　*制单日期 2023-09-02　附单据数

明细　汇总

序号	*摘要	*科目名称	借方（亿千百十万千百十元角分）	贷方（亿千百十万千百十元角分）
1	结转包装物成本（单独计价）	其他业务成本-包装物	800000	
2	结转包装物成本（单独计价）	周转材料-包装物		800000
3				
4				
5				
合计 大写合计		捌仟元整	800000	800000

记账人 陈江北　审核人 曾永铭　出纳　*制单人 潘晓琴

图 4-2-11　结转包装物成本（单独计价）

技能训练

2023 年 12 月，喜购网络科技有限公司发生下列经济业务。

（1）本年初向宏大网络科技有限公司出租 1 座冷库，原值为 70 000 元，合同规定租期 2 年，每月租金 800 元，每半年预收一次。该冷库每月应计提折旧 280 元。

（2）收取无形资产租金收入 6 000 元，摊销出租无形资产的成本 3 000 元。

（3）网售多余包装物一批，款项为 10 000 元，增值税为 1 300 元，已确认收货。包装物成本为 6 000 元（不考虑物流等费用）。

（4）月末结转上述发生收入。

该公司应如何处理账务?

账务处理如下：

（1）冷库出租的账务处理：

1）12 月收到半年租金：

2023 年全年租金 =800×12=9 600（元）

借：银行存款　　4 800

　　贷：其他业务收入——租出固定资产　　4 800

2）每月计提租出冷库折旧时：

借：其他业务支出——租出固定资产　　280

　　贷：累计折旧　　280

（2）2023 年 12 月取得无形资产租金收入：

借：银行存款　　6 000

　　贷：其他业务收入——租出无形资产　　6 000

摊销无形资产成本时：

借：其他业务成本　　3 000

　　贷：累计摊销　　3 000

（3）出售包装物，买家确认收货时：

借：银行存款　　11 300

　　贷：其他业务收入——出售包装物　　10 000

　　　　应交税费——应交增值税（销项税额）　　1 300

结转销售成本时：

借：其他业务成本　　6 000

贷：包装物——库存包装物　　6 000

（4）期末结转其他业务收入和其他业务成本时：

借：其他业务收入　　25 600

　　贷：本年利润　　25 600

借：本年利润　　12 360

　　贷：其他业务成本　　12 360

单元练习

1. 简述电子商务企业其他业务收入的内容。
2. 简述电子商务企业其他业务收入的账务处理流程。

模块五 电子商务企业商品流通费用和税金的账务处理

能力目标

◇ 能够简述费用的特征、确认条件以及费用的分类
◇ 能够理解并掌握费用的账户设置及账务处理
◇ 能够理解并掌握税金的种类、账户设置及账务处理

学习单元一　电子商务企业商品流通费用的账务处理

电子商务企业在取得各项收入的同时会有相应的支出，从而导致所有者权益减少，经济利益流出企业。电子商务企业的各项支出包括销售商品、提供劳务活动发生的成本，其他活动所发生的支出，各项期间费用等。

一、费用的概念与特点

1. 费用的概念

电子商务企业的商品流通费用是指企业在进行购进、销售、调拨和存储等商品流通过程中所消耗的物化劳动和活劳动的货币表现，以及为组织商品流通所必需的其他货币支出。

2. 费用的特点

（1）费用是企业在日常活动中发生的经济利益的总流出

费用形成于企业日常活动的特征，使其与产生于非日常活动的损失相区分。企业从事或发生的某些活动或事项也能导致经济利益流出企业，但不属于企业的日常活动。

例如，企业处置固定资产、无形资产等非流动资产，因违约支付罚款，对外捐赠，因自然灾害等非常原因造成财产毁损等，这些活动或事项形成的经济利益的总流出属于企业的损失而不是费用。

（2）费用会导致企业所有者权益减少

费用既可能表现为资产的减少，如减少银行存款、库存商品等；也可能表现为负债的增加，如增加应付职工薪酬、应交税费等。根据“资产－负债＝所有者权益”的会计等式，费用一定会导致企业所有者权益减少。

（3）费用与向所有者分配利润或股利无关

电子商务企业的费用主要包括营业成本（主营业务成本、其他业务成本）、税金及附加、各项期间费用（销售费用、管理费用、财务费用）等。向所有者分配利润或股利属于企业利润分配的内容，不构成企业的费用。

二、费用的确认

通常，企业的费用应在发生时按照其发生额计入当期损益。企业销售商品收入和提供劳务收入已予确认的，应将已销售商品和已提供劳务的成本作为营业成本结转至当期损益。

三、支出、费用和成本的关系

支出、费用和成本是三个易被混淆的概念。支出是指企业的一切开支及耗费，一般情况下可分为资本性支出、收益性支出、营业外支出和利润分配性支出四大类，支出中与取得营业收入有关的部分，可表现或转化为费用。费用是指企业为销售商品、提供劳务等日常活动所发生的经济利益的流出，是构成产品成本的基础。产品（劳务）成本是指企业为生产商品、提供劳务而发生的各种耗费，是对象化的费用。支出、费用与成本之间既有联系也有区别。

费用是资产的耗费，其目的是取得营业收入，获得更多的新资产；成本则是对象化的费用，费用的范围大于成本。费用有时与支出相伴随，但支出却不一定是当期的费用。支出的范围最广，包括费用也包括成本。

成本和费用的联系：成本和费用都是企业除偿债性支出和分配性支出以外的支出构成部分，成本和费用都是企业经济资源的耗费，期末应将当期已销产品的成本结转进入当期的费用。

成本和费用的区别：成本是对象化的费用，其所针对的是一定的成本计算对象，费用则是针对一定的期间而言的。

四、主营业务成本的账务处理

1. 账户设置

为了核算主营业务成本增减变动，企业应设置“主营业务成本”账户。该账户属于损益类账户，用于核算企业确认销售商品或提供劳务等主营业务收入应结转的成本，其借方登记主营业务成本的发生数，贷方登记主营业务成本的减少数。月末可将该账户的余额转入“本年利润”账户，结转后该账户应无余额。“主营业务成本”账户应按照主营业务的种类进行明细核算。

2. 账务处理

企业主营业务成本的主要账务处理如下。

（1）月末，企业可根据本月销售各种商品或提供各种劳务的实际成本，计算应结转的主营业务成本，借记“主营业务成本”科目，贷记“库存商品”“生产成本”“工程施工”等科目。

（2）本月发生的销售退回，可以直接从本月的销售数量中减去，得出本月销售的净数量，然后计算应结转的主营业务成本，也可以单独计算本月销售退回成本，借记“库存商品”等科目，贷记“主营业务成本”科目。

（3）月末，可将本科目的余额转入“本年利润”科目，借记“本年利润”科目，贷记“主营业务成本”科目。

五、其他业务成本的账务处理

1. 账户设置

为了核算其他业务成本的增减变化，企业应设置“其他业务成本”账户。该账户属于损益类账户，用于核算企业确认的除主营业务活动以外的其他日常生产经营活动所发生的支出，包括销售材料的成本、租出固定资产的折旧费、租出无形资产的摊销额等。其借方登记其他业务成本的发生数，贷方登记其他业务成本的减少数。月末，可将该账户余额转入“本年利润”账户，结转后该账户应无余额。“其他业务成本”账户应按照其他业务成本的种类进行明细核算。

2. 账务处理

企业其他业务成本的主要账务处理：企业发生的其他业务成本，借记“其他业务成本”科目，贷记“库存商品”“周转材料”“累计折旧”“累计摊销”“银行存款”等科目。

六、税金及附加的账务处理

1. 账户设置

为了核算税金及附加的增减变化，企业应设置“税金及附加”账户。该账户属于损益类账户，用于核算企业开展日常生产经营活动应负担的消费税、城市维护建设税、资源税、土地增值税、城镇土地使用税、房产税、车船税、印花税和教育费附加、矿产资源补偿费、排污费等相关税费。其借方登记税金及附加的发生数，贷方登记税金及附加的减少数。月末，可将该账户余额转入“本年利润”账户，结转后该账户应无余额。与最终确认营业外收入或营业外支出相关的税费，在“固定资产清理”“无形资产”等账户核算，不在“税金及附加”账户核算。“税金及附加”账户应按照税费种类进行明细核算。

2. 账务处理

企业按照规定计算确定的与其日常生产经营活动相关的税费，借记“税金及附加”科目，贷记“应交税费”等科目。

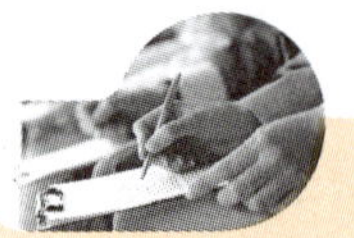

【例 5-1-1】2023 年 6 月，某电子商务企业取得主营业务收入 800 000 元，消费税 20 000 元，城市维护建设税 2 800 元，教育费附加 1 200 元。不考虑其他税费。账务处理如下，如图 5-1-1 所示：

借：税金及附加　　24 000

　　贷：应交税费——应交消费税　　20 000

　　　　　　　　——应交城市维护建设税　　2 800

　　　　　　　　——应交教育费附加　　1 200

新增 保存 删除 放弃 弃审 流量 联查 设置 打印 更多

已审

记账凭证

*凭证类别 记账凭证　*凭证编号 5101　*制单日期 2023-06-30　附单据数

明细　汇总

序号	*摘要	*科目名称	借方（亿千百十万千百十元角分）	贷方（亿千百十万千百十元角分）
1	计提税金及附加	税金及附加	2400000	
2	计提税金及附加	应交税费-应交城市维护建设税		280000
3	计提税金及附加	应交税费-应交教育费附加		120000
4	计提税金及附加	应交税费-应交消费税		2000000
5				
合计 大写合计		贰万肆仟元整	2400000	2400000

记账人 陈江北　审核人 曾永铭　出纳　*制单人 潘晓琴

图 5-1-1　计提税金及附加

七、期间费用的账务处理

期间费用是指不能直接归属于某个特定产品成本或某项特定劳务成本的费用。它与当期产品、劳务的管理和销售直接相关，而与产品的产量、产品的制造和劳务提供的过程无直接关系，因而不能列入产品制造或劳务成本，而应在发生的当期从损益中扣除。

期间费用包括销售费用、管理费用和财务费用。

1. 销售费用

（1）账户设置

为了核算销售费用的增减变化，企业应设置“销售费用”账户。该账户属于损益类账户，用于核算企业在销售商品或提供劳务过程中发生的各种费用，包括销售人员的职工薪酬、商品维修费、运输费、装卸费、包装费、保险费、广告费、业务宣传费、展览费等。其借方登记销售费用的发生数，贷方登记销售费用的减少数。月末，可将该账户余额转入“本年利润”账户，结转后该账户应无余额。“销售费用”账户应按照费用项目进行明细核算。

企业（批发业、零售业）在购买商品过程中发生的费用（如运输费、装卸费、包装费、保险费、运输途中的合理损耗和入库前的挑选整理费等），也在“销售费用”账户核算。

（2）账务处理

企业销售费用的主要账务处理如下。

企业在销售商品或提供劳务过程中发生的销售人员的职工薪酬、商品维修费、运输费、装卸费、包装费、保险费、广告费、业务宣传费、展览费等费用，借记“销售费用”科目，贷记“库存现金”“银行存款”等科目。

企业（批发业、零售业）在购买商品过程中发生的运输费、装卸费、包装费、保险费、运输途中的合理损耗和入库前的挑选整理费等，借记“销售费用”科目，贷记“库存现金”“银行存款”“应付账款”等科目。

【例 5-1-2】某电子商务企业 2023 年 12 月发生下列销售费用，账务处理如下：

（1）以银行存款支付广告费 5 000 元，如图 5-1-2 所示：

借：销售费用——广告费　　　　5 000

　　贷：银行存款——建行　　　　5 000

新增 保存 删除 放弃 弃审 流量 联查 设置 打印 更多

已分配 已审

记账凭证

凭证类别 记账凭证　凭证编号 5102　制单日期 2023-12-01　附单据数

明细 汇总

序号	摘要	科目名称	辅助项	借方（亿千百十万千百十元角分）	贷方（亿千百十万千百十元角分）
1	支付广告费	销售费用-广告费		500000	
2	支付广告费	银行存款-建行	转账		500000
3					
4					
5					
合计 大写合计		伍仟元整		500000	500000

记账人 陈江北　审核人 曾永铭　出纳 刘金金　制单人 潘晓琴

图 5-1-2　支付广告费

（2）网售产品时，用银行存款支付由本企业负担的快递费 3 000 元，如图 5-1-3 所示：

借：销售费用——运输费　　　　3 000

　　贷：银行存款——建行　　　　3 000

新增 保存 删除 放弃 弃审 流量 联查 设置 打印 更多

已分配 已审

记账凭证

凭证类别 记账凭证　凭证编号 5103　制单日期 2023-12-04　附单据数

明细 汇总

序号	摘要	科目名称	辅助项	借方（亿千百十万千百十元角分）	贷方（亿千百十万千百十元角分）
1	支付快递费	销售费用-运输费		300000	
2	支付快递费	银行存款-建行	转账支票		300000
3					
4					
5					
合计 大写合计		叁仟元整		300000	300000

记账人 陈江北　审核人 曾永铭　出纳 刘金金　制单人 潘晓琴

图 5-1-3　支付快递费

（3）月末，结转本月发生的销售费用，如图 5-1-4 所示：

借：本年利润　　　　8 000

贷：销售费用——广告费　　5 000
　　　　　　——运输费　　3 000

新增 保存 删除 放弃 弃审 流量 联查 设置 打印 更多

已审

记账凭证

*凭证类别 记账凭证　　*凭证编号 5104　　*制单日期 2023-12-31　　附单据数

明细　汇总

序号	*摘要	*科目名称	借方（亿千百十万千百十元角分）	贷方（亿千百十万千百十元角分）
1	结转销售费用	本年利润	800000	
2	结转销售费用	销售费用-广告费		500000
3	结转销售费用	销售费用-运输费		300000
4				
5				
合计 大写合计		捌仟元整	800000	800000

记账人 陈江北　　审核人 曾永铭　　出纳　　*制单人 潘晓琴

图 5-1-4　结转销售费用

2. 管理费用

（1）账户设置

为了核算管理费用的增减变化，企业应设置“管理费用”账户。该账户属于损益类账户，用于核算企业为组织和管理生产经营发生的各种费用，包括企业在筹建期间内发生的开办费、行政管理部门发生的费用（如固定资产折旧费、修理费、办公费、水电费、差旅费、管理人员的职工薪酬等）、业务招待费、研究费用、技术转让费、相关长期待摊费用摊销、财产保险费、聘请中介机构费、咨询费（含顾问费）、诉讼费等。其借方登记管理费用的发生数，贷方登记管理费用的减少数。月末，可将该账户的余额转入“本年利润”账户，结转后该账户应无余额。“管理费用”账户应按照费用项目进行明细核算。

企业（批发业、零售业）管理费用不多的，可不设置“管理费用”账户，管理费用的核算内容可并入“销售费用”账户核算。

（2）账务处理

企业管理费用的主要账务处理如下。

1）企业在筹建期间发生的开办费（如相关人员的职工薪酬、办公费、培训费、差旅费、印刷费、注册登记费以及不计入固定资产成本的借款费用等费用），在实际发生时，借记“管理费用”科目，贷记“银行存款”等科目。

2）行政管理部门人员的职工薪酬，借记“管理费用”科目，贷记“应付职工薪酬”科目。

3）行政管理部门计提的固定资产折旧费和发生的修理费，借记“管理费用”科目，贷记“累计折旧”“银行存款”等科目。

4）行政管理部门发生的办公费、水电费、差旅费，借记“管理费用”科目，贷记“银行存款”等科目。

5）企业发生的业务招待费、相关长期待摊费用摊销、技术转让费、财产保险费、聘请中介机构费、咨询费（含顾问费）、诉讼费等，借记“管理费用”科目，贷记“银行存款”“长期待摊费用”等科目。

6）企业自行研发无形资产发生的研究费用，借记“管理费用”科目，贷记“研发支出”科目。

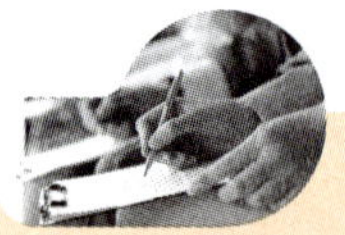

【例 5-1-3】某电子商务企业 2023 年 6 月发生下列管理费用，账务处理如下：

（1）以银行存款支付聘请注册会计师查账费 8 000 元，业务招待费 9 000 元，办公费 10 000 元，如图 5-1-5 所示：

借：管理费用——其他管理费用　　8 000

　　　　　　——业务招待费　　9 000

　　　　　　——办公费　　10 000

　　贷：银行存款——工行　　27 000

新增 保存 删除 放弃 弃审 流量 联查 设置 打印 更多

已分配 已审

记账凭证

*凭证类别 记账凭证　*凭证编号 5105　*制单日期 2023-06-30　附单据数

明细 汇总

序号	*摘要	*科目名称	辅助项	借方（亿千百十万千百十元角分）	贷方（亿千百十万千百十元角分）
1	支付查账费	管理费用-其他管理费用		8 0 0 0 0 0	
2	支付业务招待费	管理费用-业务招待费		9 0 0 0 0 0	
3	支付办公费	管理费用-办公费		1 0 0 0 0 0 0	
4	支付相关费用	银行存款-工行	转账支票		2 7 0 0 0 0 0
5					
合计 大写合计		贰万柒仟元整		2 7 0 0 0 0 0	2 7 0 0 0 0 0

记账人 陈江北　审核人 曾永铭　出纳 刘金金　*制单人 潘晓琴

图 5-1-5　支付相关费用

（2）企业行政部门领用库存物资 500 元，应付行政管理人员工资 8 000 元，计提福利费 900 元，如图 5-1-6 所示：

借：管理费用——办公费　500

　　　　　　——管理人员职工薪酬　8 000

　　　　　　——其他管理费用　900

　贷：库存商品——A4 纸　500

　　　应付职工薪酬——应付职工工资　8 000

　　　　　　　　　——应付福利费　900

新增　保存　删除　放弃　弃审　流量　联查　设置　打印　更多

已审

记账凭证

*凭证类别 记账凭证　　*凭证编号 5106　　*制单日期 2023-06-30　　附单据数

明细　汇总

序号	*摘要	*科目名称	辅助项	计量单位	借方（亿千百十万千百十元角分）	贷方（亿千百十万千百十元角分）
1	计提行政部相关费用	管理费用-办公费			50000	
2	计提行政部相关费用	管理费用-管理人员职工薪酬			800000	
3	计提行政部相关费用	管理费用-其他管理费用			90000	
4	计提行政部相关费用	库存商品	A4纸	包		50000
5	计提行政部相关费用	应付职工薪酬-应付职工工资				800000
6	计提行政部相关费用	应付职工薪酬-应付福利费				90000
合计 大写合计		玖仟肆佰元整			940000	940000

记账人 陈江北　　审核人 曾永铭　　出纳　　*制单人 潘晓琴

图 5-1-6　计提行政部分相关费用

（3）月末，结转本月发生的管理费用，如图 5-1-7 所示：

借：本年利润　36 400

　贷：管理费用——管理人员职工薪酬　8 000

　　　　　　　——办公费　10 500

　　　　　　　——其他管理费用　8 900

　　　　　　　——业务招待费　9 000

新增 保存 删除 放弃 弃审 流量 联查 设置 打印 更多

已审

记账凭证

*凭证类别 记账凭证　*凭证编号 5107　*制单日期 2023-06-30　附单据数

明细　汇总

序号	*摘要	*科目名称	借方（亿千百十万千百十元角分）	贷方（亿千百十万千百十元角分）
1	月末结转管理费用	本年利润	3640000	
2	月末结转管理费用	管理费用-管理人员职工薪酬		800000
3	月末结转管理费用	管理费用-办公费		1050000
4	月末结转管理费用	管理费用-其他管理费用		890000
5	月末结转管理费用	管理费用-业务招待费		900000
6				
合计 大写合计		叁万陆仟肆佰元整	3640000	3640000

记账人 陈江北　审核人 曾永铭　出纳　*制单人 潘晓琴

图 5-1-7　月末结转管理费用

3. 财务费用

（1）账户设置

为了核算财务费用的增减变化，企业应设置“财务费用”账户。该账户属于损益类账户，用于核算企业为筹集经营所需资金而发生的筹资费用，包括电子商务企业第三方平台手续费、利息费用（减利息收入）、汇兑损失、银行相关手续费、企业给予的现金折扣（减享受的现金折扣）等。其借方登记财务费用的发生数，贷方登记财务费用的减少数。月末，可将该账户余额转入“本年利润”账户，结转后该账户应无余额。“账务费用”账户应按照费用项目进行明细核算。

企业为购建固定资产、无形资产和经过 1 年期以上的制造才能达到预定可销售状态的存货发生的借款费用，在“在建工程”“研发支出”“制造费用”等账户核算，不在“财务费用”账户核算。企业发生的汇兑收益，在“营业外收入”账户核算，不在“财务费用”账户核算。

（2）账务处理

企业财务费用的账务处理如下。

1）企业发生的利息费用（减利息收入）、汇兑损失、银行相关手续费、企业给予的现金折扣（减享受的现金折扣）等，借记“财务费用”科目，贷记“应付利息”“银行存款”等科目。

2）持未到期的商业汇票向银行贴现，应按照实际收到的金额（即减去贴现息后的净额），借记“银行存款”科目，按照贴现息，借记“财务费用”科目，按照商业汇票的票面金额，贷记“应收票据”科目（银行无追索权情况下）或“短期借款”科目（银行有追索权情况下）。

3）发生的应冲减财务费用的利息收入、享受的现金折扣等，借记“银行存款”等科目，贷记“财务费用”科目。

【例 5-1-4】某电子商务企业 2023 年 12 月发生下列财务费用，账务处理如下：

（1）支付银行承兑汇票手续费 600 元，如图 5-1-8 所示：

借：财务费用——银行手续费　　600

　　贷：银行存款——工行　　600

新增　保存　删除　放弃　审核　记账　流量　联查　设置　打印　更多

已分配　已审

记账凭证

*凭证类别 记账凭证　*凭证编号 5108　*制单日期 2023-12-01　附单据数

明细　汇总

序号	*摘要	*科目名称	辅助项	借方（亿千百十万千百十元角分）	贷方（亿千百十万千百十元角分）
1	支付银行承兑汇票手续费	财务费用-银行手续费		60000	
2	支付银行承兑汇票手续费	银行存款-工行	其他		60000
3					
4					
5					
合计 大写合计	陆佰元整			60000	60000

记账人 陈江北　审核人 曾永铭　出纳 刘金金　*制单人 潘晓琴

图 5-1-8　支付银行承兑汇票手续费

（2）月末，应计提短期借款利息 1 000 元，如图 5-1-9 所示：

借：财务费用——利息费用　　1 000

　　贷：应付利息　　1 000

新增 保存 删除 放弃 弃审 流量 联查 设置 打印 更多

已审

记账凭证

*凭证类别 记账凭证　*凭证编号 5109　*制单日期 2023-12-31　附单据数

明细　汇总

序号	*摘要	*科目名称	借方											贷方										
			亿	千	百	十	万	千	百	十	元	角	分	亿	千	百	十	万	千	百	十	元	角	分
1	月末计提短期借款利息	财务费用-利息费用						1	0	0	0	0	0											
2	月末计提短期借款利息	应付利息																	1	0	0	0	0	0
3																								
4																								
5																								
合计 大写合计		壹仟元整						1	0	0	0	0	0						1	0	0	0	0	0

记账人 陈江北　审核人 曾永铭　出纳　*制单人 潘晓琴

图 5-1-9　月末计提短期借款利息

（3）月末，结转本月发生的财务费用，如图 5-1-10 所示：

借：本年利润　　1 600

　贷：财务费用——利息费用　　1 000

　　　　　　——银行手续费　　600

新增 保存 删除 放弃 审核 记账 流量 联查 设置 打印 更多

已审

记账凭证

*凭证类别 记账凭证　*凭证编号 5110　*制单日期 2023-12-31　附单据数

明细　汇总

序号	*摘要	*科目名称	借方											贷方										
			亿	千	百	十	万	千	百	十	元	角	分	亿	千	百	十	万	千	百	十	元	角	分
1	结转本月发生的财务费用	本年利润						1	6	0	0	0	0											
2	结转本月发生的财务费用	财务费用-利息费用																	1	0	0	0	0	0
3	结转本月发生的财务费用	财务费用-银行手续费																		6	0	0	0	0
4																								
5																								
6																								
合计 大写合计		壹仟陆佰元整						1	6	0	0	0	0						1	6	0	0	0	0

记账人 陈江北　审核人 曾永铭　出纳　*制单人 潘晓琴

图 5-1-10　结转本月发生的财务费用

技能训练

1. 喜购网络科技有限公司 2023 年 6 月发生如下经济业务。

（1）以数字货币支付广告费用 70 000 元。

（2）计提短期借款利息 7 000 元，支付银行借款手续费 1 000 元。

（3）以数字货币支付发生的业务招待费用 3 000 元。

（4）计提本公司行政办公室固定资产折旧费 3 000 元，销售部门固定资产折旧费 5 000 元。

（5）6 月末分配工资 500 000 元。其中，销售人员工资 300 000 元，管理人员工资 50 000 元，在建工程人员工资 150 000 元。

（6）月末结转已销售商品成本 580 000 元。

（7）月末结转本月应交的城市维护建设税 9 990 元、教育费附加 4 990 元。

该公司应如何处理账务？

账务处理如下：

（1）支付广告费：

借：销售费用　　70 000

　　贷：数字货币——人民币　　70 000

（2）计提短期借款利息、支付银行手续费：

借：财务费用——利息支出　　7 000

　　贷：应付利息　　7 000

借：财务费用——手续费　　1 000

　　贷：银行存款　　1 000

（3）业务招待费用支出：

借：管理费用　　3 000

　　贷：数字货币——人民币　　3 000

（4）计提固定资产折旧：

借：管理费用　　3 000

　　销售费用　　5 000

　　贷：累计折旧　　8 000

（5）分配工资：

借：销售费用　　300 000

管理费用　　50 000
在建工程　　150 000
贷：应付职工薪酬——工资　　500 000

（6）月末结转已销售商品的成本：

借：主营业务成本　　580 000
贷：库存商品　　580 000

（7）月末结转本月应交税费：

借：税金及附加——城市维护建设税　　9 990
——教育费附加　　4 990
贷：应交税费——应交城市维护建设税　　9 990
——应交教育费附加　　4 990

2. 宏大网络科技有限公司 2023 年 12 月发生如下经济业务。

（1）开出转账支票，支付网络广告费 160 000 元。

（2）结转本月客服人员等销售人员工资及福利费 390 000 元，并按规定计提销售部门固定资产折旧费 90 000 元。

（3）以银行存款支付本月业务招待费 37 000 元。

（4）结转本月行政管理部门人员工资及福利费 100 000 元，并按规定计提行政管理部门固定资产折旧费 30 000 元。

（5）以银行存款支付本公司短期借款利息 26 000 元、银行手续费 3 000 元。

（6）接到银行通知，本公司第四季度银行利息收入为 2 000 元。

（7）月末结转以上经济业务发生的销售费用、管理费用、财务费用。

该公司应如何处理账务？

账务处理如下：

（1）支付网络广告费：

借：销售费用　　160 000
贷：银行存款　　160 000

（2）结转销售部门人员工资并计提固定资产折旧：

借：销售费用——工资及福利费　　390 000
——折旧　　90 000
贷：应付职工薪酬　　390 000
累计折旧　　90 000

（3）支付本月业务招待费：

借：管理费用——业务招待费　　37 000
　　贷：银行存款　　37 000

（4）结转行政管理部门人员工资并计提固定资产折旧：

借：管理费用——工资及福利费　　100 000
　　　　　　——折旧　　30 000
　　贷：应付职工薪酬　　100 000
　　　　累计折旧　　30 000

（5）支付银行利息及手续费：

借：财务费用——利息　　26 000
　　　　　　——手续费　　3 000
　　贷：银行存款　　29 000

（6）收到第四季度利息：

借：银行存款　　2 000
　　贷：财务费用　　2 000

（7）月末结转销售费用、管理费用、财务费用：

借：本年利润　　834 000
　　贷：销售费用　　640 000
　　　　管理费用　　167 000
　　　　财务费用　　27 000

单元练习

1. 简述电子商务企业费用的构成内容。
2. 简述电子商务企业期间费用的账务处理方法。

学习单元二 电子商务企业商品流通税金的账务处理

电子商务企业是商品流通企业，应按照国家规定缴纳税金，企业缴纳的税金则成为企业的一项重要支出。

一、税金的概念及种类

税金是国家根据税法规定的税率向企业和个人征收的各种税款和教育费附加。根据我国现行税法的规定，电子商务企业应缴纳的税金主要有：增值税、消费税、企业所得税、关税、城市维护建设税、教育费附加、房产税、城镇土地使用税、车船税、印花税、代扣代缴的个人所得税等。

二、税金的账户设置

电子商务企业主要设置“应交税费”“税金及附加”等账户处理税金支出及缴纳的情况。

1.“应交税费”账户

“应交税费”是负债类账户，反映企业应交税费的形成及缴纳情况。该账户贷方登记应缴纳的各种税费，借方登记实际缴纳的税费。期末余额在贷方，表示企业尚未缴纳的税费；期末余额在借方，表示多缴或尚未抵扣的税费。其明细账应按照应交税费的种类来设置。

2.“税金及附加”账户

“税金及附加”是损益类账户，反映企业销售商品应负担的消费税、城市维护建设税、教育费附加、资源税、房产税、城镇土地使用税、车船税、印花税等相关税费。该账户的借方登记应缴纳的各种税金及附加，贷方登记期末结转至“本年利润”账户的金额，结转后该账户无余额。

三、增值税的账务处理

1. 征税范围

增值税是指对在我国境内销售货物或提供加工、修理修配劳务以及进口货物的单位和个人，就其取得的货物或应税劳务的增值额征收的一种流转税。凡从事销售或者进口货物、提供应税劳务的单位和个人均为增值税纳税人。

我国现行增值税条例规定，将纳税人按其经营规模的大小及会计核算健全与否分

为一般纳税人和小规模纳税人，并对其采取不同的登记管理办法。

电子商务企业一般纳税人是指从事货物批发或零售的纳税人，年应税销售额在80万元以上且会计核算健全，经税务机关审核认定为增值税一般纳税人的企业或个人。

电子商务企业小规模纳税人是指年应税销售额在80万元以下（含80万元），会计核算不健全，不能按规定报送有关税务资料的从事货物批发或零售的纳税人。

2. 税率

我国现行的《中华人民共和国增值税暂行条例》规定：一般纳税人的增值税税率为13%、10%、9%、6%，即一般商品13%、交通建筑10%、矿产农产品9%、服务6%。小规模纳税人的主要征收率为3%。

3. 应纳增值税税额的计算

应纳增值税税额的计算公式为：

一般纳税人：当期应纳增值税税额 = 当期销项税额 − 当期进项税额

小规模纳税人：当期应纳增值税税额 = 当期销售额 × 征收率（3%）

4. 增值税的账务处理

（1）“销项税额”的账务处理

1）销售货物或提供应税劳务。企业销售货物或提供应税劳务（包括将自产、委托加工或购买的货物分配给股东、投资者），按照实现的销售收入和按规定收取的增值税额：

借：应收账款／银行存款

　　贷：应交税费——应交增值税（销项税额）

　　　　主营业务收入／其他业务收入

同时结转成本：

借：主营业务成本

　　贷：库存商品

2）将自产、委托加工货物用于非应税项目，应视同销售货物计算应交增值税：

借：在建工程（计税价格是成本价或确认价）

　　贷：应交税费——应交增值税（销项税额）

　　　　库存商品／委托加工物资

（2）“进项税额”的账务处理

1）国内购进货物。企业在国内采购的货物，按照增值税专用发票上注明的增值税额：

借：应交税费——应交增值税（进项税额）

商品采购／原材料／销售费用／管理费用

贷：应付账款／银行存款

需要注意的是：如果购进货物未能取得增值税专用发票，则不能计算扣除进项税额；如果购进货物取得的增值税专用发票有误，也不得作为扣税凭证，购货方有权拒收不符合规定的增值税发票，否则其进项税额就必须计入货物的购进成本中。

2）接受投资转入货物。应按照增值税专用发票上注明的增值税额：

借：应交税费——应交增值税（进项税额）

库存商品

贷：实收资本

3）接受捐赠转入的货物。应按照增值税专用发票上注明的增值税额：

借：应交税费——应交增值税（进项税额）

库存商品

贷：营业外收入

（3）“已交税费”的账务处理

企业预（上）缴增值税时：

借：应交税费——应交增值税（已交税费）

贷：银行存款等

收到退回多交的增值税时，做冲销的会计处理。

注：适用于代开预征等当月税款当月缴纳的情况，不适用于当月计算、次月入库的正常计算纳税的账务。

（4）“视同销售”的账务处理

企业将自产、委托加工的货物用于集体福利或个人消费等，应视同销售货物计算应交增值税：

借：在建工程／应付职工薪酬

贷：库存商品

应交税费——应交增值税（销项税额）

（5）“进项税额转出”的账务处理

企业购进的货物用于免税项目、非应税项目、集体福利或个人消费等，应做进项税额转出处理：

借：待处理财产损溢（非正常损失）

在建工程（不动产类非应税项目）

应付职工薪酬（集体福利或个人消费）

贷：库存商品

应交税费——应交增值税（进项税额转出）

需要特别注意的是，

购入免税农产品（农业生产者自产）进项税额 = 购买价 ×9%

验收入库商品的成本 = 购买价 – 进项税

账务处理如下：

借：库存商品

应交税费——应交增值税（进项税额）

贷：银行存款（或库存现金）

（6）小型微利企业（月销售额不超过 3 万元）免征增值税的账务处理

1）开出增值税普通发票（含税收入）：

借：银行存款（应收账款）

贷：主营业务收入

应交税费——应交增值税（减免税额）

2）结转减免税额：

借：应交税费——应交增值税（减免税额）

贷：其他业务收入（或补贴收入）——免税收入

【例 5-2-1】某电子商务企业（小规模纳税人）2023 年 6 月含税销售额为 25 750 元，全部收入存入银行。则其本月不含税销售额为 25 000 元，小于 30 000 元，符合小型微利企业的减免政策。

不含税销售额 = 含税销售额 ÷（1+3%）=2 5750÷（1+3%）-25 000（元）

减免增值税税额 = 不含税销售额 ×3%=25 000×3%=750（元）

账务处理如下，如图 5-2-1、图 5-2-2 所示：

	借方	贷方
借：银行存款	25 750	
贷：主营业务收入——A 版裙		25 000
应交税费——应交增值税（减免税额）		750
借：应交税费——应交增值税（减免税额）	750	
贷：其他业务收入——免税收入		750

新增 保存 删除 放弃 弃审 流量 联查 设置 打印 更多

已审

记账凭证

凭证类别 记账凭证　凭证编号 5201　制单日期 2023-06-01　附单据数

明细　汇总

序号	摘要	科目名称	辅助项	计量单位	借方（亿千百十万千百十元角分）	贷方（亿千百十万千百十元角分）
1	小规模纳税人销售收入	银行存款			2575000	
2	小规模纳税人销售收入	主营业务收入	A版裙	件		2500000
3	小规模纳税人销售收入	应交税费-应交增值税-减免税额				75000
4						
5						
6						
合计 大写合计	贰万伍仟柒佰伍拾元整				2575000	2575000

记账人 陈江北　审核人 曾永铭　出纳 刘金金　制单人 潘晓琴

图 5-2-1　小规模纳税人销售收入

新增 保存 删除 放弃 弃审 流量 联查 设置 打印 更多

已审

记账凭证

凭证类别 记账凭证　凭证编号 5202　制单日期 2023-06-01　附单据数

明细　汇总

序号	摘要	科目名称	借方（亿千百十万千百十元角分）	贷方（亿千百十万千百十元角分）
1	结转小规模纳税人减免税额	应交税费-应交增值税-减免税额	75000	
2	结转小规模纳税人减免税额	其他业务收入-免税收入		75000
3				
4				
5				
6				
合计 大写合计	柒佰伍拾元整		75000	75000

记账人 陈江北　审核人 曾永铭　出纳　制单人 潘晓琴

图 5-2-2　结转小规模纳税人减免税额

四、消费税的账务处理

我国现行的《中华人民共和国消费税暂行条例》规定，消费税实行单环节征收，只在生产环节和进口环节征收。在商品流通企业包括电子商务企业中，只对经营“金银首饰零售”的企业征收消费税，对其他批发零售商品的企业不征收消费税。

应纳消费税税额的计算公式如下：

应纳消费税税额 = 含税消费额 × 消费税税率（5% 或 10%）

账务处理如下：

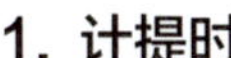

1. 计提时

借：税金及附加

　　贷：应交税费——应交消费税

2. 缴纳时

借：应交税费——应交消费税

　　贷：银行存款

【例 5-2-2】2023 年 6 月，某金银首饰网络旗舰店在金银首饰淡季零售不含税收入 10 万元，增值税税率为 13%，消费税税率为 5%，货款已交存银行，税款于次月 6 日以银行存款缴纳。账务处理如下：

（1）确认收入时，如图 5-2-3 所示：

借：银行存款——工行　　113 000

　　贷：主营业务收入——24 K 金　　100 000

　　　　应交税费——应交增值税（销项税额）　　13 000

新增 保存 删除 放弃 弃审 流量 联查 设置 打印 更多

已复核 已审

记账凭证

*凭证类别 记账凭证　*凭证编号 5203　*制单日期 2023-06-30　附单据数

明细 汇总

序号	*摘要	*科目名称	辅助项	计量单位	借方（亿千百十万千百十元角分）	贷方（亿千百十万千百十元角分）
1	金银首饰销售	银行存款-工行	转账		11300000	
2	金银首饰销售	主营业务收入	24K金	克		10000000
3	金银首饰销售	应交税费-应交增值税-销项税额				1300000
合计 大写合计		壹拾壹万叁仟元整			11300000	11300000

记账人 陈江北　审核人 曾永铭　出纳 刘金金　*制单人 潘晓琴

图 5-2-3　金银首饰销售

（2）计提消费税时，如图 5-2-4 所示：

应纳消费税税额 =100 000×5%=5 000（元）

借：税金及附加　　5 000

贷：应交税费——应交消费税　　　　5 000

新增 保存 删除 放弃 审核 记账 流量 联查 设置 打印 更多

已审

记账凭证

凭证类别 记账凭证　凭证编号 5204　制单日期 2023-06-30　附单据数

明细　汇总

序号	摘要	科目名称	借方（亿千百十万千百十元角分）	贷方（亿千百十万千百十元角分）
1	计提消费税	税金及附加	500000	
2	计提消费税	应交税费-应交消费税		500000
3				
4				
5				
6				
合计 大写合计		伍仟元整	500000	500000

记账人 陈江北　审核人 曾永铭　出纳　制单人 潘晓琴

图 5-2-4　计提消费税

（3）缴纳消费税时，如图 5-2-5 所示：

借：应交税费——应交消费税　　　　5 000

　　贷：银行存款——建行　　　　5 000

新增 保存 删除 放弃 弃审 流量 联查 设置 打印 更多

已分配　已审

记账凭证

凭证类别 记账凭证　凭证编号 5205　制单日期 2023-07-06　附单据数

明细　汇总

序号	摘要	科目名称	辅助项	借方（亿千百十万千百十元角分）	贷方（亿千百十万千百十元角分）
1	缴纳消费税	应交税费-应交消费税		500000	
2	缴纳消费税	银行存款-建行	转账支票		500000
3					
4					
5					
合计 大写合计		伍仟元整		500000	500000

记账人 陈江北　审核人 曾永铭　出纳 刘金金　制单人 潘晓琴

图 5-2-5　缴纳消费税

五、城市维护建设税的账务处理

城市维护建设税是国家为了加强城市的维护建设而征收的一种税。它是对缴纳增

值税、消费税的单位和个人，以其实际缴纳的税额为计税依据征收的一种税，税款专门用于城市的公用事业和公共设施的维护建设。城市维护建设税是一种附加税。

城市维护建设税的计税依据是纳税人实际缴纳的增值税、消费税的税额，不包括非税款项。城市维护建设税税率按纳税人所在地的不同实行地区差别比例税率。

纳税人所在地在城市市区的，税率为 7%。

纳税人所在地在县城、建制镇的，税率为 5%。

纳税人所在地不在城市市区、县城、建制镇的，税率为 1%。

城市维护建设税的应纳税额以下列公式计算：

应纳城市维护建设税税额 =（实际缴纳的增值税税额 + 实际缴纳的消费税税额）× 适用税率

账务处理如下：

1. 计提时

借：税金及附加

　　贷：应交税费——应交城市维护建设税

2. 缴纳时

借：应交税费——应交城市维护建设税

　　贷：银行存款

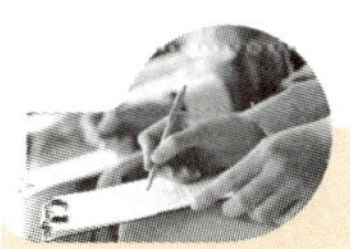

【例 5-2-3】某电子商务企业 2023 年 7 月购进商品 350 000 元，销售额为 950 000 元，增值税税率为 13%，城市维护建设税税率为 7%，未发生应交的消费税。

应交增值税 =（950 000−350 000）×13%=78 000（元）

应交城市维护建设税 =78 000×7%=5 460（元）

账务处理如下：

（1）计提时，如图 5-2-6 所示：

借：税金及附加　　　　　　　　　　　　5 460

　　贷：应交税费——应交城市维护建设税　　　　　　5 460

新增 保存 删除 放弃 弃审 流量 联查 设置 打印 更多

已审

记账凭证

*凭证类别 记账凭证　*凭证编号 5206　*制单日期 2023-07-31　附单据数

明细　汇总

序号	*摘要	*科目名称	借方（亿千百十万千百十元角分）	贷方（亿千百十万千百十元角分）
1	计提城市维护建设税	税金及附加	546000	
2	计提城市维护建设税	应交税费-应交城市维护建设税		546000
3				
4				
5				
合计 大写合计		伍仟肆佰陆拾元整	546000	546000

记账人 陈江北　审核人 曾永铭　出纳　*制单人 潘晓琴

图 5-2-6　计提城市维护建设税

（2）缴纳时，如图 5-2-7 所示：

借：应交税费——应交城市维护建设税　　5 460

　　贷：银行存款——工行　　5 460

新增 保存 删除 放弃 弃审 流量 联查 设置 打印 更多

已分配　已审

记账凭证

*凭证类别 记账凭证　*凭证编号 5207　*制单日期 2023-07-31　附单据数

明细　汇总

序号	*摘要	*科目名称	辅助项	借方（亿千百十万千百十元角分）	贷方（亿千百十万千百十元角分）
1	缴纳城市维护建设税	应交税费-应交城市维护建设税		546000	
2	缴纳城市维护建设税	银行存款-工行	转账		546000
3					
4					
5					
合计 大写合计		伍仟肆佰陆拾元整		546000	546000

记账人 陈江北　审核人 曾永铭　出纳 刘金金　*制单人 潘晓琴

图 5-2-7　缴纳城市维护建设税

六、教育费附加的账务处理

教育费附加不是一个正式税种，但考虑到实际操作中商品流通企业包括电子商务企业所缴纳的教育费附加是在营业收入中支付，并且是以实际缴纳的增值税、消费税的税额为计征依据，故按照一定的附加率，分别与增值税、消费税同时缴纳。

账务处理如下：

1. 计提时

借：税金及附加

　　贷：应交税费——应交教育费附加

2. 缴纳时

借：应交税费——应交教育费附加

　　贷：银行存款

【例 5-2-4】续上例，该企业的教育费附加率为 3%。

应交教育费附加 =78 000×3%=2 340（元）

账务处理如下：

（1）计提时，如图 5-2-8 所示：

借：税金及附加　　2 340

　　贷：应交税费——应交教育费附加　　2 340

新增 保存 删除 放弃 | 弃审 | 流量 | 联查 | 设置 | 打印 | 更多

已审

记账凭证

*凭证类别 记账凭证　　*凭证编号 5208　　*制单日期 2023-07-31　　附单据数

明细　汇总

序号	*摘要	*科目名称	借方（亿千百十万千百十元角分）	贷方（亿千百十万千百十元角分）
1	计提教育费附加	税金及附加	234000	
2	计提教育费附加	应交税费-应交教育费附加		234000
3				
4				
5				
合计 大写合计		贰仟叁佰肆拾元整	234000	234000

记账人 陈江北　　审核人 曾永铭　　出纳　　*制单人 潘晓琴

图 5-2-8　计提教育费附加

（2）缴纳时，如图 5-2-9 所示：

借：应交税费——应交教育费附加　　2 340

贷：银行存款——工行　　　　　　　　　　　　2 340

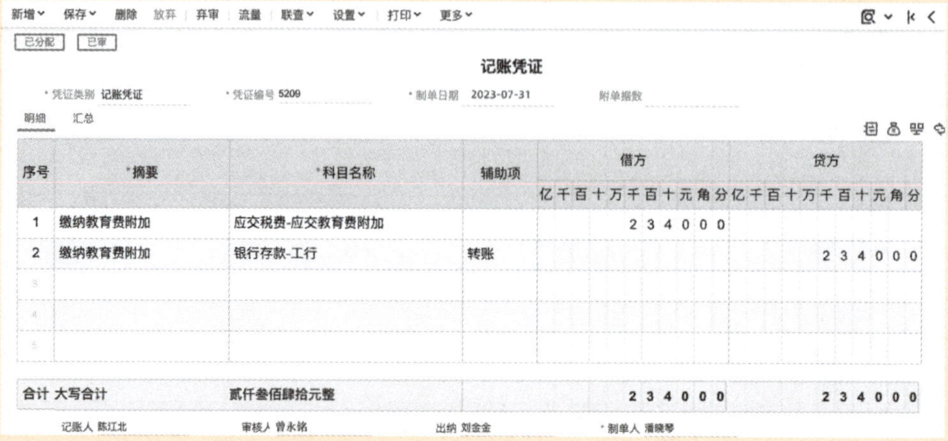

新增 保存 删除 放弃 弃审 流量 联查 设置 打印 更多

已分配 已审

记账凭证

*凭证类别 记账凭证　　*凭证编号 5209　　*制单日期 2023-07-31　　附单据数

明细　汇总

序号	*摘要	*科目名称	辅助项	借方（亿千百十万千百十元角分）	贷方（亿千百十万千百十元角分）
1	缴纳教育费附加	应交税费-应交教育费附加		234000	
2	缴纳教育费附加	银行存款-工行	转账		234000
3					
4					
5					
合计 大写合计	贰仟叁佰肆拾元整			234000	234000

记账人 陈江北　　审核人 曾永铭　　出纳 刘金金　　*制单人 潘晓琴

图 5-2-9　缴纳教育费附加

七、房产税、城镇土地使用税、车船税和印花税的账务处理

1. 房产税

房产税是以房产为征税对象，依据房产原值或房产租金收入向房产所有人或经营人征收的一种税。房产税的纳税人是房屋产权所有人，包括产权所有人、经营管理单位、承典人、房产代管人或者使用人。房产税的计税依据是房产的计税价值或房产的租金收入。从价计征，按房产原值一次减除 10%～30% 后的余值计算缴纳；从租计征，以房产租金收入为计税依据。

房产税的税率有两种：按房产原值一次减除 10%～30% 的余值计征的，税率为 1.2%；按房产出租的租金收入计征的，税率为 12%。

2. 城镇土地使用税

城镇土地使用税是以城镇土地为征收对象，对拥有土地使用权的单位和个人征收的一种税。城镇土地使用税的纳税人包括承担缴纳城镇土地使用税义务的所有单位和个人。以纳税人实际占用土地面积为计税依据，土地面积的计量标准为“平方米（m^2）”。

城镇土地使用税采用地区幅度定额税率，即采用有幅度的差别税率，按大、中、小城市和县城、建制镇、工矿区分别规定每平方米土地年应纳税额。具体标准：大城市 1.5～30 元/m^2，中等城市 1.2～24 元/m^2，小城市 0.9～18 元/m^2，县城、建制

镇、工矿区 0.6～12 元/m^2。

房产税、城镇土地使用税的账务处理如下：

电子商务企业按照规定应缴纳的房产税、城镇土地使用税等，借记“税金及附加”科目，贷记“应交税费”科目（应交房产税、应交城镇土地使用税等）。

3. 车船税

车船税是对在我国境内拥有并使用车船的单位和个人，按照车船的种类、数量、吨位等实行定额征收的一个税种。车船税的应纳税额应根据不同类型的车船及其适用的计税标准分别计算。其中，机动车（载货汽车除外）和非机动车应纳税额的计算公式如下：

应纳税额 = 应税车辆数量 × 单位税额

账务处理如下：

（1）计提时

借：管理费用——车船税

　　贷：应交税费——应交车船税

（2）缴纳时

借：应交税费——应交车船税

　　贷：银行存款

【例 5-2-5】某电子商务企业有机动客车 2 辆，净吨位为 20 吨的机动载货汽车 1 辆，机动三轮车 1 辆。该企业所在地的省人民政府规定，客车每辆全年税额为 90 元，货车每吨全年税额为 50 元，三轮摩托车每辆全年税额为 35 元。账务处理如下：

（1）按规定计算车船税，如图 5-2-10 所示：

应纳税额 =2×90+1×20×50+1×35=1 215（元）

借：管理费用——车船税　　　　1 215

　　贷：应交税费——应交车船税　　　　1 215

新增 保存 删除 放弃 审核 记账 流量 联查 设置 打印 更多

已审

记账凭证

*凭证类别 记账凭证　*凭证编号 5210　*制单日期 2023-07-31　附单据数

明细　汇总

序号	*摘要	*科目名称	借方											贷方										
			亿	千	百	十	万	千	百	十	元	角	分	亿	千	百	十	万	千	百	十	元	角	分
1	计提车船税	管理费用-车船税						1	2	1	5	0	0											
2	计提车船税	应交税费-应交车船税																	1	2	1	5	0	0
3																								
4																								
5																								
6																								
合计 大写合计		壹仟贰佰壹拾伍元整						1	2	1	5	0	0						1	2	1	5	0	0

记账人 陈江北　审核人 曾永铭　出纳　*制单人 潘晓琴

图 5-2-10　计提车船税

（2）缴纳车船税，如图 5-2-11 所示：

借：应交税费——应交车船税　　1 215

　　贷：银行存款——工行　　1 215

新增 保存 删除 放弃 审核 记账 流量 联查 设置 打印 更多

已分配　已审

记账凭证

*凭证类别 记账凭证　*凭证编号 5211　*制单日期 2023-07-31　附单据数

明细　汇总

序号	*摘要	*科目名称	辅助项	借方											贷方										
				亿	千	百	十	万	千	百	十	元	角	分	亿	千	百	十	万	千	百	十	元	角	分
1	缴纳车船税	应交税费-应交车船税							1	2	1	5	0	0											
2	缴纳车船税	银行存款-工行	转账																	1	2	1	5	0	0
3																									
4																									
5																									
6																									
合计 大写合计		壹仟贰佰壹拾伍元整							1	2	1	5	0	0						1	2	1	5	0	0

记账人 陈江北　审核人 曾永铭　出纳 刘金金　*制单人 潘晓琴

图 5-2-11　缴纳车船税

4. 印花税

印花税是对企业在经济活动和经济往来中书立、领受具有法律效力的凭证的行为征收的一个税种。因纳税人主要是通过在应税凭证上粘贴印花税票来完成纳税义务，

故名印花税。凡发生书立、领受应税凭证的行为，就必须依照印花税暂行条例的有关规定履行纳税义务。

应纳税凭证包括：购销、加工承揽、建设工程承包、财产租赁、货物运输、仓储保管、借款、财产保险、技术合同或者具有合同性质的凭证，产权转移书据，营业账簿，权利许可证照。纳税人应根据应纳税凭证的性质，分别按比例税率或定额税率计算应纳税额。

按比例税率计算应纳印花税税额的公式如下：

应纳税额 = 计税金额 × 适用税率

按定额税率计算应纳印花税税额的公式如下：

应纳税额 = 凭证数量 × 单位税额

购买印花税票时所做的账务处理为：

借：税金及附加——印花税

　　贷：银行存款

八、个人所得税的账务处理

电子商务企业按照税法规定应代扣代缴的职工个人所得税，借记“应付职工薪酬”科目，贷记“应交税费（应交个人所得税）”科目。

缴纳的个人所得税，借记“应交税费（应交个人所得税）”科目，贷记“银行存款”科目。

技能训练

1. 喜购网络科技有限公司 2023 年 6 月收购一批农产品，实际支付 20 000 元，收购的农产品已经验收入库，款项已支付；本月喜购公司实际缴纳增值税 70 000 元、消费税 30 000 元，同时支付本月应缴纳的城市维护建设税（该公司城市维护建设税适用税率为 7%）。

该公司应如何处理账务？

账务处理如下：

（1）收购免税农产品：

收购时进项税额 =20 000×9%=1 800（元）

借：库存商品	18 200	
应交税费——应交增值税（进项税额）	1 800	
贷：银行存款		20 000

（2）计算计提并缴纳城市维护建设税：

应交城市维护建设税 =（70 000+30 000）×7%=7 000（元）

借：税金及附加　　7 000

　　贷：应交税费——应交城市维护建设税　　7 000

借：应交税费——应交城市维护建设税　　7 000

　　贷：银行存款　　7 000

2. 宏大网络科技有限公司为增值税一般纳税人，适用税率为 13%。2023 年 12 月，该公司发生以下经济业务。

（1）购入服饰一批，价款为 100 000 元，增值税税额为 13 000 元，商品已入库，货款尚未支付。

（2）天猫店销售服饰一批，价款为 50 000 元，增值税税额为 6 500 元，以现金支付物流费用 300 元，商品成本为 30 000 元，已确认收货。

（3）销售金银首饰 1 000 000 元，增值税税额为 130 000 元，消费税税率为 5%，已确认收货（假定不考虑物流费用）。

（4）本月主营业务应交增值税 100 000 元，应交消费税 30 000 元，城市维护建设税税率为 7%，教育费附加率为 3%。

（5）本月应交房产税 2 000 元，应交车船税 1 000 元。

（6）与外单位签订一份仓库保管合同，保管金额为 70 000 元，印花税为 70 元。

（7）以银行存款支付本月应交增值税 30 000 元。

该公司应如何处理账务？

账务处理如下：

（1）购入商品：

借：库存商品　　100 000

　　应交税费——应交增值税（进项税额）　　13 000

　　贷：应付账款　　113 000

（2）销售商品：

借：银行存款　　56 500

　　销售费用　　300

　　贷：主营业务收入　　50 000

　　　　应交税费——应交增值税（销项税额）　　6 500

　　　　库存现金　　300

借：主营业务成本　　30 000

　　贷：库存商品　　30 000

（3）销售应交消费税商品：

借：银行存款　　1 180 000

　　贷：主营业务收入　　1 000 000

　　　　应交税费——应交增值税（销项税额）　　130 000

　　　　　　　　——应交消费税　　50 000

（4）计算并计提城市维护建设税和教育费附加：

本月应交城市维护建设税 =（100 000+30 000）×7%=9 100（元）

本月应交教育费附加 =（100 000+30 000）×3%=3 900（元）

借：税金及附加　　13 000

　　贷：应交税费——应交城市维护建设税　　9 100

　　　　　　　　——应交教育费附加　　3 900

（5）计提本月房产税和车船税：

借：管理费用——房产税　　2 000

　　　　　　——车船税　　1 000

　　贷：应交税费——应交房产税　　2 000

　　　　　　　　——应交车船税　　1 000

（6）支付本月发生印花税：

借：税金及附加——印花税　　70

　　贷：银行存款　　70

（7）支付本月应交增值税：

借：应交税费——应交增值税　　30 000

　　贷：银行存款　　30 000

单元练习

1. 电子商务企业作为商品流通企业的一员，在商品流通贸易活动中负有依法纳税的义务，其主要涉及的纳税税种有哪些?
2. 简述主要税种的账务处理方法。

模块六 电子商务企业利润的账务处理

能力目标

◇ 能够简述电子商务企业利润的构成内容及计算方法
◇ 能够简述所得税的税率及计算方法，理解并掌握所得税的账户设置及账务处理
◇ 能够理解并掌握利润分配的账户设置及账务处理

学习单元一　电子商务企业利润及利润形成

利润是指企业在一定会计期间的经营成果，包括营业利润、利润总额和净利润。

一、利润的构成

利润等于企业各项收入与各项支出及损失相抵后的余额，余额的多少在一定程度上反映出企业的生产经营活动质量和管理水平。企业的利润来源于两个方面：一是日常经营活动，即企业销售商品、提供劳务而取得的经济利益总流入，减去日常经营活动中发生的相应的经济利益总流出后的差额；二是非日常经营活动，即日常经营活动以外的各种收入、收益和利得等。利润包括收入减去费用后的净额、直接计入当期利润的利得和损失等。直接计入当期利润的利得和损失是指应计入当期损益、会导致所有者权益发生增减变动的、与所有者投入资本或者向所有者分配利润无关的利得或者损失。

二、营业利润

营业利润是指营业收入减去营业成本、税金及附加、销售费用、管理费用、财务

费用，加上投资收益（或减去投资损失）等后的金额。其中，营业收入是指企业销售商品和提供劳务实现的收入总额，包括主营业务收入和其他业务收入；营业成本包括主营业务成本和其他业务成本；投资收益由企业股权投资取得的现金股利（或利润），债券投资取得的利息收入，以及处置股权投资和债券投资取得的处置价款扣除成本或账面余额、相关税费后的净额三部分构成。其具体计算公式如下：

营业利润＝营业收入－营业成本－税金及附加－销售费用－管理费用－研发费用－财务费用＋其他收益＋投资收益（－投资损失）＋净敞口套期收益（－净敞口套期损失）＋公允价值变动收益（－公允价值变动损失）－信用减值损失－资产减值损失＋资产处置收益（－资产处置损失）

其中，营业收入＝主营业务收入＋其他业务收入

营业成本＝主营业务成本＋其他业务成本

营业利润是企业利润总额的主要组成部分。营业利润反映了企业日常经营活动的成果，能够衡量企业管理者的经营业绩，有助于投资者、债权人进行盈利预测并做出正确决策。营业利润的多少，主要受到企业的经营规模、市场占有率、开展多元化经营的程度以及成本费用控制水平等因素的影响。通常情况下，营业利润越高，代表企业的总体经营管理水平越高，效益越好。

三、利润总额

利润总额是指营业利润加上营业外收入，再减去营业外支出后的金额。利润总额反映了企业的综合经营成果，是企业会计核算的重要组成部分。其中，营业外收入是指企业非日常生产经营活动发生的、应当计入当期损益、会导致所有者权益增加的、与所有者投入资本无关的经济利益的净流入。企业的营业外收入包括非流动资产处置净收益、政府补助、捐赠收益、盘盈收益、汇兑收益、出租包装物和商品的租金收入、逾期未退包装物押金收益、确实无法偿付的应付款项、已作坏账损失处理后又收回的应收款项、违约金收益等。营业外支出是指企业非日常生产经营活动发生的、应当计入当期损益、会导致所有者权益减少、与向所有者分配利润无关的经济利益的净流出。企业的营业外支出包括存货的盘亏、毁损、报废损失，非流动资产处置净损失，坏账损失，无法收回的长期债券投资损失，无法收回的长期股权投资损失，自然灾害等不可抗力因素造成的损失，税收滞纳金，罚金、罚款，被没收财物的损失，捐赠支出，赞助支出等。利润总额的计算公式如下：

利润总额＝营业利润＋营业外收入－营业外支出

四、净利润

净利润是指利润总额减去所得税费用后的净额。净利润反映了企业的最终经营成果。其中，所得税费用是指企业以企业所得税法规定计算的当期应纳税所得额与适用所得税税率为基础来确认的、应从当期利润总额中扣除的所得税。企业应当在利润总额的基础上，按照企业所得税法规定进行纳税调整，计算出当期应纳税所得额，以应纳税所得额与适用所得税税率为基础计算确定当期应纳税额，从而确认所得税费用。净利润的计算公式如下：

净利润 = 利润总额 − 所得税费用

五、企业所得税费用

电子商务企业所得税费用是对企业商品经营活动所得征收的一种税费。所得税是企业的一项资产流出，是费用的组成部分，在净利润中扣除。

1. 企业所得税概念

企业所得税是指对我国境内的企业和其他取得收入的组织在一定时期内的生产所得及其他所得征收的一种税。

2. 企业所得税的特点

（1）企业所得税以应纳税所得额为征税对象。

（2）企业所得税较好地体现了“量能负担”的原则。

（3）企业所得税以某一会计期间作为纳税义务发生时间。

3. 企业所得税的纳税人

在中华人民共和国境内，企业和其他取得收入的组织为企业所得税的纳税人（不包括个人独资企业、合伙企业）。企业所得税的纳税人分为居民企业和非居民企业，这是确定纳税人是否负有全面纳税义务的基础。

4. 企业所得税的税率

（1）基本税率。企业所得税的税率为 25%。

（2）优惠税率。非居民企业取得企业所得税法规定的所得，适用税率 20%，减税时按 10% 的税率征收企业所得税。

（3）符合条件的小型微利企业，减按 20% 的税率征收企业所得税。

（4）国家重点扶持的高新技术企业，减按 15% 的税率征收企业所得税。

5. 企业所得税的计算

企业的应纳税所得额乘以适用税率，减除依照税法关于税收优惠的规定减免和抵

免的税额后的余额，为应纳税额，即：

应纳所得税税额＝应纳税所得额×适用税率－减免税额－抵免税额

公式中的减免税额和抵免税额，是指依照企业所得税法和国务院的税收优惠规定减征、免征和抵免的应纳税额。根据计算公式可以看出，企业应纳税额的多少取决于应纳税所得额和适用税率两个因素。

应纳税所得额是在企业会计利润上调整确定的，即：

应纳所得税税额＝会计利润＋纳税调整增加额－纳税调整减少额

6. 企业所得税的账务处理

电子商务企业主要设置“所得税费用”“递延所得税资产”“递延所得税负债”“本年利润”等账户来处理和调整企业所得税费用。资产的账面价值小于其计税基础的，表明该项资产于未来期间会产生经济利益流入因素，两者之间的差额会减少未来期间以应交所得税的方式流出企业的经济利益，应确认为递延所得税资产。反之，一项资产的账面价值大于其计税基础的，两者之间的差额会增加企业于未来期间的应纳税所得额，对企业形成经济利益流出的义务，应确认为递延所得税负债。

所得税费用（或收益）＝当期应交所得税＋递延所得税费用（－递延所得税收益）

所得税费用是企业按照税法规定计算应交的所得税，借记“所得税费用”等科目，贷记“应交所得税”科目。缴纳的所得税，借记“应交所得税”科目，贷记“银行存款”等科目。

“递延所得税资产”账户核算企业确认的可抵扣暂时性差异产生的递延所得税资产。根据税法规定可用以后年度税前利润弥补的亏损及税款抵减产生的所得税资产，也在本账户核算。本账户期末借方余额，反映企业确认的递延所得税资产。本账户按可抵扣暂时性差异等项目进行明细核算。

“递延所得税负债”账户核算企业确认的应纳税暂时性差异产生的所得税负债。本账户期末贷方余额反映企业已确认的递延所得税负债。本账户按应纳税暂时性差异等项目进行明细核算。

利润表中的所得税费用由当期所得税和递延所得税两部分构成，即：

所得税费用＝当期所得税＋递延所得税

其中，

当期所得税＝当期应交所得税额×适用所得税税率

递延所得税＝当期递延所得税负债的增加＋当期递延所得税资产的减少－当期递延所得税负债的减少－当期递延所得税资产的增加

【例 6-1-1】某电子商务企业 2023 年度按企业会计准则计算的税前会计利润是 2 000 万元，按税法规定，本年度应扣除的工资费用为 360 万元，该企业全年实发工资 400 万元。该企业递延所得税资产年初数为 25 万元、年末数为 20 万元，递延所得税负债年初数为 40 万元、年末数为 50 万元。企业所得税税率为 25%。假定该企业全年无其他纳税调整事项。账务处理如下：

（1）计算当期应交所得税税额、所得税费用：

所得税税额 =［2 000+（400−360）］×25%=510（万元）

递延所得税费用 =（50−40）−（20−25）=15（万元）

所得税费用 =510+15=525（万元）

（2）调整所得税费用，如图 6-1-1 所示：

借：所得税费用　　5 250 000

　　贷：应交税费——应交所得税　　5 100 000

　　　　递延所得税资产　　50 000

　　　　递延所得税负债　　100 000

新增 保存 删除 放弃 弃审 流量 联查 设置 打印 更多

已审

记账凭证

*凭证类别 记账凭证　　*凭证编号 6101　　*制单日期 2023-12-31　　附单据数

明细　汇总

序号	*摘要	*科目名称	借方（亿千百十万千百十元角分）	贷方（亿千百十万千百十元角分）
1	调整所得税费用	所得税费用	525000000	
2	调整所得税费用	应交税费-应交所得税		510000000
3	调整所得税费用	递延所得税资产		5000000
4	调整所得税费用	递延所得税负债		10000000
5				
合计 大写合计		伍佰贰拾伍万元整	525000000	525000000

记账人 陈江北　　审核人 曾永铭　　出纳　　*制单人 潘晓琴

图 6-1-1　调整所得税费用

（3）年末结转所得税费用，如图 6-1-2 所示：

借：本年利润　　5 250 000

贷：所得税费用　　　　　　　　　　　　　　5 250 000

新增 保存 删除 放弃 弃审 流量 联查 设置 打印 更多

已审

记账凭证

* 凭证类别 记账凭证　　* 凭证编号 6102　　* 制单日期 2023-12-31　　附单据数

明细　汇总

序号	*摘要	*科目名称	借方	贷方
			亿千百十万千百十元角分	亿千百十万千百十元角分
1	结转所得税费用至本年利润	本年利润	525000000	
2	结转所得税费用至本年利润	所得税费用		525000000
3				
4				
5				
合计 大写合计		伍佰贰拾伍万元整	525000000	525000000

记账人 陈江北　　审核人 曾永铭　　出纳　　* 制单人 潘晓琴

图 6-1-2　结转所得税费用至本年利润

技能训练

2023 年 12 月 31 日，喜购网络科技有限公司有关损益类账户的发生额见表 6-1-1。假定该公司本期无纳税调整事项，适用企业所得税税率为 25%。

表 6-1-1　喜购网络科技有限公司损益类账户的发生额　　　　单位：元

账户名称	借方发生额	账户名称	贷方发生额
主营业务成本	600 000	主营业务收入	980 000
其他业务成本	50 000	其他业务收入	100 000
营业外支出	30 000	营业外收入	50 000
税金及附加	10 000	公允价值变动损益	650 000
财务费用	60 000	投资收益	60 000
销售费用	90 000		
管理费用	170 000		
资产减值损失	65 000		

该公司应如何处理账务?

账务处理如下:

(1)结转损益类账户并计算本期利润总额:

借:主营业务收入	980 000	
其他业务收入	100 000	
营业外收入	50 000	
投资收益	60 000	
公允价值变动损益	650 000	
贷:本年利润		1 840 000
借:本年利润	1 075 000	
贷:主营业务成本		600 000
其他业务成本		50 000
营业外支出		30 000
税金及附加		10 000
销售费用		90 000
管理费用		170 000
财务费用		60 000
资产减值损失		65 000

喜购公司本期利润总额 =1 840 000−1 075 000=765 000(元)

(2)计算并结转企业所得税费用:

喜购公司所得税费用 =765 000×25%=191 250(元)

借:所得税费用	191 250	
贷:应交税费——应交所得税		191 250
借:本年利润	191 250	
贷:所得税费用		191 250

(3)年末结转本年利润:

借:本年利润	573 750	
贷:利润分配——未分配利润		573 750

1. 简述企业营业利润、利润总额及净利润的计算公式。
2. 简述企业所得税的账务处理方法。

单元练习

学习单元二　电子商务企业利润分配的账务处理

企业当期的利润总额扣除所得税后的净额为当期实现的净利润。企业当年实现的净利润，加上年初未分配利润，即为可供分配的利润。

一、利润分配的顺序

一般来说，利润分配是按照企业和投资者的顺序进行的，具体分配顺序如下。

1. 以税前利润弥补以前年度亏损。
2. 以税后利润弥补以前年度亏损。
3. 提取法定盈余公积金。
4. 提取任意盈余公积金。
5. 向投资者分配利润。

二、盈余公积的账务处理

1. 盈余公积的实质与分类

（1）盈余公积的实质

盈余公积是指企业按照规定从净利润中提取的积累资金。获取盈利既是企业的经营目标，也是企业生存和发展的基础。电子商务企业盈利后，先按照国家税法的规定按时足额地缴纳企业所得税，扣除所得税后的净利润需要根据国家的法律法规计提法定盈余公积，并按照企业章程提取任意盈余公积。即法定盈余公积的计提是按照国家有关法律法规进行的，计提的标准也要符合有关规定；任意盈余公积是否计提、计提多少，完全取决于公司或公司股东大会的决定。电子商务企业和其他商品流通企业一样须根据以下原则，按照规定或自愿提取盈余公积。

1）企业按照一定的比例从净利润中提取相应的积累资金，用于满足企业商品经营和贸易发展的资金需要。任何企业都不得将获取的净利润一次性全部分配给股东。

2）企业面临激烈的竞争，经营必然会随着市场的变化而波动，受到各种不利因素的影响时，会出现亏损甚至是严重亏损。提取盈余公积，建立储备资金，使企业在适当的时候可用来保证企业的正常经营，弥补企业经营中的亏损。

3）如果企业在会计期间内没有净收益，为保障股东利益和维护企业形象，可以使用这部分资金保证发放一定数额的股利。

（2）盈余公积的分类

1）法定盈余公积。法定盈余公积是指企业按照规定比例从净利润中提取的盈余公积。《中华人民共和国公司法》明确规定，所有企业必须计提法定盈余公积。只有当企业计提的盈余公积累计达到注册资本的 50% 时，才可以不再提取。《中华人民共和国公司法》的有关规定是：公司制企业应当按照净利润（弥补以前年度亏损后）的 10% 提取法定盈余公积，非公司制企业法定盈余公积的提取比例可超过净利润的 10%。特别注意的是企业年初的未分配利润不包括在计算提取法定盈余公积的基数中。

设置的主要账户为“盈余公积”，用于处理盈余公积的提取和使用情况。该账户贷方登记企业提取盈余公积的数额，借方登记企业盈余公积使用的数额，期末贷方余额反映企业提取盈余公积的结余额。本账户应按盈余公积的种类进行明细核算。

2）任意盈余公积。公司制企业可以根据股东大会的决议提取任意盈余公积；非公司制企业经类似权力机构批准，也可以提取任意盈余公积。提取任意盈余公积既不会减少公司的留存收益，也不会使其增加。其主要目的是在获利较多的年度多提公积，积蓄财力，以便企业在遇到不利情况或者亏损的年度，能够使各期股利水平保持预期的状态。

【例 6-2-1】某电子商务企业 2023 年实现净利润 100 万元，年初未分配利润为 0。经股东大会批准，该企业按当年净利润的 10% 提取法定盈余公积，按照 5% 提取任意盈余公积。假定不考虑其他因素，账务处理如下，如图 6-2-1 所示：

应提取法定盈余公积 =1 000 000×10%=100 000（元）

应提取任意盈余公积 =1 000 000×5%=50 000（元）

借：利润分配——提取法定盈余公积　　100 000

　　　　　　——提取任意盈余公积　　50 000

贷：盈余公积——法定盈余公积　　　　100 000
　　　　　　——任意盈余公积　　　　50 000

新增 保存 删除 放弃 审核 记账 流量 联查 设置 打印 更多

已审

记账凭证

*凭证类别 记账凭证　*凭证编号 6201　*制单日期 2023-12-31　附单据数

明细　汇总

序号	*摘要	*科目名称	借方（亿千百十万千百十元角分）	贷方（亿千百十万千百十元角分）
1	计提盈余公积	利润分配-提取法定盈余公积	10000000	
2	计提盈余公积	利润分配-提取任意盈余公积	5000000	
3	计提盈余公积	盈余公积-法定盈余公积		10000000
4	计提盈余公积	盈余公积-任意盈余公积		5000000
5				
6				
合计 大写合计		壹拾伍万元整	15000000	15000000

记账人 陈江北　审核人 曾永铭　出纳　*制单人 潘晓琴

图 6-2-1　计提盈余公积

2. 盈余公积的账务处理方法

（1）弥补亏损

根据有关法规规定，电子商务企业发生亏损，可以用发生亏损后 5 年内实现的税前利润来弥补，发生的亏损在 5 年内仍不足弥补的，应使用随后实现的所得税后利润来弥补。一般来说，企业发生的亏损用所得税后利润仍不足弥补的，可以用所提取的盈余公积来弥补。但使用盈余公积弥补亏损应由董事会提议，股东大会（或类似机构）批准。

【例 6-2-2】某电子商务企业 2023 年度经营亏损 50 万元，经董事会提议，股东大会批准，用以前年度提取的法定盈余公积弥补当年的亏损。账务处理如下，如图 6-2-2 所示：

借：盈余公积——法定盈余公积　　500 000

　　贷：利润分配——盈余公积转入　　500 000

新增　保存　删除　放弃　弃审　流量　联查　设置　打印　更多

已审

记账凭证

*凭证类别 记账凭证　*凭证编号 6202　*制单日期 2023-12-31　附单据数

明细　汇总

序号	*摘要	*科目名称	借方（亿千百十万千百十元角分）	贷方（亿千百十万千百十元角分）
1	盈余公积弥补当年的亏损	盈余公积-法定盈余公积	50000000	
2	盈余公积弥补当年的亏损	利润分配-盈余公积补亏		50000000
3				
4				
5				
合计 大写合计		伍拾万元整	50000000	50000000

记账人 陈江北　审核人 曾永铭　出纳　*制单人 潘晓琴

图 6-2-2　盈余公积弥补当年的亏损

（2）转增资本（股本）

当电子商务企业提取的盈余公积累积比较多时，可以将盈余公积转增资本（股本），但是必须经股东大会（或类似机构）批准，并按股东原有股份（或投资）比例结转，动用盈余公积转增资本（股本）后，留存的盈余公积不得少于注册资本的25%。

【例 6-2-3】某电子商务企业因扩大经营规模的需要，经股东大会批准，将法定盈余公积 20 万元转增股本。假定不考虑其他因素，账务处理如下，如图 6-2-3 所示：

借：盈余公积——法定盈余公积　　200 000

　　贷：实收资本——股本　　200 000

新增 保存 删除 放弃 弃审 流量 联查 设置 打印 更多

已审

记账凭证

*凭证类别 记账凭证　*凭证编号 6203　*制单日期 2023-12-31　附单据数

明细 汇总

序号	*摘要	*科目名称	借方（亿千百十万千百十元角分）	贷方（亿千百十万千百十元角分）
1	盈余公积转增股本	盈余公积-法定盈余公积	20000000	
2	盈余公积转增股本	实收资本-股本		20000000
3				
4				
5				
合计 大写合计		贰拾万元整	20000000	20000000

记账人 陈江北　审核人 曾永铭　出纳　*制单人 潘晓琴

图 6-2-3　盈余公积转增股本

（3）发放利润或现金股利

电子商务企业会计期间内若无利润，原则上不得分配利润和现金股利。但当企业累积的盈余公积比较多，而未分配利润比较少时，为了保障企业股东利益和维护企业形象，给投资者提供合理的回报，符合规定条件的电子商务企业，可以使用盈余公积来分配利润和现金股利，但要求支付股利后留存的盈余公积不得低于注册资本的25%。电子商务企业分配现金股利，属于重大财务事项，应由董事会做出分配预案，经股东大会批准后，由企业正式宣布并实施。

【例 6-2-4】2023 年 3 月 30 日，某电子商务企业公布 2022 年度利润分配实施公告：以 2022 年年末公司总股本 9 500 万股为基数，向所有股东每 10 股派发 5 元现金红利（含税）。股权登记日为 2023 年 6 月 29 日，除息日为 2023 年 6 月 30 日，现金红利发放日为 2023 年 7 月 6 日。账务处理如下：

（1）发放股利公布日，如图 6-2-4 所示：

借：利润分配——支付股利　　47 500 000

　　贷：应付股利　　47 500 000

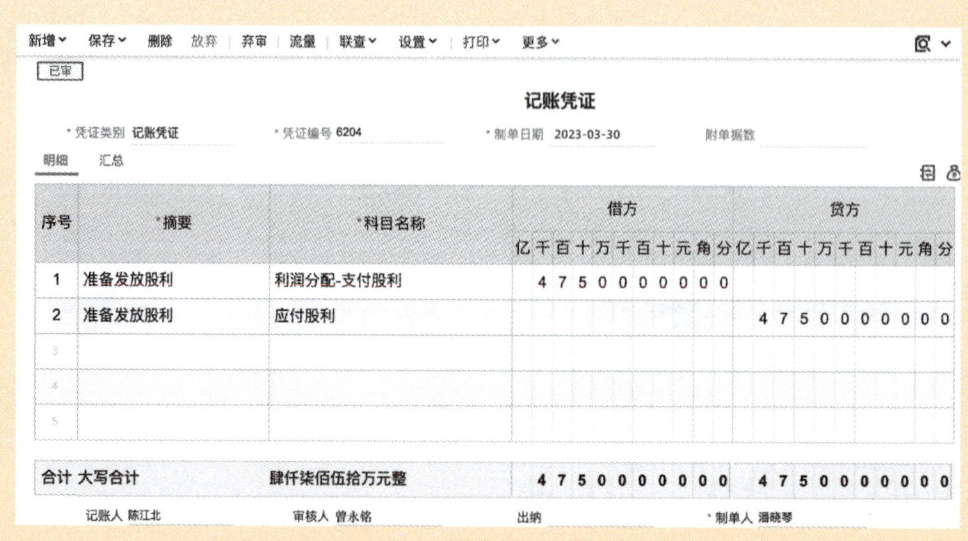

新增 保存 删除 放弃 弃审 流量 联查 设置 打印 更多

已审

记账凭证

凭证类别 记账凭证　凭证编号 6204　制单日期 2023-03-30　附单据数

明细　汇总

序号	摘要	科目名称	借方（亿千百十万千百十元角分）	贷方（亿千百十万千百十元角分）
1	准备发放股利	利润分配-支付股利	4750000000	
2	准备发放股利	应付股利		4750000000
3				
4				
5				
合计 大写合计		肆仟柒佰伍拾万元整	4750000000	4750000000

记账人 陈江北　审核人 曾永铭　出纳　制单人 潘晓琴

图 6-2-4　准备发放股利

（2）股利登记日和除息日不作账务处理。

（3）发放股利时，如图 6-2-5 所示：

借：应付股利　　47 500 000

　　贷：银行存款——工行　　47 500 000

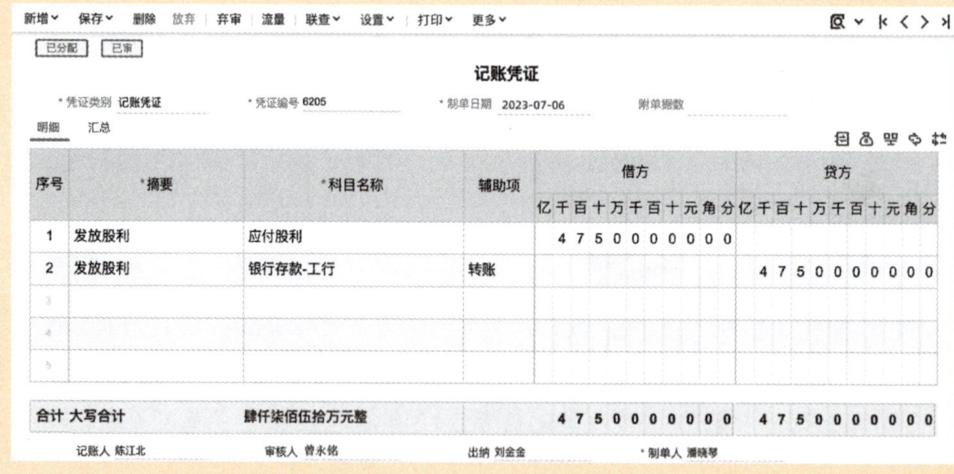

新增 保存 删除 放弃 弃审 流量 联查 设置 打印 更多

已分配　已审

记账凭证

凭证类别 记账凭证　凭证编号 6205　制单日期 2023-07-06　附单据数

明细　汇总

序号	摘要	科目名称	辅助项	借方（亿千百十万千百十元角分）	贷方（亿千百十万千百十元角分）
1	发放股利	应付股利		4750000000	
2	发放股利	银行存款-工行	转账		4750000000
3					
4					
5					
合计 大写合计		肆仟柒佰伍拾万元整		4750000000	4750000000

记账人 陈江北　审核人 曾永铭　出纳 刘金金　制单人 潘晓琴

图 6-2-5　发放股利

三、未分配利润的账务处理

未分配利润是指未进行分配的净利润，它属于企业所有者权益，是企业扩大经营规模、应对意外事项所需要的资金准备。电子商务企业在制定利润分配方案时，出于多方面考虑，往往不能将净利润全部分配，这就形成了未分配利润。未分配利润的含义有两层：一是这部分净利润没有分配给企业投资者；二是这部分净利润未指定用途，企业可以按规定和需要随时支配使用。未分配利润构成为：

未分配利润＝期初未分配利润＋本期实现的净利润－提取的各种盈余公积－已分配利润的余额

【例 6-2-5】某电子商务企业 2023 年实现净利润 1 000 万元，经董事会提议，股东大会批准，按 10% 提取法定盈余公积，分配给投资者利润 500 万元。账务处理如下：

（1）结转当年实现净利润，如图 6-2-6 所示：

借：本年利润　　　　10 000 000

　　贷：利润分配——未分配利润　　　　10 000 000

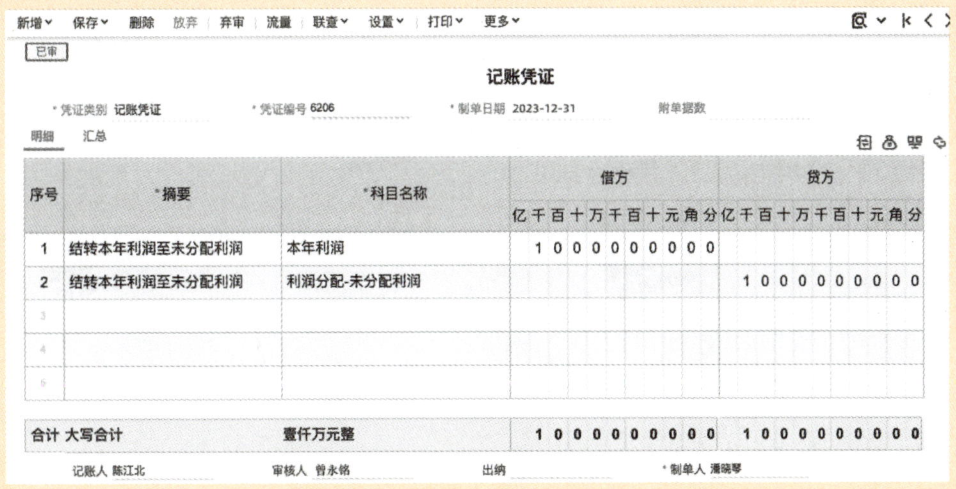

新增　保存　删除　放弃　弃审　流量　联查　设置　打印　更多

已审

记账凭证

凭证类别 记账凭证　凭证编号 6206　制单日期 2023-12-31　附单据数

明细　汇总

序号	摘要	科目名称	借方（亿千百十万千百十元角分）	贷方（亿千百十万千百十元角分）
1	结转本年利润至未分配利润	本年利润	1000000000	
2	结转本年利润至未分配利润	利润分配-未分配利润		1000000000
3				
4				
5				
合计 大写合计		壹仟万元整	1000000000	1000000000

记账人 陈江北　审核人 曾永铭　出纳　制单人 潘晓琴

图 6-2-6　结转本年利润至未分配利润

（2）提取法定盈余公积，如图 6-2-7 所示：

借：利润分配——提取法定盈余公积　　　　1 000 000

　　贷：盈余公积——法定盈余公积　　　　1 000 000

新增 保存 删除 放弃 弃审 流量 联查 设置 打印 更多

已审

记账凭证

* 凭证类别 记账凭证　　* 凭证编号 6207　　* 制单日期 2023-12-31　　附单据数

明细　汇总

序号	*摘要	*科目名称	借方（亿千百十万千百十元角分）	贷方（亿千百十万千百十元角分）
1	提取法定盈余公积	利润分配-提取法定盈余公积	100000000	
2	提取法定盈余公积	盈余公积-法定盈余公积		100000000
3				
4				
5				
合计 大写合计		壹佰万元整	100000000	100000000

记账人 陈江北　　审核人 曾永铭　　出纳　　* 制单人 潘晓琴

图 6-2-7　提取法定盈余公积

（3）分配利润，如图 6-2-8 所示：

借：利润分配——支付股利　　　　5 000 000

　　贷：应付股利　　　　5 000 000

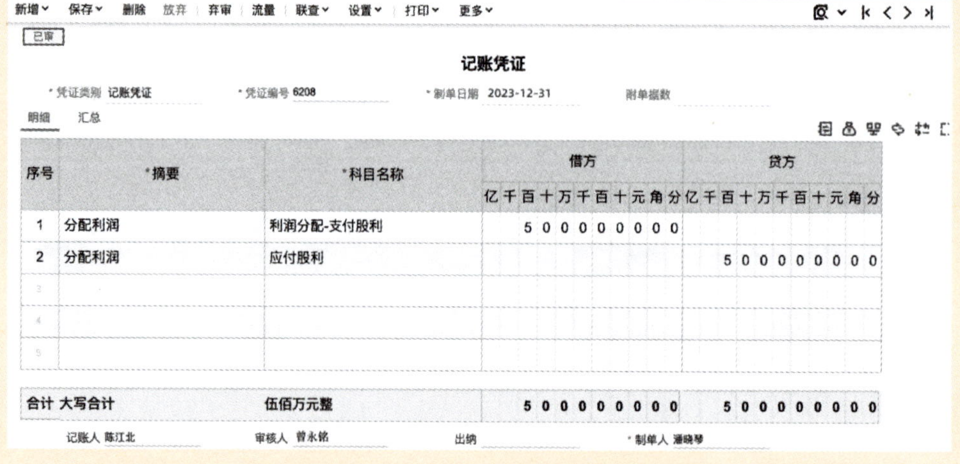
新增 保存 删除 放弃 弃审 流量 联查 设置 打印 更多

已审

记账凭证

* 凭证类别 记账凭证　　* 凭证编号 6208　　* 制单日期 2023-12-31　　附单据数

明细　汇总

序号	*摘要	*科目名称	借方（亿千百十万千百十元角分）	贷方（亿千百十万千百十元角分）
1	分配利润	利润分配-支付股利	500000000	
2	分配利润	应付股利		500000000
3				
4				
5				
合计 大写合计		伍佰万元整	500000000	500000000

记账人 陈江北　　审核人 曾永铭　　出纳　　* 制单人 潘晓琴

图 6-2-8　分配利润

（4）年末结转利润分配明细，如图 6-2-9 所示：

借：利润分配——未分配利润　　　　6 000 000

　　贷：利润分配——提取法定盈余公积　　　　1 000 000

　　　　利润分配——支付股利　　　　5 000 000

新增 保存 删除 放弃 弃审 流量 联查 设置 打印 更多

已审

记账凭证

*凭证类别 记账凭证　*凭证编号 6209　*制单日期 2023-12-31　附单据数

明细　汇总

序号	*摘要	*科目名称	借方（亿千百十万千百十元角分）	贷方（亿千百十万千百十元角分）
1	结转利润分配明细	利润分配-未分配利润	600000000	
2	结转利润分配明细	利润分配-提取法定盈余公积		100000000
3	结转利润分配明细	利润分配-支付股利		500000000
4				
5				
合计 大写合计		陆佰万元整	600000000	600000000

记账人 陈江北　审核人 曾永铭　出纳　*制单人 潘晓琴

图 6-2-9　结转分配利润明细

四、利润分配的账务处理

1. 本年利润的结转步骤

企业应设置“本年利润”账户核算企业实现的净利润（或发生的净亏损）。期末应将企业实现的收入收益、费用支出转入“本年利润”账户，以确定企业的利润总额和净利润。企业可以采取“账结法”和“表结法”两种方法编制各月利润表。“账结法”和“表结法”的编制步骤是相同的，不同之处在于，“账结法”是按月结转损益到“本年利润”账户，“表结法”是年度终了将损益类账户当年发生额合计数一次性结转到“本年利润”账户。本年利润的结转步骤如下。

（1）月末，将收入收益转入“本年利润”账户的贷方。

（2）月末，将所得税费用以外的费用支出转入“本年利润”账户的借方。

（3）月末，将“所得税费用”转入“本年利润”账户的借方。

（4）年度终了，将全年实现的净利润（或发生的净亏损）自“本年利润”账户转入“利润分配——未分配利润”账户。

无论采用“账结法”还是“表结法”，年度终了，企业都应将本年实现的净利润或净亏损转入“利润分配——未分配利润”账户，结转后“本年利润”账户年末应无余额。

2. 利润分配的账务处理方法

（1）用盈余公积弥补亏损

借：盈余公积

贷：利润分配——盈余公积补亏

（2）提取盈余公积和法定公益金

借：利润分配——提取法定盈余公积

——提取法定公益金

——提取任意盈余公积

——提取储备基金

——提取企业发展基金

贷：盈余公积——法定盈余公积

——法定公益金

——任意盈余公积

——储备基金

——企业发展基金

（3）确认应分配给股东的现金股利或利润

借：利润分配——应付优先股股利

——应付普通股股利

贷：应付股利

（4）外商投资企业用利润归还投资

借：利润分配——利润归还投资

贷：盈余公积——利润归还投资

（5）外商投资企业从净利润中提取职工奖励及福利基金

借：利润分配——提取职工奖励及福利基金

贷：应付职工薪酬——应付福利费

（6）经批准分配股票股利

借：利润分配——转作资本（或股本）的普通股股利

贷：实收资本（或股本）

（7）根据股东大会或类似机构批准的利润分配方案，调整批准年度会计报表相关项目的年初数

调整增加的利润分配：

借：利润分配——未分配利润

贷：盈余公积

调整减少的利润分配：

借：盈余公积

贷：利润分配——未分配利润

（8）分配股票股利或转增资本

借：利润分配——转作资本（或股本）的普通股股利

贷：实收资本（或股本）（股票面值）

资本公积——股本溢价（实际发放的股票股利金额与股票面值总额的差额）

（9）按规定用税前利润归还各种借款

借：利润分配——归还借款的利润

贷：盈余公积——任意盈余公积

（10）按规定留给企业的单项留用的利润

借：利润分配——单项留用的利润

贷：盈余公积——任意盈余公积

（11）按规定补充流动资本

借：利润分配——补充流动资本

贷：盈余公积——补充流动资本

3. 结转全年利润（或亏损）

（1）年度终了，将本年收入和支出相抵后结出本年实现的净利润，转入“利润分配”账户

借：本年利润

贷：利润分配——未分配利润

（2）年度终了，将本年收入和支出相抵后结出本年发生的净亏损，转入“利润分配”账户

借：利润分配——未分配利润

贷：本年利润

（3）年度终了，将“利润分配”账户下的其他明细账户的余额，转入“利润分配——未分配利润”账户

借：利润分配——未分配利润

贷：利润分配——提取法定盈余公积

——提取法定公益金

——提取任意盈余公积

——提取储备基金

——提取企业发展基金

——提取职工奖励及福利基金

——利润归还投资
——应付优先股股利
——应付普通股股利
——转作资本（或股本）的普通股股利
——归还借款的利润
——单项留用的利润
——补充流动资本

借：利润分配——其他转入
　　贷：利润分配——未分配利润

4. 以前年度损益调整

（1）调整增加的以前年度利润或调整减少的以前年度亏损

借：有关科目
　　贷：以前年度损益调整

（2）调整减少的以前年度利润或调整增加的以前年度亏损

借：以前年度损益调整
　　贷：有关科目

（3）由于调整增加或减少以前年度利润或亏损而相应增加的所得税

借：以前年度损益调整
　　贷：应交税费——应交所得税

（4）由于调整减少或增加以前年度利润或亏损而相应减少的所得税

借：应交税费——应交所得税
　　贷：以前年度损益调整

（5）结转余额

如为贷方余额：

借：以前年度损益调整
　　贷：利润分配——未分配利润

如为借方余额：

借：利润分配——未分配利润
　　贷：以前年度损益调整

技能训练

喜购网络科技有限公司 2023 年 12 月有关利润分配业务如下。

（1）假定本年度净利润为 900 000 元，公司按照 10% 提取法定盈余公积。

（2）向投资者分配利润 600 000 元。

（3）将盈余公积 200 000 元转增资本。

（4）将净利润、利润分配转入“利润分配——未分配利润”账户。

该公司应如何处理账务？

财务处理如下：

（1）提取法定盈余公积的账务处理：

	借方	贷方
借：利润分配——提取法定盈余公积	90 000	
贷：盈余公积——法定盈余公积		90 000

（2）分配利润的账务处理：

	借方	贷方
借：利润分配——应付利润	600 000	
贷：应付股利		600 000

（3）盈余公积转增资本的账务处理：

	借方	贷方
借：盈余公积	200 000	
贷：实收资本		200 000

（4）将净利润、利润分配转入“利润分配——未分配利润”账户的账务处理：

	借方	贷方
借：本年利润	900 000	
贷：利润分配——未分配利润		900 000
借：利润分配——未分配利润	690 000	
贷：利润分配——提取法定盈余公积		90 000
——应付利润		600 000

单元练习

1. 简述电子商务企业利润分配的步骤。
2. 简述盈余公积、未分配利润的账务处理方法。

模块七 电子商务企业财务报表

能力目标

◇ 能够简述电子商务企业财务报表的作用、分类及编制要求

◇ 能够理解并掌握资产负债表的内容及编制方法

◇ 能够理解并掌握利润表的内容及编制方法

◇ 能够理解并掌握现金流量表的内容及编制方法

学习单元一　认识电子商务企业财务报表

电子商务企业财务报表是对企业财务状况、经营成果和现金流量的结构性表述。编制财务报表的过程，是对日常核算资料进行综合和系统处理的过程。因此，编制财务报表是总结电子商务企业经营活动，反映和评价企业财务状况和经营成果的一种专门的会计方法。

一、财务报表的作用

1. 帮助投资人和债权人进行合理决策，促进社会资源最佳配置

在市场经济环境中，企业的资金主要来自所有者的投资和债权人的贷款。投资者主要关心企业的经营成果和获利能力，需要了解自身投资的风险及所获报酬的高低；债权人则要考虑企业的财务状况和偿债能力，关注贷款的安全性。财务报表提供上述财务信息，有利于投资者和债权人做出合理的投资决策和信贷决策。此外，也有助于投资人、贷款人及社会公众对不同企业的经营成果和财务实力进行比较和预测，确定投资或贷款的方向，促进资源的合理配置。

2. 反映经营管理者的业绩，有利于提高企业的内部管理水平

财务报表所提供的信息，是企业经营管理人员了解企业财务状况和经营成果的重要经济信息来源。通过阅读和分析财务报表，可使经营管理人员从资产、负债、所有者权益、收入、费用和利润等各会计要素之间的复杂联系中，了解企业财务资源的分布状况、经营业绩以及现金流动情况，全面掌握企业的经济活动、财务收支和财务成果，科学地总结过去成功的经验，及时地发现存在的问题，有针对性地制定改善经营管理的措施，预测未来的现金流动，进行科学的经营决策，提高资金使用效益。准确及时的财务报表，对于企业做好财务决策和财务管理都是十分重要的。

3. 有助于国家经济管理部门制定经济政策，为宏观经济调控提供基础资料

财务报表可提供企业收益分配信息、企业资源流向的趋势信息以及企业的获利能力信息等。财税部门运用这些信息，完成国民收入再分配；经济管理部门将财务报表作为重要的基础资料和参考依据，据以制定税收、信贷等经济政策，进行宏观的经济调控，确保市场经济健康、有效运行。

二、财务报表的分类和组成

1. 财务报表的分类

按照不同分类标准，财务报表可以分为不同种类。

（1）按照编制期间分类

按照编制期间分类，财务报表可分为中期财务报表和年度财务报表。中期财务报表是以短于一个完整会计年度的报告期间为基础编制的财务报表，包括月报、季报、半年报等。年度财务报表是以整个会计年度为基础编制的全面反映企业整个会计年度的业务活动成果、现金流量情况及年末财务状况的财务报表。企业每年年底必须编制并报送年度财务报表。

（2）按照编报主体分类

按照编报主体分类，财务报表可分为单位财务报表、汇总财务报表和合并财务报表。单位财务报表是指独立核算单位编制的财务报表，汇总财务报表是指上级公司或主管部门根据下属单位财务报表及本单位的报表汇总编制而成的财务报表，合并财务报表是指反映母公司和其子公司构成的企业集团整体财务状况、经营成果和现金流量情况的财务报表。

（3）按照服务对象分类

按照服务对象分类，财务报表可分为对外报表和内部报表。对外报表是企业必须定期编制，定期向上级主管部门、财税部门、投资者等报送或按规定向社会公布的财

务报表。对外报表是一种主要的、定期的、规范化的财务报表，它要求有统一的报表格式、指标体系和编制时间等，资产负债表、利润表、现金流量表等均属于此类报表。内部报表是企业根据其内部经营管理的需要而编制的，供其内部管理人员使用的财务报表。它不要求统一格式，没有统一指标体系，成本报表便属于内部报表。

2. 财务报表的组成

财务报表体系通常主要由基本财务报表和报表附注两部分组成。企业对外提供的财务报表包括资产负债表、利润表和现金流量表。财务报表附注是对财务报表的补充说明，是财务报表体系的重要组成部分。根据《企业会计准则》的规定，企业需要对外报送的财务报表见表 7–1–1。

表 7–1–1　企业需要对外报送的财务报表

编号	报表名称	编报期
会企 01 表	资产负债表	月报、年报
会企 02 表	利润表	月报、年报
会企 03 表	现金流量表	月报、年报

三、财务报表的编制要求

企业编制财务报表的依据是登记完整、核对无误的会计账簿记录和其他有关资料。为了确保财务报表的质量，满足信息使用者的需求，财务报表的编制必须符合以下基本要求。

1. 数字真实

企业会计核算应当以实际发生的交易或事项为依据，如实反映企业的财务状况、经营成果和现金流量。

2. 内容完整

财务报表必须按照规定的财务报表的种类、格式和内容编制，不得漏填报表项目。

3. 计算准确

各种财务报表项目的金额要求采用正确的计算方法，保证结果计算准确。

4. 编报及时

企业必须按规定的期限和程序及时编制、及时报送财务报表，以便报表使用者及时了解企业的财务状况和经营成果。

5. 保持会计准则和会计处理方法的一致性和可比性

编制财务报表时，要注意使用的会计准则、会计计量和填报方法应保持前后会计期间的一致，不得随意变动，如有变动，应另加说明；要注意各种报表之间、各项目之间凡是有对应关系的数字以及本期报表与上期报表之间有关数字应相互衔接一致，并具有可比性。

6. 做好准备工作

在编制报表前，一是确保本期所有经济业务全部登记入账，不能提前结账或者推迟不入账；二是核对账簿记录，做到账证相符、账账相符，对于不相符的要查明原因并做出处理；三是期末进行财产清查，包括货币资金、往来款项、财产物资等，做到账实相符。企业在办理年度决算前，应对财产物资、债权、债务进行全面清查盘点，并编制盘存表，对盘盈、盘亏、报废、毁损等情况按企业财务制度规定及时处理。

7. 手续齐备

手续齐备是指报表应编定页数，加具封面，装订成册，加盖公章。封面上应注明企业名称，主管部门，报表所属年度、季度、月份，送出日期等。企业对外提供的财务报表应由单位负责人和主管会计工作的负责人、会计机构负责人（会计主管人员）签名并盖章，设置总会计师职位的单位，还应由总会计师签名并盖章。

技能训练

掌握电子商务企业财务报表的编制要求。

单元练习

1. 财务报表是如何进行分类的?
2. 财务报表的编制要求是什么?

学习单元二　资产负债表

资产负债表是反映企业在某一特定日期（月末、季末、半年末、年末）的财务状况的报表。资产负债表主要提供企业财务状况方面的信息，即某一特定日期关于企业资产、负债、所有者权益及其相互关系的信息，是企业财务报表体系中的主要报表之一。

一、资产负债表的信息

资产负债表可以提供的信息主要有以下几点。

1. 企业在某一时点上所拥有的经济资源及这些经济资源的分布和构成情况。

2. 企业资金来源的构成情况，包括企业所承担的债务及所有者权益各个项目的状况。

3. 企业所承担的债务以及企业的偿债能力（包括短期和长期的偿债能力）。

4. 企业未来财务状况变动趋势。

二、资产负债表的作用

根据资产负债表所反映的信息，可以归纳出资产负债表的作用，具体如下。

第一，能够帮助企业经营管理人员了解企业作为法人在生产经营活动中所控制的经济资源和承担的责任、义务；了解企业资产、负债各项目的构成比例是否合理；通过对企业前后期资产负债表的对比，可以反映出企业资产、负债的结构变化，分析企业经营管理工作的绩效。

第二，能够帮助投资者考核企业管理人员是否有效地利用了现有的经济资源，是否使资产得到保值增值，从而对企业管理人员的业绩进行考核评价。

第三，能够帮助企业债权人了解企业的偿债能力与支付能力及现有财务状况，为其预测企业风险和企业发展前景、做出投资决策提供必要的信息。

三、资产负债表的内容与结构

1. 资产负债表的内容

资产负债表主要反映以下三个方面的内容。

（1）资产

资产按其流动性分为流动资产和非流动资产，在资产负债表上按其类别分项列示。根据《企业会计准则》的规定，资产负债表中的资产类至少应当单独列示反映下列信

息的项目：货币资金、应收及预付款项、存货、长期债券投资、长期股权投资、固定资产、生产性生物资产、无形资产、长期待摊费用等。

（2）负债

负债按其偿还期的长短分为流动负债和非流动负债，在资产负债表上按其类别分项列示。根据《企业会计准则》的规定，资产负债表中的负债类至少应当单独列示反映下列信息的项目：短期借款、应付及预收款项、应付职工薪酬、应付利息、长期借款、长期应付款等。

（3）所有者权益

所有者权益按照实收资本、资本公积、盈余公积和未分配利润分项列示。根据《企业会计准则》的规定，资产负债表中的所有者权益类至少应当单独列示反映下列信息的项目：实收资本、资本公积、盈余公积、未分配利润等。

此外，资产负债表中的资产类应当包括流动资产和非流动资产的合计项目，负债类应当包括流动负债和非流动负债的合计项目，所有者权益类应当包括所有者权益的合计项目。资产负债表应当列示资产总计项目及负债和所有者权益总计项目。

2. 资产负债表的结构

资产负债表的结构由表头和基本内容组成。

资产负债表表头包括报表名称、编制单位、编制日期、货币种类和金额单位等内容。

资产负债表基本内容是根据“资产＝负债＋所有者权益”的会计等式，按照一定的分类标准和一定的顺序，把企业在某一特定日期的资产、负债、所有者权益的各项目予以适当排列，按照《企业会计准则》的编制要求编制而成的。

资产负债表基本内容的格式主要有账户式和报告式两种。《企业会计准则》规定，我国企业的资产负债表采用账户式结构。账户式结构分为左右两方，左方列示资产各项目，反映全部资产的分布及存在形态；右方列示负债和所有者权益各项目，反映全部负债和所有者权益的内容及构成情况。资产负债表左右双方平衡，资产总计等于负债和所有者权益总计。

资产负债表通过设置“上年年末余额”和“期末余额”两栏，可反映和比较企业不同时期资产、负债和所有者权益增减变化的状况。

在资产负债表中，资产和负债是按照流动性列示的。流动性通常按照资产的变现或耗用时间长短或者负债的偿还时间长短来确定。根据《企业会计准则》规定，应先列报流动性强的资产或负债，再列报流动性弱的资产或负债。所有者权益类按照所有者权益的不同来源和特定用途进行分类，一般按实收资本（或股本）、资本公积、盈余公积、未分配利润的顺序排列。

资产负债表的具体格式参见表 7-2-1。

表 7-2-1　资产负债表

会企 01 表

编制单位：　　　　　　　　______年______月______日　　　　　　　单位：元

资产	期末余额	上年年末余额	负债及所有者权益（或股东权益）	期末余额	上年年末余额
流动资产：			流动负债：		
货币资金			短期借款		
交易性金融资产			交易性金融负债		
衍生金融资产			衍生金融负债		
应收票据			应付票据		
应收账款			应付账款		
应收款项融资			预收款项		
预付款项			合同负债		
其他应收款			应付职工薪酬		
存货			应交税费		
合同资产			其他应付款		
持有待售资产			持有待售负债		
一年内到期的非流动资产			一年内到期的非流动负债		
其他流动资产			其他流动负债		
流动资产合计			流动负债合计		
非流动资产：			非流动负债：		
债权投资			长期借款		
其他债权投资			应付债券		
长期应收款			其中：优先股		
长期股权投资			永续股		
其他权益工具投资			租赁负债		
其他非流动金融资产			长期应付款		
投资性房地产			预计负债		
固定资产			递延收益		
在建工程			递延所得税负债		
生产性生物资产			其他非流动负债		

续表

资产	期末余额	上年年末余额	负债及所有者权益（或股东权益）	期末余额	上年年末余额
油气资产			非流动负债合计		
使用权资产			负债合计		
无形资产			所有者权益（或股东权益）:		
开发支出			实收资本（或股本）		
商誉			其他权益工具		
长期待摊费用			其中：优先股		
递延所得税资产			永续债		
其他非流动资产			资本公积		
非流动资产合计			减：库存股		
			其他综合收益		
			专项储备		
			盈余公积		
			未分配利润		
			所有者权益（或股东权益）合计		
资产总计			负债和所有者权益（或股东权益）总计		

四、资产负债表内各项目的主要内容及其填列方法

1. 资产负债表编制前的准备工作

在编制年度资产负债表前，一是应对本企业有关库存物资、固定资产等进行财产清查，对应收、应付款项进行核对，对银行存款、库存现金进行盘点核对，以保证账实相符、账证相符、账账相符；二是应对各账户的期末余额进行试算平衡，以保证正式编制的资产负债表数字正确。

2. 资产负债表的填列方法

（1）资产负债表“上年年末余额”栏内各项数字，应当根据上年年末资产负债表“期末余额”栏内数字填列。如果本年度资产负债表规定的各个项目的名称和内容同上年度不相一致，应对上年年末资产负债表各项目的名称和数字按照本年度的规定进行调整，填入资产负债表“上年年末余额”栏内。

（2）资产负债表中“期末余额”根据企业月末各总账科目期末余额填列。一般每个项目与每个会计科目直接对应，必要时也可将有关会计科目的余额合并或分解后填列某个报表项目。根据《企业会计准则》规定，资产负债表填列说明见表 7-2-2。

表 7-2-2　资产负债表填列说明

序号	项目名称	反映事项	填列依据
1	“货币资金”项目	反映企业库存现金、数字货币、银行存款和其他货币资金的合计数	应根据“库存现金”“数字货币——人民币”“银行存款”“其他货币资金”科目的期末余额合计填列
2	“交易性金融资产”项目	反映企业交易性金融资产的取得、收取现金股利或利息、出售等情况	应根据“交易性金融资产”科目的相关明细科目期末余额填列。自资产负债表日起超过一年到期且预期持有超过一年的以公允价值计量且其变动计入当期损益的非流动资产的期末账面价值，在“其他非流动金融资产”项目反映
3	“应收票据”项目	反映资产负债表日以摊余成本计量的，企业因销售商品、提供劳务等收到的商业汇票，包括银行承兑汇票和商业承兑汇票	应根据“应收票据”科目的期末余额，减去“坏账准备”科目中相关坏账准备期末余额后的金额分析填列
4	“应收账款”项目	反映资产负债表日以摊余成本计量的，企业因销售商品、提供劳务等经营活动应收取的款项	应根据“应收账款”科目的期末余额，减去“坏账准备”科目中相关坏账准备期末余额后的金额分析填列
5	“预付款项”项目	反映企业按照购货合同规定预付给供应单位的款项等	应根据“预付账款”和“应付账款”科目所属各明细科目的期末借方余额合计数，减去“坏账准备”科目中有关预付账款计提的坏账准备期末余额后的净额填列。如“预付账款”科目所属明细科目期末为贷方余额的，应在资产负债表“应付账款”项目内填列
6	“其他应收款”项目	反映企业除应收票据、应收账款、预付账款等以外的其他各种应收及暂付款项。包括各种应收的赔款、应向职工收取的各种垫付款项等	应根据“其他应收款”“应收利息”“应收股利”科目的期末余额合计数，减去“坏账准备”期末余额后的金额填列

续表

序号	项目名称	反映事项	填列依据
7	“存货”项目	反映企业期末在库、在途和在加工中的各种存货的可变现净值或成本（成本与可变现净值孰低）。存货包括各种商品、包装物、低值易耗品、发出商品等	应根据“库存商品”“周转材料”“委托加工物资”“发出商品”“受托代销商品”等科目的期末余额合计数，减去“受托代销商品款”“存货跌价准备”科目期末余额后的净额填列。库存商品采用计划成本核算或售价核算的企业，还应按加或减商品进销差价后的金额填列
8	“一年内到期的非流动资产”项目	反映企业预计自资产负债表日起一年内变现的非流动资产	应根据有关科目的期末余额分析填列
9	“长期应收款”项目	反映企业租赁产生的应收款项和采用递延方式分期收款、实质上具有融资性质的销售商品和提供劳务等经营活动产生的应收款项	应根据“长期应收款”科目的期末余额，减去相应的“未实现融资收益”科目和“坏账准备”科目所属相关明细科目期末余额后的金额填列
10	“长期股权投资”项目	反映投资方对被投资单位实施控制、重大影响的权益性投资，以及对其合营企业的权益性投资	应根据“长期股权投资”科目的期末余额，减去“长期股权投资减值准备”科目期末余额后的净额填列
11	“固定资产”项目	反映资产负债表日企业固定资产的期末账面价值和企业尚未清理完毕的固定资产清理净损益	应根据“固定资产”科目的期末余额，减去“累计折旧”和“固定资产减值准备”科目的期末余额后的金额，以及“固定资产清理”科目的期末余额填列
12	“在建工程”项目	反映资产负债表日企业尚未达到预定可使用状态的在建工程的期末账面价值和企业为在建工程准备的各种物资的期末账面价值	应根据“在建工程”科目的期末余额，减去“在建工程减值准备”科目的期末余额后的金额，以及“工程物资”科目的期末余额，减去“工程物资减值准备”科目的期末余额后的金额填列
13	“无形资产”项目	反映企业持有的专利权、非专利技术、商标权、著作权、土地使用权等无形资产的成本减去累计摊销和减值准备后的净值	应根据“无形资产”科目的期末余额，减去“累计摊销”和“无形资产减值准备”科目期末余额后的净额填列
14	“开发支出”项目	反映企业开发无形资产过程中能够资本化形成无形资产成本的支出部分	应根据“研发支出”科目所属的“资本化支出”明细科目期末余额填列

续表

序号	项目名称	反映事项	填列依据
15	“长期待摊费用”项目	反映企业已经发生但应由本期和以后各期负担的分摊期限在一年以上的各项费用	应根据“长期待摊费用”科目的期末余额，减去将于一年内（含一年）摊销的数额后的金额分析填列。但长期待摊费用的摊销年限只剩一年或不足一年的，或预计在一年内（含一年）进行摊销的部分，不得归类为流动资产，仍在各非流动资产项目中填列，不转入“一年内到期的非流动资产”项目
16	“递延所得税资产”项目	反映企业根据所得税准则确认的可抵扣暂时性差异产生的所得税资产	应根据“递延所得税资产”科目的期末余额填列
17	“其他非流动资产”项目	反映企业除上述非流动资产以外的其他非流动资产	应根据有关科目的期末余额填列
18	“短期借款”项目	反映企业向银行或其他金融机构等借入的期限在一年以下（含一年）的各种借款	应根据“短期借款”科目的期末余额填列
19	“应付票据”项目	反映资产负债表日以摊余成本计量的，企业因购买材料、商品和接受劳务等开出、承兑的商业汇票，包括银行承兑汇票和商业承兑汇票	应根据“应付票据”科目的期末余额填列
20	“应付账款”项目	反映资产负债表日以摊余成本计量的，企业因购买材料、商品和接受劳务等经营活动应支付的款项	应根据“应付账款”和“预付账款”科目所属的相关明细科目的期末贷方余额合计数填列
21	“预收款项”项目	反映企业按照合同规定预收的款项	应根据“预收账款”和“应收账款”科目所属各明细科目的期末贷方余额合计数填列。如“预收账款”科目所属明细科目期末为借方余额的，应在资产负债表“应收账款”项目内填列
22	“应付职工薪酬”项目	反映企业为获得职工提供的服务或解除劳动关系而给予的各种形式的报酬或补偿	应根据“应付职工薪酬”科目所属各明细科目的期末贷方余额分析填列。外商投资企业按规定从净利润中提取的职工奖励及福利基金，也在本项目列示

续表

序号	项目名称	反映事项	填列依据
23	"应交税费"项目	反映企业按照税法规定计算应缴纳的各种税费，包括增值税、消费税、城市维护建设税、教育费附加、企业所得税、资源税、土地增值税、房产税、城镇土地使用税、车船税等。企业代扣代缴的个人所得税，也通过本项目列示。企业所交纳的税金不需要预计应交数的，如印花税、耕地占用税等，不在本项目列示	应根据"应交税费"科目的期末贷方余额填列。需要说明的是，"应交税费"科目下的"应交增值税""未交增值税""待抵扣进项税额""待认证进项税额""增值税留抵税额"等明细科目期末借方余额应根据情况，在资产负债表中的"其他流动资产"或"其他非流动资产"项目列示；"应交税费——待转销项税额"等科目期末贷方余额应根据情况，在资产负债表中的"其他流动负债"或"其他非流动负债"项目列示；"应交税费"科目下的"未交增值税""简易计税""转让金融商品应交增值税""代扣代缴增值税"等科目期末贷方余额应在资产负债表中的"应交税费"项目列示
24	"其他应付款"项目	反映企业除应付票据、应付账款、预收账款、应付职工薪酬、应交税费等经营活动以外的其他各项应付、暂收的款项	应根据"应付利息""应付股利""其他应付款"科目的期末余额合计数填列。其中，"应付利息"科目仅反映相关金融工具已到期应支付但于资产负债表日尚未支付的利息。基于实际利率法计提的金融工具的利息应包含在相应金融工具的账面余额中
25	"一年内到期的非流动负债"项目	反映企业非流动负债中将于资产负债表日后一年内到期部分的金额，如将于一年内偿还的长期借款	应根据有关科目的期末余额分析填列
26	"长期借款"项目	反映企业向银行或其他金融机构借入的期限在一年以上（不含一年）的各项借款	应根据"长期借款"科目的期末余额，扣除"长期借款"科目所属的明细科目中将在资产负债表日起一年内到期且企业不能自主地将清偿义务展期的长期借款后的金额计算填列
27	"应付债券"项目	反映企业为筹集长期资金而发行的债券本金及应付的利息	应根据"应付债券"科目的期末余额分析填列。对于资产负债表日企业发行的金融工具，分类为金融负债的，应在本项目填列，对于优先股和永续债还应在本项目下的"优先股"项目和"永续债"项目分别填列

续表

序号	项目名称	反映事项	填列依据
28	“长期应付款”项目	—	应根据“长期应付款”科目的期末余额，减去相关的“未确认融资费用”科目的期末余额后的金额，以及“专项应付款”科目的期末余额填列
29	“预计负债”项目	反映企业根据或有事项等相关准则确认的各项预计负债，包括对外提供担保、未决诉讼、产品质量保证、重组义务以及固定资产和矿区权益弃置义务等产生的预计负债	应根据“预计负债”科目的期末余额填列
30	“递延收益”项目	反映尚待确认的收入或收益。本项目核算包括企业根据政府补助准则确认的应在以后期间计入当期损益的政府补助金额、售后租回形成融资租赁的售价与资产账面价值差额等其他递延性收入	应根据“递延收益”科目的期末余额填列。本项目中摊销期限只剩一年或不足一年的，或预计在一年内（含一年）进行摊销的部分，不得归类为流动负债，仍在本项目中填列，不转入“一年内到期的非流动负债”项目
31	“递延所得税负债”项目	反映企业根据所得税准则确认的应纳税暂时性差异产生的所得税负债	应根据“递延所得税负债”科目的期末余额填列
32	“其他非流动负债”项目	反映企业除以上非流动负债以外的其他非流动负债	应根据有关科目期末余额，减去将于一年内（含一年）到期偿还数后的余额分析填列。非流动负债各项目中将于一年内（含一年）到期的非流动负债，应在“一年内到期的非流动负债”项目内反映
33	“实收资本（或股本）”项目	反映企业各投资者实际投入的资本（或股本）总额	应根据“实收资本（或股本）”科目的期末余额填列
34	“资本公积”项目	反映企业收到投资者出资超出其在注册资本或股本中所占的份额以及直接计入所有者权益的利得和损失等	应根据“资本公积”科目的期末余额填列
35	“盈余公积”项目	反映企业盈余公积的期末余额	应根据“盈余公积”科目的期末余额填列

续表

序号	项目名称	反映事项	填列依据
36	"未分配利润"项目	反映企业尚未分配的利润	应根据"本年利润"科目和"利润分配"科目的余额计算填列。未弥补的亏损在本项目内以"–"号填列

资产负债表项目填列方法归纳见表 7–2–3。

表 7–2–3　资产负债表项目填列方法

填列依据	项目类别	填列方法
根据总账科目余额填列的项目	资产类	"货币资金"项目，根据"库存现金""银行存款""其他货币资金"三个总账科目的期末余额的合计数填列
	负债类	"短期借款"项目，根据"短期借款"总账科目的余额直接填列
	所有者权益类	"资本公积"项目，根据"资本公积"各总账科目的余额直接填列
根据明细账科目余额计算填列	资产类	"预付款项"项目，根据"应付账款"科目和"预付账款"科目所属的相关明细科目的期末借方余额减去与"预付账款"有关的坏账准备贷方余额计算填列
		"开发支出"项目，根据"研发支出"科目所属的"资本化支出"明细科目期末余额计算填列
		"一年内到期的非流动资产""一年内到期的非流动负债"项目，根据相关非流动资产和非流动负债项目的明细科目余额计算填列
	负债类	"应付账款"项目，根据"应付账款"科目和"预付账款"科目所属的相关明细科目的期末贷方余额计算填列
		"应付职工薪酬"项目，根据"应付职工薪酬"科目的明细科目期末余额计算填列
		"预收款项"项目，根据"应收账款"科目和"预收账款"科目所属相关明细科目的期末贷方金额合计填列
根据总账科目和明细账科目余额分析计算填列	资产类	"其他非流动资产"项目，根据有关科目的期末余额减去将于一年内（含一年）收回数后的金额计算填列
	负债类	"长期借款"项目，根据"长期借款"总账科目余额扣除"长期借款"科目所属的明细科目中将在一年内到期且企业不能自主地将清偿义务展期的长期借款后的金额计算填列
		"其他非流动负债"项目，根据有关科目的期末余额减去将于一年内（含一年）到期偿还数后的金额计算填列

续表

填列依据	项目类别	填列方法
根据有关科目余额减去其备抵科目余额后的净额填列	资产类	“应收票据”“应收账款”“长期股权投资”“在建工程”等项目，根据“应收票据”“应收账款”“长期股权投资”“在建工程”等科目的期末余额减去“坏账准备”“长期股权投资减值准备”“在建工程减值准备”等备抵科目余额后的净额填列
		“投资性房地产”（采用成本模式计量）、“固定资产”项目，应当根据“投资性房地产”“固定资产”科目的期末余额，减去“投资性房地产累计折旧”“投资性房地产减值准备”“累计折旧”“固定资产减值准备”等备抵科目的期末余额，以及“固定资产清理”科目期末余额后的净额填列
		“无形资产”项目，根据“无形资产”科目的期末余额，减去“累计摊销”“无形资产减值准备”等备抵科目余额后的净额填列
综合运用上述填列方法分析填列	资产类	“存货”项目，根据“原材料”“库存商品”“委托加工物资”“周转材料”“材料采购”“在途物资”“发出商品”“材料成本差异”等总账科目期末余额的分析汇总数，再减去“存货跌价准备”科目余额后的净额填列

技能训练

喜购网络科技有限公司 2023 年 12 月 31 日各有关账户的期末余额见表 7-2-4。

表 7-2-4　有关账户的期末余额　　单位：元

会计科目	期初余额		本期发生额		期末余额	
	借方	贷方	借方	贷方	借方	贷方
库存现金	5 210.00		3 000.00		8 210.00	
银行存款	35 000.00		45 000.00		80 000.00	
其他货币资金——支付宝	5 000.00		5 000.00		10 000.00	
交易性金融资产	5 000.00				5 000.00	
应收票据			3 500.00		3 500.00	
应收账款	23 000.00		8 000.00		31 000.00	
预付账款	7 000.00			700.000		
其他应收款——员工	1 500.00		1 000.00		2 500.00	

续表

会计科目	期初余额		本期发生额		期末余额	
	借方	贷方	借方	贷方	借方	贷方
坏账准备		2 000.00		1 000.00		3 000.00
库存商品	198 090.00		164 550.00		362 640.00	
周转材料——包装物	18 000.00		12 000.00		30 000.00	
周转材料——低值易耗品	6 000.00		3 000.00		9 000.00	
长期股权投资	35 000.00		35 000.00		70 000.00	
固定资产	350 000.00		56 000.00		406 000.00	
累计折旧		35 000.00		39 900.00		74 900.00
在建工程			23 000.00		23 000.00	
无形资产	28 000.00			2 800.00	25 200.00	
长期待摊费用	2 000.00			500.00	1 500.00	
长期股权投资减值准备				20 000.00		20 000.00
短期借款				35 000.00		35 000.00
应付票据				4 500.00		4 500.00
应付账款		21 000.00		7 000.00		28 000.00
应付职工薪酬		20 000.00		10 000.00		30 000.00
应交税费——未交增值税		10 990.00		3 780.00		14 770.00
应付股利		17 000.00	3 600.00			13 400.00
其他应付款		13 900.00		19 600.00		33 500.00
长期借款		10 000.00		65 000.00		75 000.00
实收资本——股本		500 000.00		0		500 000.00
资本公积		60 000.00		0		60 000.00
盈余公积——法定盈余公积		18 270.00		11 410.00		29 680.00
利润分配——未分配利润		10 640.00		135 160.00		145 800.00
合计	718 800.00	718 800.00	362 650.00	362 650.00	1 067 550.00	1 067 550.00

注："应收账款"账户中有一明细账户余额为贷方 1 000 元。

请根据以上表格中的信息编制该企业的资产负债表。

喜购网络科技有限公司 2023 年 12 月 31 日的资产负债表见表 7-2-5。

表 7-2-5　资产负债表　　　　会企 01 表

编制单位：喜购网络科技有限公司　　　　2023 年 12 月 31 日　　　　单位：元

资产	期末余额	上年年末余额	负债及所有者权益（或股东权益）	期末余额	上年年末余额
流动资产：			流动负债：		
货币资金	96 210.00	43 210.00	短期借款	35 000.00	
交易性金融资产	5 000.00	5 000.00	交易性金融负债		
衍生金融资产			衍生金融负债		
应收票据	3 500.00		应付票据	4 500.00	
应收账款	30 000.00	23 000.00	应付账款	28 000.00	21 000.00
预付款项		7 000.00	预收款项		
其他应收款	2 500.00	1 500.00	应付职工薪酬	30 000.00	20 000.00
存货	401 640.00	222 090.00	应交税费	14 770.00	10 990.00
合同资产			其他应付款	46 900.00	30 900.00
持有待售资产			持有待售负债		
一年内到期的非流动资产			一年内到期的非流动负债		
其他流动资产			其他流动负债		
流动资产合计	538 850.00	301 800.00	流动负债合计	159 170.00	82 890.00
非流动资产：			非流动负债：		
债权投资			长期借款	75 000.00	10 000.00
其他债权投资			应付债券		
长期应收款			租赁负债		
长期股权投资	50 000.00	35 000.00	长期应付款		
其他权益工具投资			预计负债		
投资性房地产			递延收益		
固定资产	331 100.00	315 000.00	递延所得税负债		
在建工程	23 000.00		其他非流动负债		
生产性生物资产			非流动负债合计	75 000.00	10 000.00
油气资产			负债合计	234 170.00	92 890.00

续表

资产	期末余额	上年年末余额	负债及所有者权益（或股东权益）	期末余额	上年年末余额
使用权资产			所有者权益（或股东权益）:		
无形资产	25 200.00	28 000.00	实收资本（或股本）	500 000.00	500 000.00
开发支出			资本公积	60 000.00	60 000.00
商誉			减：库存股		
长期待摊费用	1 500.00	2 000.00	其他综合收益		
递延所得税资产			盈余公积	29 680.00	18 270.00
其他非流动资产			未分配利润	145 800	10 640
非流动资产合计	430 800.00	380 000.00	所有者权益（或股东权益）合计	735 480.00	588 910.00
资产总计	969 650.00	681 800.00	负债和所有者权益（或股东权益）总计	969 650.00	681 800.00

单元练习

1. 资产负债表的概念和作用是什么?
2. 资产负债表内各项目的主要内容是什么?
3. 简述资产负债表的填列方法。

学习单元三　利润表

利润表是指反映电子商务企业在一定会计期间的经营成果的报表。利润表遵循“收入－费用＝利润”这一会计恒等式的要求，把一定时期的收入与同一会计期间相关的费用进行配比，以计算出企业一定时期的净利润（或净亏损）。

一、利润表的作用

利润表所提供的会计信息对有关方面有着重要的作用，具体如下。

1. 通过查看利润表所反映的企业在一定时期的收入、费用、利润（亏损）的金额和构成情况，使用者能够全面了解企业经营成果，分析企业获利能力及盈利增长趋势，从而做出正确的决策。

2. 利用利润表本期和上期净利润，可以计算生成净利润的增长率，反映企业获利能力的增长情况和长期盈利能力的趋势。

3. 利用净利润、营业成本、销售费用、管理费用和财务费用，可以计算生成成本费用利润率，反映企业投入产出情况。

4. 将利润表的数据同其他报表或有关资料相结合，可以反映企业投资回报等有关情况。

二、利润表的内容和结构

1. 利润表的内容

利润表的基本内容部分是根据“收入 – 费用 = 利润”的会计等式，按照一定的顺序，把企业在一定期间的收入、费用和利润三个动态要素的各项目适当排列。

利润表应当单独列示反映下列信息的项目：营业收入、营业成本、税金及附加、销售费用、管理费用、财务费用、所得税费用、净利润等。

2. 利润表的结构

利润表的结构由表头和基本内容组成。

利润表表头包括报表名称、编制单位、编制期间（某月份或某年度）、货币种类和金额单位等内容。

利润表基本内容的格式主要有单步式和多步式两种。

（1）单步式利润表

首先列示当期的所有收入并加计汇总，再列示当期所有的费用并加计汇总，然后将收入总额减去费用总额得出净利润。

（2）多步式利润表

将表中的净利润按其形成的主要环节，分解为多个计算步骤，分段列示。通常把利润计算分解为营业利润、利润总额、净利润三部分。

按照《企业会计准则》的规定，我国企业利润表采用多步式，格式见表 7–3–1。

表 7–3–1　利润表　　会企 02 表

编制单位：　　　　________年________月　　　　单位：元

项目	本期金额	上期金额
一、营业收入		
减：营业成本		

续表

项目	本期金额	上期金额
税金及附加		
销售费用		
管理费用		
研发费用		
财务费用		
加：其他收益		
投资收益（损失以“–”号填列）		
其中：对联营企业和合营企业的投资收益		
以摊余成本计量的金融资产终止确认收益（损失以“–”号填列）		
净敞口套期收益（损失以“–”号填列）		
公允价值变动收益（损失以“–”号填列）		
资产减值损失（损失以“–”号填列）		
信用减值损失（损失以“–”号填列）		
资产处置收益（损失以“–”号填列）		
二、营业利润（亏损以“–”号填列）		
加：营业外收入		
减：营业外支出		
其中：非流动资产处置损失		
三、利润总额（亏损总额以“–”号填列）		
减：所得税费用		
四、净利润（净亏损以“–”号填列）		
（一）持续经营净利润（净亏损以“–”号填列）		
（二）终止经营净利润（净亏损以“–”号填列）		
五、其他综合收益的税后净额		
（一）不能重分类进损益的其他综合收益		
1. 重新计量设定收益计划变动额		
2. 权益法下不能转损益的其他综合收益		
3. 其他权益工具投资公允价值变动		
4. 企业自身信用风险公允价值变动		
（二）将重分类进损益的其他综合收益		

续表

项目	本期金额	上期金额
1. 权益法下可转损益的其他综合收益		
2. 其他债权投资公允价值变动		
3. 金融资产重分类计入其他综合收益的金额		
4. 其他债权投资信用减值准备		
5. 现金流量套期储备		
6. 外币财务报表折算差额		
六、综合收益总额		
七、每股收益		
（一）基本每股收益		
（二）稀释每股收益		

利润表中的利润按照其构成分类分项列示，分三步计算得出净利润。

第一步，计算营业利润：

营业利润＝营业收入－营业成本－税金及附加－销售费用－管理费用－研发费用－财务费用＋其他收益＋投资收益（－投资损失）＋净敞口套期收益（－净敞口套期损失）＋公允价值变动收益（－公允价值变动损失）－信用减值损失－资产减值损失＋资产处置收益（－资产处置损失）

第二步，计算利润总额：

利润总额＝营业利润＋营业外收入－营业外支出

第三步，计算净利润：

净利润＝利润总额－所得税费用

多步式利润表的排列格式应注意收入与费用支出配比的基本层次，呈现所产生的一些中间过程的利润。这样既有利于前后期各相应项目之间的比较，也有利于同行业不同企业之间的比较，便于对企业生产经营情况进行分析，便于预测企业今后的盈利能力。

三、利润表的编制

利润表中的各项目都列有“本期金额”和“上期金额”两栏。

1.“本期金额”栏

利润表“本期金额”栏反映各项目的本期实际发生额分析填列。

利润表填列说明见表 7–3–2。

表 7-3-2　利润表填列说明

序号	项目名称	反映事项	填列依据
1	“营业收入”项目	反映企业销售商品和提供劳务所实现的收入总额	应根据“主营业务收入”科目和“其他业务收入”科目的发生额合计填列
2	“营业成本”项目	反映企业销售商品和提供劳务的成本	应根据“主营业务成本”科目和“其他业务成本”科目的发生额合计填列
3	“税金及附加”项目	反映企业经营活动应负担的消费税、城市维护建设税、教育费附加、资源税、房产税、土地使用税、车船税、印花税等相关税费	应根据“税金及附加”科目的发生额填列
4	“销售费用”项目	反映企业在销售商品或提供劳务过程中所发生的费用	应根据“销售费用”科目的发生额填列
5	“管理费用”项目	反映企业为组织和管理经营活动而发生的其他费用	应根据“管理费用”科目的发生额填列
6	“研发费用”项目	反映企业进行研究与开发过程中发生的费用化支出以及计入管理费用的自行开发无形资产的摊销	应根据“管理费用”科目下的“研发费用”明细类有关科目的发生额以及“管理费用”科目下“无形资产摊销”明细科目的发生额分析填列
7	“财务费用”项目	反映企业为筹集经营活动所需资金而发生的筹资费用	应根据“财务费用”科目的相关明细科目发生额分析填列
8	“投资收益”项目	反映企业股权投资取得的现金股利（或利润）、债券投资取得的利息收入，以及处置股权投资和债券投资取得的处置价款扣除成本或账面余额、相关税费后的净额	应根据“投资收益”科目的发生额填列。如为投资损失，以“-”号填列
9	“营业利润”项目	反映企业当期开展日常经营活动实现的利润	应根据营业收入扣除营业成本、税金及附加、销售费用、管理费用和财务费用，加上投资收益后的金额填列。如为亏损，以“-”号填列
10	“营业外收入”项目	反映企业实现的各项营业外收入金额，包括非流动资产毁损报废收益、与企业日常活动无关的政府补助、捐赠收益、盘盈收益、逾期未退包装物押金收益、确实无法偿付的应付款项、已做坏账损失处理后又收回的应收款项、违约金收益等	应根据“营业外收入”科目的发生额填列

续表

序号	项目名称	反映事项	填列依据
11	“营业外支出”项目	反映企业发生的各项营业外支出金额，包括因自然灾害等非正常原因导致的存货盘亏，非流动资产毁损报废损失，税收滞纳金，罚金、罚款，被没收财物的损失，捐赠支出，赞助支出等	应根据“营业外支出”科目的发生额填列
12	“利润总额”项目	反映企业当期实现的利润总额	应根据营业利润加上营业外收入减去营业外支出后的金额填列。如为亏损总额，以“–”号填列
13	“所得税费用”项目	反映企业根据税法确定的应从当期利润总额中扣除的所得税费用	应根据“所得税费用”科目的发生额填列
14	“净利润”项目	反映企业当期实现的净利润	应根据利润总额扣除所得税费用后的金额填列，如为净亏损，以“–”号填列

2.“上期金额”栏

利润表“上期金额”栏应根据上年该期利润表的“本期金额”栏内所列数字填列。

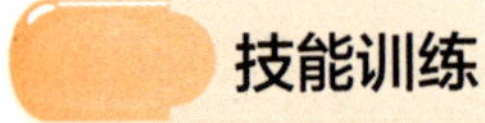

技能训练

喜购网络科技有限公司 2023 年损益类账户的发生额见表 7–3–3。

表 7–3–3　损益类账户的发生额

期间：2023.01—2023.12　　　　单位：元

科目类别	科目编码	科目名称	本期发生	
			借方	贷方
权益	4103	本年利润	6 097 500.00	
	（权益）小计：		6 097 500.00	
损益	6001	主营业务收入		15 000 000.00
损益	6051	其他业务收入		230 000.00
损益	6111	投资收益		3 200 000.00
损益	6301	营业外收入		3 000 000.00
损益	6401	主营业务成本	8 400 000.00	

续表

科目类别	科目编码	科目名称	本期发生	
			借方	贷方
损益	6402	其他业务成本	100 000.00	
损益	6403	税金及附加	600 000.00	
损益	6601	销售费用	150 000.00	
损益	6602	管理费用	1 050 000.00	
损益	6603	财务费用	1 000 000.00	
损益	6711	营业外支出	2 000 000.00	
损益	6801	所得税费用	2 032 500.00	
	（损益）小计		15 332 500.00	21 430 000.00
合计			21 430 000.00	21 430 000.00

请根据以上损益类账户的发生额编制该企业的利润表。

喜购网络科技有限公司 2023 年利润见表 7-3-4。

表 7-3-4 利润表

会企 02 表

编制单位：喜购网络科技有限公司　　2023 年 12 月　　单位：元

项目	本期金额	上期金额
一、营业收入	15 230 000.00	略
减：营业成本	8 500 000.00	
税金及附加	600 000.00	
销售费用	150 000.00	
管理费用	1 050 000.00	
研发费用		
财务费用	1 000 000.00	
加：其他收益		
投资收益（损失以“–”号填列）	3 200 000.00	
其中：对联营企业和合营企业的投资收益		
以摊余成本计量的金融资产终止确认收益（损失以“–”号填列）		
净敞口套期收益（损失以“–”号填列）		
公允价值变动收益（损失以“–”号填列）		
资产减值损失（损失以“–”号填列）		

续表

项目	本期金额	上期金额
信用减值损失（损失以“−”号填列）		
资产处置收益（损失以“−”号填列）		
二、营业利润（亏损以“−”号填列）	7 130 000.00	
加：营业外收入	3 000 000.00	
减：营业外支出	2 000 000.00	
其中：非流动资产处置损失		
三、利润总额（亏损总额以“−”号填列）	8 130 000.00	
减：所得税费用	2 032 500.00	
四、净利润（净亏损以“−”号填列）	6 097 500.00	
（一）持续经营净利润（净亏损以“−”号填列）		
（二）终止经营净利润（净亏损以“−”号填列）		
五、其他综合收益的税后净额		
（一）不能重分类进损益的其他综合收益		
1. 重新计量设定收益计划变动额		
2. 权益法下不能转损益的其他综合收益		
3. 其他权益工具投资公允价值变动		
4. 企业自身信用风险公允价值变动		
（二）将重分类进损益的其他综合收益		
1. 权益法下可转损益的其他综合收益		
2. 其他债权投资公允价值变动		
3. 金融资产重分类计入其他综合收益的金额		
4. 其他债权投资信用减值准备		
5. 现金流量套期储备		
6. 外币财务报表折算差额		
六、综合收益总额		
七、每股收益		
（一）基本每股收益		
（二）稀释每股收益		

单元练习

1. 利润表的概念和作用是什么?
2. 利润表内各项目的主要内容是什么?
3. 利润表的填列方法是什么?

学习单元四　现金流量表

现金流量表是反映电子商务企业在一定会计期间现金流入和流出情况的报表。现金流量表与资产负债表和利润表等财务报表相结合，构成一个完整的财务报表体系，分别从不同角度反映企业的财务状况、经营成果和现金流量。

一、现金流量表的作用

现金流量表的作用主要表现在以下几个方面。

1. 有助于评价企业支付能力、偿债能力和周转能力。

2. 有利于预测企业未来现金流量。

3. 有利于分析企业利润质量及影响现金净流量的因素，掌握企业经营活动、投资活动和筹资活动所产生的现金流量，以便从现金流量的角度了解利润的质量，为分析和判断企业的财务前景提供有用的会计信息。

二、现金流量表的构成内容

现金流量表是以现金为基础编制的。这里的现金，是指企业的库存现金以及可以随时用于支付的存款和其他货币资金。现金流量是指一定时期内企业的现金流入和流出量。按其产生的原因和支付的用途不同，现金流量可分为经营活动产生的现金流量、投资活动产生的现金流量、筹资活动产生的现金流量三大类。

1. 经营活动产生的现金流量

经营活动是指企业投资活动和筹资活动以外的所有交易和事项。企业经营活动产生的现金流量应当单独列示，反映下列信息的项目。

（1）销售产成品、商品、提供劳务收到的现金。

（2）购买商品、接受劳务支付的现金。

（3）支付的职工薪酬。

（4）支付的税费。

2. 投资活动产生的现金流量

投资活动是指企业固定资产、无形资产、其他非流动资产的购建和短期投资、长期债券投资、长期股权投资及其处置活动。企业投资活动产生的现金流量应当单独列示，反映下列信息的项目。

（1）收回短期投资、长期债券投资和长期股权投资收到的现金。

（2）取得投资收益收到的现金。

（3）处置固定资产、无形资产和其他非流动资产收回的现金净额。

（4）短期投资、长期债券投资和长期股权投资支付的现金。

（5）购建固定资产、无形资产和其他非流动资产支付的现金。

3. 筹资活动产生的现金流量

筹资活动是指导致企业资本及债务规模和构成发生变化的活动。企业筹资活动产生的现金流量应当单独列示，反映下列信息的项目。

（1）取得借款收到的现金。

（2）吸收投资者投资收到的现金。

（3）偿还借款本金支付的现金。

（4）偿还借款利息支付的现金。

（5）分配利润支付的现金。

三、现金流量表的结构

现金流量表的结构由表头、基本内容两部分组成。表头部分包括报表名称、编制单位、编制期间、货币种类和金额单位等内容。

基本内容部分是现金流量表的核心。现金流量表采用报告式结构，分类反映经营活动产生的现金流量、投资活动产生的现金流量和筹资活动产生的现金流量，最后汇总反映企业某一期间现金及现金等价物的净增加额。每一类现金流量，具体分为现金流入和现金流出。现金流量表的具体格式见表 7-4-1。

表 7-4-1　现金流量表

会企 03 表

编制单位：　　　　＿＿＿＿年＿＿＿＿月　　　　单位：元

项目	本期金额	上期金额
一、经营活动产生的现金流量：		
销售商品、提供劳务收到的现金		
收到的税费返还		

续表

项目	本期金额	上期金额
收到其他与经营活动有关的现金		
经营活动现金流入小计		
购买商品、接受劳务支付的现金		
支付给职工以及为职工支付的现金		
支付的各项税费		
支付其他与经营活动有关的现金		
经营活动现金流出小计		
经营活动产生的现金流量净额		
二、投资活动产生的现金流量：		
收回投资收到的现金		
取得投资收益收到的现金		
处置固定资产、无形资产和其他长期资产收回的现金净额		
处置子公司及其他营业单位收到的现金净额		
收到其他与投资活动有关的现金		
投资活动现金流入小计		
购建固定资产、无形资产和其他长期资产所支付的现金		
投资支付的现金		
取得子公司及其他营业单位支付的现金净额		
支付其他与投资活动有关的现金		
投资活动现金流出小计		
投资活动产生的现金流量净额		
三、筹资活动产生的现金流量：		
吸收投资收到的现金		
取得借款收到的现金		
收到其他与筹资活动有关的现金		
筹资活动现金流入小计		
偿还债务支付的现金		
分配股利、利润或偿付利息支付的现金		
支付其他与筹资活动有关的现金		
筹资活动现金流出小计		

续表

项目	本期金额	上期金额
筹资活动产生的现金流量净额		
四、汇率变动对现金及现金等价物的影响		
五、现金及现金等价物净增加额		
加：期初现金及现金等价物余额		
六、期末现金及现金等价物余额		

四、现金流量表各项目的内容及填列方法

现金流量表反映企业一定会计期间内有关现金流入和流出的信息。现金流量表“本年累计金额”栏反映各项目自年初起至报告期末止的累计实际发生额，“本期金额”栏反映各项目的本月实际发生额。在编制年度财务报表时，应将“本期金额”栏改为“上期金额”栏，填列上年全年实际发生额。

企业现金流量表各项目填列说明如下。

1. 经营活动产生的现金流量表

其填列说明见表 7-4-2。

表 7-4-2　经营活动产生的现金流量填列说明

序号	项目名称	反映事项	填列依据
1	“销售商品、提供劳务收到的现金”项目	反映企业本期收到的与销售商品、提供劳务相关的现金	可以根据“库存现金”“银行存款”和“主营业务收入”等科目的本期发生额分析填列
2	“收到其他与经营活动有关的现金”项目	反映企业本期收到的其他与经营活动有关的现金	可以根据“库存现金”和“银行存款”等科目的本期发生额分析填列
3	“购买商品、接受劳务支付的现金”项目	反映企业本期实际支付的与购买商品、接受劳务有关的现金	可以根据“库存现金”“银行存款”“其他货币资金”“库存商品”等科目的本期发生额分析填列
4	“支付的职工薪酬”项目	反映企业本期向职工支付的薪酬	可以根据“库存现金”“银行存款”“应付职工薪酬”等科目的本期发生额分析填列
5	“支付的税费”项目	反映企业本期支付的税费	可以根据“库存现金”“银行存款”“应交税费”等科目的本期发生额分析填列
6	“支付其他与经营活动有关的现金”项目	反映企业本期支付的其他与经营活动有关的现金	可以根据“库存现金”“银行存款”等科目的本期发生额分析填列

2. 投资活动产生的现金流量表

其填列说明见表 7-4-3。

表 7-4-3　投资活动产生的现金流量表填列说明

序号	项目名称	反映事项	填列依据
1	"收回短期投资、长期债券投资和长期股权投资收到的现金"项目	反映企业出售、转让或到期收回短期投资、长期股权投资而收到的现金，以及收回长期债券投资本金而收到的现金，不包括长期债券投资收回的利息	可以根据"库存现金""银行存款""短期投资""长期股权投资""长期债券投资"等科目的本期发生额分析填列
2	"取得投资收益收到的现金"项目	反映企业因权益性投资和债权性投资取得的现金股利或利润和利息收入	可以根据"库存现金""银行存款""投资收益"等科目的本期发生额分析填列
3	"处置固定资产、无形资产和其他非流动资产收回的现金净额"项目	反映企业处置固定资产、无形资产和其他非流动资产取得的现金，减去为处置这些资产而支付的有关税费等后的净额	可以根据"库存现金""银行存款""固定资产清理""无形资产""生产性生物资产"等科目的本期发生额分析填列
4	"短期投资、长期债券投资和长期股权投资支付的现金"项目	反映企业进行权益性投资和债权性投资支付的现金，包括企业取得短期股票投资、短期债券投资、短期基金投资、长期债券投资、长期股权投资支付的现金	可以根据"库存现金""银行存款""短期投资""长期债券投资""长期股权投资"等科目的本期发生额分析填列
5	"购建固定资产、无形资产和其他非流动资产支付的现金"项目	反映企业购建固定资产、无形资产和其他非流动资产支付的现金，包括购买机器设备、无形资产、生产性生物资产支付的现金，建造工程支付的现金等现金支出，不包括为购建固定资产、无形资产和其他非流动资产而发生的借款费用资本化部分和支付给在建工程和无形资产开发项目人员的薪酬。为购建固定资产、无形资产和其他非流动资产而发生借款费用资本化部分，在"偿还借款利息支付的现金"项目反映；支付给在建工程和无形资产开发项目人员的薪酬，在"支付的职工薪酬"项目反映	可以根据"库存现金""银行存款""固定资产""在建工程""无形资产""研发支出""应付职工薪酬"等科目的本期发生额分析填列

3. 筹资活动产生的现金流量表

其填列说明见表 7-4-4。

表 7-4-4　筹资活动产生的现金流量表填列说明

序号	项目名称	反映事项	填列依据
1	“取得借款收到的现金”项目	反映企业举借各种短期、长期借款而收到的现金	可以根据“库存现金”“银行存款”“短期借款”“长期借款”等科目的本期发生额分析填列
2	“吸收投资者投资收到的现金”项目	反映企业收到的投资者作为资本投入的现金	可以根据“库存现金”“银行存款”“实收资本”“资本公积”等科目的本期发生额分析填列
3	“偿还借款本金支付的现金”项目	反映企业以现金偿还各种短期、长期借款的本金	可以根据“库存现金”“银行存款”“短期借款”“长期借款”等科目的本期发生额分析填列
4	“偿还借款利息支付的现金”项目	反映企业以现金偿还各种短期、长期借款的利息	可以根据“库存现金”“银行存款”“应付利息”等科目的本期发生额分析填列
5	“分配利润支付的现金”项目	反映企业向投资者实际支付的利润	可以根据“库存现金”“银行存款”“应付利润”等科目的本期发生额分析填列

技能训练

喜购网络科技有限公司 2023 年度有关资料见表 7-4-5、表 7-4-6。

表 7-4-5　资产负债

会企 01 表

编制单位：喜购网络科技有限公司　　2023 年 12 月 31 日　　单位：元

资产	期末余额	上年年末余额	负债及所有者权益（或股东权益）	期末余额	上年年末余额
流动资产：			流动负债：		
货币资金	489 079.00	843 780.00	短期借款	30 000.00	180 000.00
交易性金融资产		9 000.00	交易性金融负债		
应收票据	39 600.00	147 600.00	应付票据	60 000.00	120 000.00
应收账款	358 920.00	179 460.00	应付账款	572 280.00	572 280.00
应收款项融资			预收款项		
预付款项	60 000.00	60 000.00	合同负债		

续表

资产	期末余额	上年年末余额	负债及所有者权益（或股东权益）	期末余额	上年年末余额
其他应收款	3 000.00	3 000.00	应付职工薪酬	108 000.00	66 000.00
存货	1 490 820.00	1 548 000.00	应交税费	136 039.00	21 960.00
合同资产			其他应付款	49 330.00	30 600.00
一年内到期的非流动资产			持有待售负债		
其他流动资产	60 000	60 000	一年内到期的非流动负债		600 000.00
流动资产合计	2 501 419.00	2 850 840.00	其他流动负债		
非流动资产：			流动负债合计	955 649.00	1 590 840.00
债权投资			非流动负债：		
其他债权投资			长期借款	696 000.00	360 000.00
长期应收款			应付债券		
长期股权投资	150 000.00	150 000.00	长期应付款		
投资性房地产			专项应付款		
固定资产	1 320 600.00	660 000.00	预计负债		
在建工程	256 800.00	900 000.00	递延所得税负债		
工程物资	180 000.00		其他非流动负债		
固定资产清理			非流动负债合计	696 000.00	360 000.00
生产性生物资产			负债合计	1 651 649.00	1 950 840.00
油气资产			所有者权益（或股东权益）：		
无形资产	324 000.00	360 000.00	实收资本（或股本）	3 000 000.00	3 000 000.00
开发支出			资本公积		
商誉			减：库存股		
长期待摊费用			其他综合收益		
递延所得税资产	4 500.00		盈余公积	74 862.00	60 000.00
其他非流动资产	120 000.00	120 000.00	未分配利润	130 808	30 000
非流动资产合计	2 355 900.00	2 190 000.00	所有者权益（或股东权益）合计	3 205 670.00	3 090 000.00
资产总计	4 857 319.00	5 040 840.00	负债和所有者权益（或股东权益）总计	4 857 319.00	5 040 840.00

表 7-4-6 利润表

会企 02 表

编制单位：喜购网络科技有限公司　　2023 年 12 月　　单位：元

项目	本期金额	上期金额
一、营业收入	750 000.00	
减：营业成本	450 000.00	
税金及附加	1 200.00	
销售费用	12 000.00	
管理费用	94 260.00	
研发费用		
财务费用	24 900.00	
加：其他收益		
投资收益（损失以“–”号填列）	18 900.00	
其中：对联营企业和合营企业的投资收益		
以摊余成本计量的金融资产终止确认收益（损失以“–”号填列）		
净敞口套期收益（损失以“–”号填列）		
公允价值变动收益（损失以“–”号填列）		
资产减值损失（损失以“–”号填列）	–18 000.00	
信用减值损失（损失以“–”号填列）	–540.00	
资产处置收益（损失以“–”号填列）	30 000.00	
二、营业利润（亏损以“–”号填列）	198 000.00	
加：营业外收入	30 000.00	
减：营业外支出	11 820.00	
其中：非流动资产处置损失		
三、利润总额（亏损总额以“–”号填列）	186 180.00	
减：所得税费用	51 180.00	
四、净利润（净亏损以“–”号填列）	135 000.00	
（一）持续经营净利润（净亏损以“–”号填列）		
（二）终止经营净利润（净亏损以“–”号填列）		
五、其他综合收益的税后净额		
（一）不能重分类进损益的其他综合收益		
1. 重新计量设定收益计划变动额		
2. 权益法下不能转损益的其他综合收益		

续表

项目	本期金额	上期金额
3. 其他权益工具投资公允价值变动		
4. 企业自身信用风险公允价值变动		
（二）将重分类进损益的其他综合收益		
1. 权益法下可转损益的其他综合收益		
2. 其他债权投资公允价值变动		
3. 金融资产重分类计入其他综合收益的金额		
4. 其他债权投资信用减值准备		
5. 现金流量套期储备		
6. 外币财务报表折算差额		
六、综合收益总额		
七、每股收益		
（一）基本每股收益		
（二）稀释每股收益		

（1）资产负债表有关项目的明细资料

1）本期收回交易性股票投资本金 9 000 元、公允价值变动 600 元，同时实现投资收益 300 元。

2）存货中生产成本、制造费用的组成：职工薪酬 194 940 元，折旧费 48 000 元。

3）应交税费的组成：本期增值税进项税额 25 479.6 元，增值税销项税额 127 500 元，已交增值税 60 000 元；应交所得税期末余额为 12 058.2 元，应交所得税期初余额为 0；应交税费期末数中应由在建工程负担的部分为 60 000 元。

4）应付职工薪酬的期初数无应付在建工程人员的部分，本期支付在建工程人员职工薪酬 120 000 元。应付职工薪酬的期末数中应付在建工程人员的部分为 16 800 元。

5）应付利息均为短期借款利息，其中本期计提利息 6 900 元，支付利息 7 500 元。

6）本期用现金购买固定资产 60 600 元，购买工程物资 180 000 元。

7）本期用现金偿还短期借款 150 000 元，偿还一年内到期的长期借款 600 000 元；借入长期借款 336 000 元。

根据资料，采用分析填列的方法，编制喜购网络科技有限公司 2020 年度的现金流量表。

（2）2023 年度利润表有关项目的明细资料

1）管理费用的组成：职工薪酬 10 260 元，无形资产摊销 36 000 元，折旧费

12 000 元，支付其他费用 36 000 元。

2）财务费用的组成：计提借款利息 6 900 元，支付应收票据（银行承兑汇票）贴现利息 18 000 元。

3）资产减值损失的组成：计提固定资产减值准备 18 000 元。

4）信用减值损失的组成：计提坏账准备 540 元。

5）投资收益的组成：收到股息收入 18 000 元，与本金一起收回的交易性股票投资收益 300 元，自公允价值变动损益结转投资收益 600 元。

6）资产处置收益的组成：处置固定资产净收益 30 000 元（其所处置固定资产原价为 240 000 元，累计折旧为 90 000 元，收到处置收入 180 000 元）。假定不考虑与固定资产处置有关的税费。

7）营业外支出的组成：报废固定资产净损失 11 820 元（其所报废固定资产原价为 120 000 元，累计折旧为 108 000 元，支付清理费用 300 元，收到残值收入 480 元）。

8）所得税费用的组成：当期所得税费用 55 680 元，递延所得税收益 4 500 元。

除上述项目外，利润表中的销售费用 12 000 元至期末已经支付。

喜购网络科技有限公司 2023 年度的现金流量表见表 7–4–7、表 7–4–8。

表 7–4–7　现金流量表

编制单位：喜购网络科技有限公司　　2023 年　　单位：元

项目	本期金额	上期金额
一、经营活动产生的现金流量：		（略）
销售商品、提供劳务收到的现金	787 500	
收到的税费返还		
收到其他与经营活动有关的现金		
经营活动现金流入小计	787 500	
购买商品、接受劳务支付的现金	235 359	
支付给职工以及为职工支付的现金	180 000	
支付的各项税费	104 822	
支付其他与经营活动有关的现金	48 000	
经营活动现金流出小计	568 181	
经营活动产生的现金流量净额	219 319	
二、投资活动产生的现金流量：		
收回投资收到的现金	9 900	
取得投资收益收到的现金	18 000	

续表

项目	本期金额	上期金额
处置固定资产、无形资产和其他长期资产收回的现金净额	180 180	
处置子公司及其他营业单位收到的现金净额		
收到其他与投资活动有关的现金		
投资活动现金流入小计	208 080	
购建固定资产、无形资产和其他长期资产支付的现金	360 600	
投资支付的现金		
取得子公司及其他营业单位支付的现金净额		
支付其他与投资活动有关的现金		
投资活动现金流出小计	360 600	
投资活动产生的现金流量净额	−152 520	
三、筹资活动产生的现金流量：		
吸收投资收到的现金		
取得借款收到的现金	336 000	
收到其他与筹资活动有关的现金		
筹资活动现金流入小计	336 000	
偿还债务支付的现金	750 000	
分配股利、利润或偿付利息支付的现金	7 500	
支付其他与筹资活动有关的现金		
筹资活动现金流出小计	757 500	
筹资活动产生的现金流量净额	−421 500	
四、汇率变动对现金及现金等价物的影响		
五、现金及现金等价物净增加额	354 701	
加：期初现金及现金等价物余额	843 780	
六、期末现金及现金等价物余额	489 079	

表 7-4-8　现金流量表补充资料　　单位：元

补充资料	本期金额	上期金额
1. 将净利润调节为经营活动现金流量：		（略）
净利润	135 000	
加：资产减值准备	18 540	

续表

补充资料	本期金额	上期金额
固定资产折旧、油气资产折耗、生产性生物资产折旧	60 000	
无形资产摊销	36 000	
长期待摊费用摊销		
处置固定资产、无形资产和其他长期资产的损失（收益以“–”号填列）	–30 000	
固定资产报废损失（收益以“–”号填列）	11 820	
公允价值变动损失（收益以“–”号填列）		
财务费用（收益以“–”号填列）	6 900	
投资损失（收益以“–”号填列）	–18 900	
递延所得税资产减少（增加以“–”号填列）	–4 500	
递延所得税负债增加（减少以“–”号填列）		
存货的减少（增加以“–”号填列）	57 180	
经营性应收项目的减少（增加以“–”号填列）	–72 000	
经营性应付项目的增加（减少以“–”号填列）	19 279	
其他		
经营活动产生的现金流量净额	219 319	
2. 不涉及现金收支的重大投资和筹资活动：		
债务转为资本		
一年内到期的可转换公司债券		
融资租入固定资产		
3. 现金及现金等价物净增减变动情况：		
现金及现金等价物的期末余额	489 079	
减：现金及现金等价物的期初余额	843 780	
加：现金及现金等价物期末余额		
减：现金及现金等价物期初余额		
现金及现金等价物净增加额	354 701	

单元练习

1. 现金流量表的概念和作用是什么？
2. 现金流量表内各项目的主要内容是什么？
3. 现金流量表的填列方法是什么？